Une odeur de figuier sauvage

Antoine Ciosi

Une odeur de figuier sauvage

Une enfance corse

Albin Michel

A Jean-Christophe

Il est des destins qui ne se contrôlent pas
Ni les chaînes ni la soie ni le sable ne retiennent leurs pas
Peu profonde est la mer s'ils doivent traverser
Peux-tu d'une main arrêter la tempête
Et croire que le cœur peut se raisonner ?

J.-P. Demanget

Depuis pas mal de temps déjà, l'idée de remonter aux sources de mon enfance me pressait chaque jour davantage. La très dure épreuve que je traversais détermina mon départ. Je sautai dans le premier avion à destination de la Corse. Nous étions vers la mi-juin.

Après le décollage, je feuilletai machinalement la presse du jour sans y attacher beaucoup d'importance, mes pensées étaient ailleurs.

Mon voyage dans le temps avait déjà commencé. Les côtes du cap Corse n'allaient pas tarder à défiler sous nos ailes. A l'approche de l'aéroport, l'avion vira largement sur sa droite, survolant à basse altitude la plaine de mon enfance, et atterrit en douceur.

Comme chaque fois que je pose le pied sur cette île étrange, l'émotion est au rendez-vous ; aujourd'hui, sous un soleil printanier et déjà chaud, elle m'inonde un peu plus. Je traverse rapidement le hall, récupère sans tarder mon bagage et me dirige vers la sortie. Mon plus jeune frère, Jean-Antoine, vient alors à ma rencontre ; les premiers mots échangés ont, comme à l'accoutumée, trait à la famille, *Mamma* en particulier, qui vit toujours au village : *« Cumu va, quandu l'hai vista ? »* (Comment va-t-elle ? L'as-tu vue récemment ?) Le reste a beaucoup moins d'importance.

Une courte halte à l'hôtel Poretta, où je me débarrasse de mon bagage, et nous prenons la route du sud, vers Querciolo, distant de quelques kilomètres. La paranoïa des ronds-points a presque épargné nos routes : nous n'en avons franchi que trois !

Persuadé que mon frère ne pouvait pas comprendre les raisons qui me poussaient à monter à pied au village, je lui dis, sans donner trop de détails, que je voulais rendre visite à une parente ; il me déposa au carrefour et repartit.

Encore vierge de toute chevrotine, la nouvelle pancarte indique : « Sorbo-Ocagnano 4,3 km ».

Un peu plus haut, sur la droite, à l'amorce des premières collines, le vieil abreuvoir a disparu « corps et biens » ; les pierres de taille qui le recouvraient ont sans doute été volées ; l'abandon et l'usure du temps ont fait le reste. Non loin de là, l'ancien raccourci qui, à une certaine époque, était bien plus fréquenté que la route elle-même, et que tous les miens avaient emprunté matin et soir, a disparu aussi sous la végétation, entièrement recouvert par le maquis qui a repris ses droits, récupéré son domaine.

Bordée de bruyères, d'arbousiers et de genêts en fleurs aux senteurs de miel, la route grimpe maintenant à flanc de colline, serpente en lacets irréguliers, « s'ensauvage » à plaisir. Côté plaine, le décor a changé ; c'est là que tout se passe maintenant. Ce retour aux sources remplit mon âme de bonheur, mais aussi de nostalgie à l'approche d'un lieu sacré que je n'ai jamais oublié. Une stèle blanche garde la mémoire en éveil et rappelle qu'ici, le 28 septembre 1943, lors des derniers combats pour la Libération, cinq patriotes du village sont tombés, donnant leur vie pour un idéal de liberté. Le plus jeune venait d'avoir seize ans, un autre, à peine plus âgé, Orsu-Maria, était mon cousin. Je relis attentivement leurs noms gravés dans la pierre et me recueille un moment avant de reprendre la route aux souvenirs.

Pour saluer cette journée de printemps finissant, tous les oiseaux du maquis offrent leurs plus beaux trilles à cette nature sauvage, envoûtante, qui, toujours sécrète des parfums tenaces, mélange d'asphodèles, de cistes, d'arbousiers et de lentisques.

Soudain, Sorbo-Ocagnano m'apparut en pleine lumière, presque à portée de main. A cet instant, le bruit d'un puissant moteur vint troubler ma contemplation. Haut sur pattes, étincelant de chromes, un 4×4 énorme me passe au ras des pieds.

Confortablement installé dans son habitacle « haut de gamme », le chauffeur, jeune, portant lunettes Police, et à coup sûr blouson Scott, mène sa prétentieuse monture d'une seule main, très à l'aise, le bras nonchalamment appuyé sur la portière... m'a-t-il seulement vu ? Je n'en suis pas sûr ! Le temps d'un soupir, d'un crissement de pneus, et l'engin aux chromes a déjà disparu.

C'est vrai, depuis quelques années, alliée à une certaine folie du paraître, la fièvre du 4×4 a envahi du nord au sud cette île du paradoxe où rien, jamais, ne se passe comme ailleurs. Bon, trêve de critiques et d'états d'âme, je ne suis pas là pour cela. Aujourd'hui, je refais mon enfance à l'envers et c'est pour moi un grand jour, d'autres souvenirs, d'autres émotions m'attendent plus haut, je presse légèrement le pas.

Le village n'est plus très loin maintenant. Aux alentours, l'abandon est plus flagrant ; ici les souvenirs en prennent un coup. Ce que les ancêtres ont patiemment façonné au fil du temps : murettes, cabanes en pierre, abris de bergers, est livré à l'abandon ; les derniers incendies ont ravagé les terrasses plantées d'oliviers centenaires. Le maquis, jadis tenu à distance des villages par des hommes prudents, est aujourd'hui vainqueur.

Du temps de mon enfance, il y avait toujours une

main pour remettre en place la moindre pierre détachée d'un muret ou pour entourer de soins les jeunes arbres. Il y avait tout simplement la vie, la passion des choses bien faites.

Au dernier grand virage, juste avant la chapelle San-Ghjuvanni, dans le creux du vallon, à l'abri des vents dominants, quelques châtaigniers se dressent, victorieux de l'abandon. Là, une belle surprise m'attend : mes amis d'enfance sont là ! Deux ânes superbes, l'un gris, l'autre noir, semblant profiter ici d'une retraite bien méritée. Je m'approche, doucement, et les caresse : ils ne sont pas farouches. Leur poil est lisse, brillant, aucune trace de bât, aucun cal n'est visible sur leur dos ; leurs ancêtres avaient eu, croyez-moi, beaucoup moins de chance... J'aimerais parler leur langage et leur raconter comment Sorbo-Ocagnano devint, vers les années cinquante, n'en déplaise, le lieu où des milliers d'entre eux furent transformés en saucissons ou exportés par bateau vers l'Italie...

Ce qui ne me surprit qu'à demi, à l'approche des premières maisons, ce fut le silence. Les bruits familiers d'antan, caquetages de poules, bribes de conversations à haute voix d'une maison à l'autre, sonnailles d'animaux, cris d'enfants, se sont tus. J'ai comme l'impression que le village s'est assoupi. Il est vrai que midi a sonné, mais tout de même ce silence s'impose à moi, me parle.

Le petit jardin potager qui borde la route est désert ; il appartient sans doute à quelque retraité qui a voulu maintenir ici la tradition du potager, *di l'ortu*, avec juste ce qu'il faut pour la maison, les parents ou les amis... une vingtaine de pieds de tomates, oignons, l'ail, salades, deux rangées de haricots grimpants – soutenus par des roseaux secs plantés en faisceaux –, poivrons rouges, et aussi des courgettes, quelques pieds de basilic à l'ombre d'un oranger et, enfin, pour agrémenter le tout, les arbres fruitiers. On sent bien que l'homme qui régit ce mini-Eden est soigneux, ordonné.

J'allais repartir lorsque mon regard fut attiré par quelque chose en couleur qui brillait, à l'autre bout du jardin, côté route, adossé à un vieux mur, tel un arbre de la tentation : un jeune poirier de la Saint-Jean, couvert de grappes de « poirettes » jaunes et rouges, de toute beauté. La tentation allait vite réveiller en moi l'instinct chapardeur de l'enfant que je fus. Après un rapide coup d'œil à droite et à gauche, j'enjambai sans plus attendre la clôture et me retrouvai au pied de l'arbre magique, prêt à la rapine ; mon esprit d'homme d'un certain âge, avec juste ce qu'il faut de sagesse et de bon sens, eut tout de même raison de l'enfant ravageur : une seule grappe me suffit, autant pour admirer ces petites merveilles que je croyais disparues depuis longtemps, et autant bien sûr pour les savourer.

L'opération « Poires de la Saint-Jean » avait à peine duré quelques secondes et je ne me félicitais point d'avoir gardé de mon enfance cet esprit ; mais, que voulez-vous ? la tentation existe à tout âge.

Ces trois petites poires, à la saveur si particulière, me mirent en appétit.

Le clocher du village avait depuis un bon moment déjà sonné les douze coups de midi et la demeure de mes cousins, où j'étais attendu pour déjeuner, me tendait les bras.

C'était une maison très ancienne ayant toujours appartenu à la famille, rénovée avec un certain goût, sans excès de couleurs ni de fioritures, juste ce qu'il faut de modernisme, de commodités, avec, côté soleil, de larges terrasses donnant sur une vallée profonde qui s'en va jusqu'à la mer.

Ma cousine Juliette m'accueillit comme on sait encore le faire chez nous, c'est-à-dire avec une simplicité toute naturelle et une joie retenue qui n'est jamais feinte ; elle me fit asseoir sous une grande treille à l'épais feuillage où régnait une fraîcheur apaisante.

De juin à septembre, la treille devient une sorte de pièce à vivre ; c'est là, pour ainsi dire, que tout se passe : les repas, les discussions, les siestes, les veillées, même si elles sont plus courtes, bien sûr, que celles d'hiver.

La famille, du plus ancien aux plus jeunes, était là, presque au complet, et cela faisait du monde ! Une ribambelle d'enfants aux yeux noirs, de tous âges, que je voyais pour la première fois, vinrent m'embrasser.

En véritable cordon-bleu villageois, Juliette s'était mise en quatre et le repas à la corse qu'elle avait préparé allait être à la mesure des retrouvailles.

Jugez plutôt : les hors-d'œuvre, salade de tomates de jardin, agrémentées, comme il se doit, de thon, d'œufs durs émincés, d'oignons, de basilic, de câpres, et tout cela avec force huile d'olive.

Charcuterie paysanne, coupée au couteau en tranches irrégulières et plutôt épaisses. Préparée sans doute à mon intention : l'entrée, une spécialité peu connue dans l'Ile, *i Sturza Preti*, des boulettes à base de *Brocciu*, de blettes sauvages en julienne, de persil, d'un semblant d'ail, et d'un œuf battu, le tout saupoudré d'une herbe propre à la région bastiaise, *a Persa*, qui donne à ce délicieux mets passé au four une saveur unique. (Certains botanistes affirment que nulle part au monde, on ne trouve cette plante au goût poivré, entre menthe, thym et marjolaine.)

Le vin ! Je reconnus les bouteilles en verre épais et foncé, sans étiquette apparente ; aucun doute sur le contenu c'était bien du vin de chez nous, fait à l'ancienne, *Vinu nustrale*, au parfum fruité, à l'arrière-goût légèrement râpeux (entre mûre et framboise), provenant de quelques minuscules vignes de colline, toujours exposées plein soleil et entretenues avec amour par des hommes d'un autre temps, attentifs à la tradition. Des hommes patients, et dont certains foulent encore le raisin aux pieds.

Les dieux dans leur bonté sont quelquefois intransigeants : en le baptisant meilleur vin de la terre, Bacchus avait décrété que ce nectar serait à tout jamais prisonnier de cette île ; condamné à être consommé sur place, intransportable, parfois même sur une courte distance, sous peine de tourner au vinaigre en un temps record.

Puis vint le plat dit de résistance en porcelaine de Limoges, ovale, imposant, et plein à ras bord de tranches de rôti de veau corse, rondes, bien épaisses, et dorées à souhait. Le tout était accompagné de délicieux haricots blancs... OUF !

A ce stade du repas, les enfants commençaient à déclarer forfait et n'allaient pas tarder à demander à *Mammone* Juliette la permission de se lever de table. Permission accordée : « On vous appellera pour le dessert », leur dit-elle, toujours douce et maternelle.

Après une courte pause, le repas des retrouvailles reprit son cours : la salade fraîchement cueillie, verte et craquante, fut suivie d'un grand plateau de fromages bien garni : du vrai de chez nous, à la croûte jaune, bien compact et sentant fort ; enfin, le dessert : fruits de saison et un succulent *fiadone* (mousse au fromage blanc).

Comme vous le voyez, chez la cousine, mieux vaut avoir bon appétit. Quant à moi, j'avais essayé de faire front et, dans la mesure du possible, honneur, parfois du bout des lèvres, à toutes ces bonnes choses que la brave Juliette avait préparées avec bonheur pour ma venue au village. Assise en face de moi pendant le repas, elle avait à deux ou trois reprises pris un air désolé pour me dire : « *Un hai manghjatu nunda !* » (Tu n'as vraiment rien mangé !)

A l'heure du café, la bienfaisante treille qui n'est

pourtant pas exiguë affichait complet ; il avait même fallu rajouter quelques sièges pour d'autres cousins, cousines, voisines qui s'étaient joints à nous. Il régnait là une ambiance bon enfant, chaleureuse au possible et haute en couleur.

Respectueuse des traditions, prévoyante, la cousine avait posé juste à côté de la grande cafetière émaillée, avec une chaussette pour filtre, une corbeille festonnée de papier blanc et remplie de gâteaux secs « faits maison » au cas où quelqu'un aurait un petit creux.

Un dimanche vraiment pas comme les autres, où même les siestes passèrent à l'as.

Après avoir parlé de tout et de rien, plaisanté, ri comme on sait encore le faire par ici, la conversation n'allait pas tarder à nous ramener aux sources de notre enfance, de notre jeunesse. Le ton devint alors un peu plus intime, teinté parfois d'un brin de nostalgie dans la voix ; chacun à son tour, selon la fidélité de sa propre mémoire, s'épancha avec une émotion discrète sur le temps béni de l'enfance au village.

C'est vrai, à cette époque, nous n'avions pas grand-chose : nous marchions souvent pieds nus, nos culottes étaient rapiécées, trouées au derrière, mais nous vivions heureux. On « s'éclatait », comme on dit aujourd'hui, et le moindre petit présent nous comblait toujours de joie.

La mémoire vivante du village, celle des souvenirs, des anecdotes, des événements qui pendant près d'un siècle ont ponctué la vie de Sorbo, c'est incontestablement la cousine Juliette. En conteuse accomplie, elle est capable de tenir son auditoire en haleine pendant des heures, et tout cela avec juste ce qu'il faut d'émotion, d'éclats de rire, de mimiques. Elle est intarissable ! Nous raconte avec force détails que, vers les années trente, trois femmes du village, mariées, voulant sans doute s'émanciper, décidèrent en cachette de leur mari, de se faire couper les cheveux « à la garçonne ». La punition, nous dit-elle, fut à la mesure de la faute commise : terrible ! Elle connaît aussi par cœur tous les lieux-dits des alentours et du village. De bas en haut, il ne s'en compte pas moins d'une dizaine : Rustincu, Piazza-Reale, A Piana, Cuccula...

A ma grande surprise, j'appris que j'étais né *Piazza di u Teatru* (place du Théâtre), baptisée ainsi, précisa-t-elle, car, autrefois, les montreurs d'animaux savants et les musiciens ambulants s'y arrêtaient. Elle nous raconta aussi, toujours en détail, qu'au village chacun ou presque, et surtout les hommes, était affublé d'un surnom. Surnom choisi souvent en raison de la morphologie de l'individu, de ses qualités ou de ses défauts, ses manies, ses habitudes, comme cet homme surnommé *Petru Mezzanotte* (Pierre Minuit), sans doute parce qu'il rentrait très tard de la plaine ou qu'il y descendait très tôt. L'âge aidant, le brave homme descendait toujours à la plaine, mais beaucoup plus tard ou en remontait de plus en plus tôt : *Petru Mezzanotte* était devenu *Petru Mezziornu* (Pierre Midi).

A cette époque, voyez-vous, on ne manquait pas d'humour et la satire était chose courante. Certains surnoms pouvaient être carrément blessants, comme par exmple, *u Tignosu* (le Teigneux). Il était alors déconseillé de le lancer à la face de l'intéressé, sous peine de réactions violentes.

Au village voisin, on raconte encore que ce type d'incident avait dégénéré en une vendetta qui dura de longues années et fit de part et d'autre une dizaine de morts.

Souvent, le surnom d'une famille se perpétuait d'une génération à l'autre. Du côté de mon père, on nous appelait *i Ciusetti*, ce qui pouvait signifier, je pense, malins, rusés même, ou qui ne se laissaient pas marcher sur les pieds.

Dans le milieu de l'après-midi, alors que le soleil était encore très haut dans le ciel, je pris congé de mes cousins. Ma balade aux souvenirs n'était pas terminée et j'avais très envie de revoir les lieux de mes années premières. A part quelques aménagements çà et là, ils n'avaient pour ainsi dire pas changé.

Au bas du raccourci, je retrouve l'odeur forte des figuiers sauvages et de la marjolaine. Les mêmes maisons sont là ; certaines, rénovées sans beaucoup d'harmonie, d'autres, telles qu'elles étaient. Aucun bruit de vie ne vient troubler le silence des ruelles désertes ; personne, pas un chat. Les persiennes sont mi-closes, comme lorsqu'il y a un deuil dans le village.

Mais où donc peuvent-ils bien être tous en ce dimanche ?

Je remarque au passage quelques maisons nouvelles aux alentours immédiats, là où étaient les jardins potagers ; imposantes pour la plupart et certaines trop voyantes à mon goût, alors que, cramponnées à la roche depuis des siècles, et comme en sentinelle face à la mer Tyrrhénienne, les anciennes demeures ont tout de même une autre allure !

Je continue ma grimpette en solitaire, croisant d'autres ruelles au charme discret, visages d'un monde oublié et comme miraculeusement conservé, où planent encore certaines odeurs familières.

Le village est propre, entretenu, certaines fenêtres fleuries même. Pourtant, j'ai comme l'impression qu'il a perdu son âme. Juste au pied de l'escalier menant à l'église, j'aperçois enfin deux personnes venant lentement vers moi ; un homme assez jeune, accompagnant une vieille dame à cheveux blancs, très belle dans sa robe de tous les jours et bien alerte pour son âge. Je suis sûr de l'avoir reconnue. Elle s'arrête à quelques pas de moi, me regarde avec affection et, presque étonnée, me dit :

– Tu es Antoine Ciosi.

– Vous avez deviné, et vous, vous êtes Rosine Desideri, ma première maîtresse d'école !

Sans plus attendre je l'embrasse.

– Quelle surprise, me dit-elle en gardant ma main dans la sienne. Tu n'as pas changé ! et je trouve même que tu fais plus jeune qu'à la télévision.

Comme d'un coup de baguette magique, la ruelle s'anima ; d'autres personnes plus jeunes, que je ne connaissais pas, sortirent sur le pas de leur porte.

Très bien mise aussi, une autre vieille dame vint m'embrasser. « Je t'ai tenu sur mes genoux, me dit-elle. Et ta mère, comment va-t-elle ? Je ne l'ai pas vue depuis longtemps ; nous avons le même âge tu sais ! » Je la remerciai et l'embrassai à mon tour.

Piazza di u Teatru, où je suis né, était à deux pas, juste le temps de descendre la ruelle.

La maison de mes ancêtres a changé de mains ; cela n'arrive pas souvent chez nous... mais bon, c'est ainsi ! Sur le pas de la porte une jeune femme, sympathique, avenante, me demanda si je voulais entrer ; très ému, j'acceptai.

Les trois pièces du rez-de-chaussée où habitaient mon oncle Christophe et tous les siens ont, bien sûr, changé d'aspect. C'est maintenant une petite maison moderne, bien agencée, coquette même. Aussi, je ne manquai pas de féliciter pour son goût la nouvelle propriétaire des lieux.

Le même escalier en pierre que j'avais si souvent monté à quatre pattes, ou descendu sur les fesses, n'a pas changé ; la première pièce est en réfection. La jeune femme s'excuse du désordre et, visiblement bien informée, me dit : « C'est dans cette chambre que vous êtes né. » Je suis surpris ! Je l'ignorais totalement... Quelle journée !

Me penchant à la fenêtre côté plaine, je vis que le

vieux four à pain de ma tante Anghjulella était maintenant recouvert par une large terrasse où l'on avait installé quelques chaises et tables en formica recouvertes de parasols aux couleurs vives : un café nouvelle mode a remplacé la boulangerie-boutique aux odeurs si douces.

Juste en face, de l'autre côté de la vallée, à deux ou trois kilomètres à vol d'oiseau, debout sur son arrête, Venzolasca, mon autre village, celui où est née ma mère et où j'ai passé une bonne partie de ma jeunesse. Ce sera ma prochaine étape, ma prochaine visite, la plus importante sans nul doute de cette journée particulière.

Voyant l'heure avancer, j'aurais bien accepté de me faire véhiculer ; je n'eus pas à attendre bien longtemps. Comme un fait exprès une voiture arrivait. Sans avoir besoin de lever le pouce, le simple fait de me retourner et de regarder la voiture s'approcher suffit pour qu'elle s'arrête devant moi.

C'était une 4L bleue, presque neuve, juste ce qu'il me fallait. Le conducteur, assez jeune, m'ouvrit la porte de l'intérieur sans même me demander où j'allais et d'un simple geste de la main m'invita à prendre place. Je le remerciai en corse. Sans le connaître, avant qu'il n'ouvrît la bouche, je devinai qu'il était de chez nous ; il est des signes qui ne trompent pas. La voiture démarra ; je ne mis pas longtemps à m'apercevoir que je n'avais pas affaire à un fou du volant, un excité de la boîte de vitesses.

Cela ne me dérangeait pas du tout, bien au contraire. L'homme conduisait à allure modérée, avec juste ce qu'il faut de prudence, donnant même un léger coup de klaxon avant chaque virage en épingle qu'il négociait avec savoir, style chauffeur de maître... prenant tout simplement plaisir, comme moi-même, à rouler de cette façon, avec le loisir de pouvoir admirer à son aise ce paysage immuable et beau.

A l'embranchement de Silvareccio, il ralentit puis s'immobilisa un court moment, juste le temps de laisser voir, face à nous là-haut, accroché près du ciel, Loreto-di-Casinca.

Impressionnant de beauté, avec au centre un rocher en pain de sucre aux dimensions gigantesques, presque aussi haut que le clocher, le village s'offre à nous dans la lumière rousse du soleil finissant.

– *Hè bellu Loretu !* me fit remarquer mon chauffeur qui durant ce court trajet n'avait pas dit grand-chose.

Un peu plus tard, après de multiples virages encore, Venzolasca était en vue. La 4L bleue me déposa tout près de la fontaine, juste à l'entrée du village. Il n'était pas loin de huit heures du soir et j'étais attendu.

Dans sa chapelle qui borde la place de l'Annonciade, le bon saint Antoine doit sans doute regretter le temps où unc fois par an, le 17 janvier, il bénissait les bêtes de la plaine et du village : chevaux, mulets, ânes et bœufs étaient réunis ici pour la circonstance. Aujourd'hui ce sont les voitures qui encombrent la place : saint Christophe a dû prendre le relais...

Du haut de son énorme piédestal à la vue imprenable, l'église Sainte-Lucie, même repeinte, a toujours fière allure.

J'observe un instant le vol désordonné des hirondelles autour du clocher et me dirige vers *chjassu Longu,* l'unique rue qui mène au centre du village. Tiens, on a mis des numéros sur les maisons ! Par contre, le nouveau dallage en pierre de Brando est d'un très bel effet. La « rue Longue » est déjà déserte.

L'aspect du village n'a pas changé ; je retrouve les odeurs de jadis, mais les bruits familiers ne sont plus les mêmes : les « infos » sont à l'heure et les boîtes à images ronronnent dans chaque maison. Ici comme ailleurs la pression de l'image impose pleinement sa volonté, en maîtresse absolue du jeu.

Je ne sais pas pourquoi, chaque fois que j'emprunte cette ruelle étroite où les toits des maisons se touchent presque, il me vient à l'esprit une vieille chanson d'exilé qui dit : *« L'amore del Paese e della Mamma è una gran fiamma che bruccia il cuore »* (l'amour du pays natal et de la mère est une flamme ardente que nous avons au cœur). La maison des miens, une des plus anciennes du village, est là.

Inutile de frapper, la porte est ouverte nuit et jour. Au premier étage, comme chaque fois que je reviens, un seul appel à haute voix suffit pour m'annoncer : *« O Mà ! »* La réponse, un « Oooh » prolongé, me parvient d'en haut à la seconde même. Le temps de grimper l'escalier de bois, la doyenne du village est déjà sur le pas de la porte. Ni l'un ni l'autre n'avons jamais été très expansifs ni très bavards, on se ressemble pour ça... Mais nos regards ont toujours su exprimer les choses les plus intimes que peuvent partager deux êtres si proches : une mère et son fils.

Depuis quelques années, sa santé n'est pas très bonne, et puis, il y a l'âge : bientôt quatre-vingt-dix ans et à cela viennent s'ajouter les dures épreuves de la vie qui n'ont jamais épargné Marie-Jeanne Ciosi née Agostini.

La fille du meunier est issue d'une famille nombreuse (sept enfants dont six filles, toutes élevées dans l'un des moulins qui bordaient alors la rivière, dans des conditions de confort souvent précaires. Cela ne les empêcha nullement de devenir les plus jolies et les plus courtisées du village).

Veuf depuis peu de temps, père de deux enfants en bas âge, et appréhendant sans doute un refus catégorique du meunier s'il lui demandait la main de sa fille, Jean-Antoine, le beau ténébreux, enleva la frêle Marie-Jeanne selon la coutume méditerranéenne. L'escapadc eut pour effet de mettre en fureur le meunier, et une fureur de meunier à cette époque, croyez-moi, ce n'était pas rien ; mais n'ayant pas le choix, il a bien fallu que mon grand-père Francescu se rende à l'évidence... et tout rentra dans l'ordre. A dix-neuf ans, ma mère épousait pour le meilleur et pour le pire le seul homme qu'elle allait aimer.

Assise près de moi dans sa chaise préférée, juste à côté de la fenêtre qui donne sur la montagne, ma mère ce soir-là, gardant ma main dans la sienne, et pressentant peut-être un éventuel départ, me parla longuement de mon père, comme jamais elle ne l'avait fait. Elle évoqua aussi des choses propres à nous tous, enfants et petits-enfants, et me livra même certains secrets de famille. Sa voix n'a pour ainsi dire pas changé, à peine plus grave et juste un peu moins timbrée qu'avant ; le récit est cohérent, sans faille ; quant à la mémoire, elle est d'une fidélité qui m'étonnera toujours.

Toute une longue vie a eu forcément pour effet de rider au fil des années le visage de ma mère, mais le regard reste vif, impénétrable, un regard intense qui, même adulte, m'a fait baisser les yeux, quelquefois. Où donc a-t-elle pu puiser cette volonté, cette énergie, cette force de caractère qui lui ont permis de surmonter tant d'épreuves ? Est-ce cette foi chrétienne, inébranlable, qui l'a toujours habitée ? Peut-être.

Au bout d'un long moment de confidences, ma mère se leva, légèrement voûtée dans sa robe claire ; lentement elle se dirigea vers sa chambre attenante à la pièce où nous étions.

Les derniers rayons de soleil illuminaient Sant'Anghjuli, cette magnifique montagne aux contours si harmonieux et couverte jusqu'à la cime de châtaigniers et de chênes verts.

Je suis heureux de trouver la maison de ma mère, la nôtre, aussi accueillante, claire, ordonnée, où les objets et les meubles d'autrefois ont leur place dans un confort moderne et chaleureux.

Ma mère ne tarda pas à revenir, elle déposa sur la table une petite boîte en carton que je n'avais jamais vue. « C'est pour toi, me dit-elle. Comme tu es l'aîné, ce qu'elle contient te revient de droit. *Apri la* (ouvre-la). »

Que pouvait-elle bien contenir ? Délicatement, sans hâte, j'ouvris la « boîte à surprise », et surprise il y eut !

Au-dessus, plié en huit, le grand drapeau rouge à faucille et marteau que mon père avait fait confectionner pour l'arrivée du Front populaire en 1936 et que je croyais disparu depuis longtemps, puis une vieille carte postale éditée en 1938, représentant toute la famille le poing levé. Emu comme jamais je ne l'avais été, je découvris des papiers, des objets ayant appartenu à mon père : son livret militaire, un portefeuille en cuir bleu délavé, un rasoir à couteau, son agenda et d'autres petites choses.

Sur une feuille de cahier d'écolier, pliée en quatre, jaunie par le temps, et couverte d'une écriture que je reconnus comme étant celle de ma mère, un long *Voceru* (chant funèbre) dédié à mon père. Je n'avais jamais pensé que ma mère ait pu écrire des choses aussi profondes, aussi poignantes.

U vinti dui dicembre O di l'annata quaranta
In casa di u Querciolu una disgrazia tamenta
A li chjuchi li dicia che tu ghjera andatu in Francia
Quandu apru li purteli quelli versu e nostre tombe
So quant'anni ch'eo ti chjamu è tu nùn voli risponde
Tu ti stai in San-Michele-Mezzu a l'arburi e le fronde.

Le vingt-deux décembre de l'an 1940, dans la maison
de Querciolo, un grand malheur nous frappa.
Je dus dire à nos enfants que tu étais allé en France.
Lorsque j'ouvre les fenêtres, celles d'où l'on aperçoit nos

tombes, je t'appelle chaque fois sans que tu veuilles répondre. Ta demeure est San-Michele, parmi les feuilles et les branches.

Au fond de la boîte je découvris encore quelques photographies de nous enfants que j'avais aperçues il y avait très longtemps et oubliées. Enfin, le document le plus émouvant pour moi : mon père et ma mère le jour de leur mariage.

Ma venue au monde, à Sorbo-Ocagnano, coïncida à peu de chose près avec l'arrivée dans ce village d'un autre temps de la « fée Electricité ».

Ma mère me racontait, il n'y a pas si longtemps, comment fut vécu cet événement sans précédent qui allait bouleverser la vie d'une communauté villageoise ancrée dans un passé quasi moyenâgeux, où pendant des siècles on s'était éclairé à la chandelle, à la lampe à huile ou à pétrole.

L'arrivée prochaine de cette nouvelle source d'énergie, à la fois révolutionnaire et miraculeuse, suscita des réactions inattendues, accapara les esprits, alimenta les conversations. Malgré leurs tâches ménagères – et Dieu sait qu'elles n'en manquaient pas à cette époque –, les femmes trouvaient toujours le temps d'épiloguer sur le sujet, de papoter à la maison ou assises sur le pas de la porte, comme c'était la coutume, ou en s'interpellant d'une fenêtre à l'autre. Les plus anciennes étaient souvent illettrées, certaines n'étaient jamais descendues jusqu'à Bastia et n'avaient même jamais quitté le village. Des femmes souvent méfiantes à l'égard de tout ce qui venait d'ailleurs, de tout ce que pouvait apporter la mcr, de toutes ces inventions modernes qui s'annonçaient et qui pouvaient même cacher quelques diableries.

On racontait qu'au village voisin, Venzolasca, où, grâce à l'intervention de quelque chef de clan, l'électricité avait été installée avant de l'être à Sorbo-Ocagnano, des hirondelles, qui s'étaient posées sur des fils électriques, étaient tombées foudroyées... L'imagination villageoise s'en donnait à cœur joie et les critiques allaient bon train.

Le visage ridé comme une pomme reinette, lunettes rondes à monture métallique posées sur son nez pointu, droite et sèche dans sa robe reprisée aux coudes, Zia [1] Maria-Santa, un peu moins illettrée que les autres, ne manquait jamais d'apporter la contradiction. L'importance de l'enjeu la poussait parfois à s'exprimer dans un français parlé à sa manière :

– Ma qu'est-ce qu'on va en faire de « la létricité » ? On n'est pas bien comme ça ?

Pensant peut-être aux hirondelles de Venzolasca, elle mettait en garde l'assistance sur les dangers que pouvaient courir les enfants avec leur manie de mettre leurs doigts partout.

Prudente au possible, une autre s'interrogeait sur le coût de cette nouveauté, ce luxe :

– *Dicenu chì à A Venzulasca, paganu prezzi scemi.* (On dit qu'à Venzolasca, ils paient des sommes faramineuses.)

Il est vrai qu'à cette époque, dans les villages, il ne circulait pour ainsi dire pas d'argent, et on ne pouvait tout de même pas imaginer payer le contrôleur de « la létricité » avec un demi-sac de haricots ou quelques fromages de chèvre.

– *Aió ! O zia Maria sà,* répondait alors une jeune femme qui semblait parler en connaissance de cause et

1. *Zia, Zi'*: tante, employé aussi pour une personne de l'entourage. Le masculin est *Ziù*.

tentait avec indulgence d'apaiser les craintes de la vieille paysanne.

Le soir venu, bousculant le rituel des veillées, le même sujet revenait sur le tapis. Rentrés de la plaine, les hommes prenaient le relais, argumentaient à leur tour, maintenaient la pression. Dans leur rusticité, les plus sceptiques avaient bien du mal à concevoir qu'il suffirait d'appuyer sur l'interrupteur, avec un seul doigt, pour qu'à la seconde même jaillisse la lumière au centre de la pièce ; d'autres se demandaient comment de simples fils passant à travers le maquis pouvaient éclairer tout un village.

Enfin, vers 1931, se souvient ma mère, la lumière fut à Sorbo-Ocagnano. Pour fêter l'événement, les enfants avaient inventé une « cantilène », oh pas trop longue ni très compliquée, trois mots et c'est tout :

– *S'hè incesa l'elettricità* (l'électricité s'est allumée).

Chaque soir, attirés par cette nouvelle source de lumière, les enfants, comme des phalènes, venaient s'agglutiner sous l'unique lampadaire de la petite place du Théâtre, où mes yeux s'ouvrirent au jour, et entonnaient la fameuse cantilène à trois mots. Le manque de rigueur dans la mesure, dans le phrasé, et leur voix de crécelle aidant, l'ode à la lumière tournait vite à la cacophonie... Cacophonie qui allait avoir immanquablement pour effet de faire surgir d'une maison quelque ménagère à la patience fort limitée ; armée d'un balai, elle donnait de la voix, et, telle une envolée de moineaux, la marmaille déguerpissait en s'esclaffant de plus belle.

La placette aux modestes maisons de schiste, noires ou grises, retrouvait alors son calme habituel jusqu'au lendemain soir où la même rengaine retentissait à nouveau.

D'autres anecdotes, à la fois touchantes et amusantes qui ont traversé le temps, me sont aujourd'hui rapportées : par exemple, celle de cette vieille villageoise qui, pour éteindre la lumière, soufflait à perdre haleine sur l'ampoule, ou celle de ces enfants inventant de nouveaux jeux avec les commutateurs.

Ce clin d'œil coquin à la conjonction surprenante qui voit naître un jour de décembre 1931 un troubadour sur la place du Théâtre, à l'heure où l'électricité apparaissait avec tout ce qu'elle apportait de lumière et de chaleur, alliées à ce lieu magique de ma petite enfance, devait jalonner le chemin du baladin que j'allais devenir.

L'électricité éclairait les vieilles ruelles et brillait le soir dans chaque maison ou presque, pourtant dans chaque maison il manquait une chose primordiale : l'eau courante !

Le village en avait toujours été totalement privé et le restera encore très longtemps ; seuls deux points d'eau situés en contrebas des premières maisons alimentaient tant bien que mal chaque foyer.

Transporteur attitré du précieux liquide, toujours prêt à la besogne, c'est-à-dire bâté, *u sumere* (l'âne), qui a toujours été l'esclave et parfois le souffre-douleur de l'homme corse. Quand la bête de somme était occupée à d'autres travaux, d'autres corvées : transport de bois de chauffage, sacs de châtaignes, d'olives, et que sais-je encore, les femmes prenaient alors le relais ; il me semble les voir revenir de la fontaine avec leur lourde seille de bois ou leur cruche en équilibre sur la tête, marchant à pas comptés à travers les ruelles inégales du village, toujours avec élégance ; elles n'avaient, de ce point de vue, rien à envier aux femmes africaines. Papotant, plaisantant, elles prenaient en somme la vie du bon côté, et ce malgré les vicissitudes et l'austérité de l'existence en ce temps-là.

Au village, me dit ma mère, les femmes étaient bien plus nombreuses que les hommes – et pour cause...

Si un jour vous passez par Sorbo-Ocagnano, vous pourrez voir au pied de l'église dédiée à saints Côme et Damien, bien en évidence, entourée d'une grille en fer forgé noir, une simple stèle en granit, dont les quatre côtés sont entièrement recouverts de noms d'hommes, du simple soldat au capitaine. Bien avant que je ne vienne au monde, mes nom et prénoms s'étalaient ici en lettres creusées dans la pierre, un peu comme si j'étais mort avant de naître : Ciosi Antoine-Louis, fauché à vingt-neuf ans par une rafale de mitrailleuse, au sommet d'une colline que son régiment à pantalons rouges essayait de reconquérir pour la énième fois. Beaucoup de visiteurs ont dû faire l'addition, comme je l'ai faite moi-même : un total impressionnant pour un petit village : trente-neuf, pas un de moins. « Morts pour la France », souligne l'inscription en lettres d'or, comme s'il était besoin de le rappeler.

L'hécatombe de 14-18 avait carrément décimé toute une jeunesse. Dans certaines maisons, la guerre avait pris jusqu'à deux hommes. Chez nous, la Camarde avait été plus gourmande ; il lui en avait fallu trois : deux morts et un blessé grave. Le jeune frère de mon père, Orsu-Maria, mon grand-oncle Antoniu-Luigi et Petru-Paulu, frère aîné de mon père, grièvement blessé au chemin des Dames.

Après avoir traîné d'hôpital en hôpital, il mourut dans les pires souffrances, laissant une veuve et cinq enfants. Cet homme, qui était d'une taille bien au-dessus de la moyenne, avait littéralement fondu, rapetissé au point de pouvoir être allongé dans le berceau de son enfance, dont le léger balancement atténuait un peu sa douleur. Il est vrai que les berceaux anciens, en bois massif de châtaignier, étaient plus imposants... Le sourire de la vie et l'appel de la mort se retrouvaient dans le même lit.

Les veuves avaient su trouver tant bien que mal l'énergie nécessaire afin d'assurer aux orphelins tout le bien-être souhaité. Leur pension ne pouvait en aucun cas subvenir à leurs besoins, alors à chacune de se débrouiller comme elle le pouvait selon son courage.

L'exemple de ma tante Anghjulella est de ce point de vue très édifiant : elle devint boulangère ! pétrissant à longueur d'année des tonnes et des tonnes de farine, à la seule force de ses bras ; un travail on ne peut plus épuisant, surtout pour une femme, une tâche bien rude qu'elle accomplissait sans jamais se plaindre, sans se départir de sa bonne humeur apparente, de sa gentillesse et de sa générosité.

Le pain de Zi'Anghjulella, dont j'ai encore le goût, avait vite acquis une sérieuse renommée, il était sans doute le meilleur de toute la Casinca. Chaque personne qui franchissait le seuil de sa boulangerie, transformée peu à peu en « grande surface » de trente-cinq mètres carrés, *in buttea,* était reçue plutôt en connaissance qu'en cliente ordinaire. Avec une simplicité naturelle, elle savait prendre le temps pour chaque chose. Zi'Anghjulella demandait des nouvelles de la famille, s'inquiétait de ne pas avoir vu un tel ou une telle... faisait passer autant que possible les sentiments avant les affaires. Sans jamais aucune arrière-pensée, elle était toujours prête à faire crédit aux plus démunis. Les enfants, eux, avaient toujours droit à un petit quelque chose, une sucrerie ou bien une simple caresse dans les cheveux accompagnée de mots gentils.

Il fallait encore que la veuve trouve le temps d'élever ses enfants, leur donner une éducation : deux filles et trois garçons, qui, bien avant l'âge, allaient devenir adultes et responsables.

« Des femmes comme on en fait plus », dit souvent ma mère en parlant d'elle.

Située juste sous nos fenêtres, sa boutique faisait partie de mon univers, de mon petit monde à moi. C'est là que je fis mes premiers pas, je crois. Dès que j'entendais ce bruit caractéristique du bois sec cassé à la main, des branches de bruyère, d'arbousier et aussitôt que ma mère avait le dos tourné, je filais par la ruelle qui contournait notre maison, souvent à quatre pattes pour aller plus vite, et arriver à ce lieu qui me fascinait : *U fornu.*

Il me paraissait immense ce four, noir, impressionnant par les flammes qui, prisonnières de la cavité, tentaient une sortie vers la bouche, se transformant en nuées d'étincelles. La maîtresse du feu, ma tante Anghjulella, les cheveux et le front cachés par un fichu de toile blanche noué à l'arrière, tel un foulard de musulmane, œuvrait méthodiquement, experte en la matière, le visage rougi par la chaleur.

Dès qu'elle m'apercevait, elle enfournait une dernière branche, puis s'approchait de moi et, avec douceur, me soulevait dans ses bras, me souriait, m'embrassait si elle ne transpirait pas trop et me reposait aussitôt sur un tas de sacs de farine vides, à distance du foyer, me recommandant de ne pas bouger, de ne pas m'approcher surtout. Très attentif et presque médusé, j'observais ce cérémonial pendant un long moment, puis, ne pouvant tenir en place, je quittais alors le coin aux sacs vides où elle m'avait installé et me dirigeais vers un endroit tout proche qui m'intéressait beaucoup.

Un mélange d'odeurs douces et indéfinissables imprégnait la pièce. A gauche, en entrant, des grands sacs de farine de blé empilés ; puis, posés à même le sol, d'autres sacs plus petits, ouverts et laissant apparaître toutes sortes de légumes secs : des lentilles, du riz, des haricots, des pois chiches, ou encore du café vert que ma mère faisait griller sur le pas de la porte et dont l'odeur embaumait la ruelle.

Suspendues à côté de l'unique fenêtre donnant sur la plaine, une demi-douzaine de morues sèches se désolaient. *U baccalà* était à l'époque le « plat du pauvre » ; par extension, liée à d'autres problèmes insulaires, et pour exprimer l'idée d'une Corse laissée pour compte, l'expression : *Baccalà pè Corsica* « Morue sèche pour la Corse » est devenue un dicton [1]. Il n'empêche que, plat du pauvre ou pas, c'était rudement bon ! Assaisonné à la tomate et aux herbes, ou tout simplement frit à la poêle.

A côté d'un tonneau d'anchois au sel, gisaient dans une caissette les fameux harengs grillés à deux sous la pièce. Sur le comptoir rudimentaire, s'alignaient des bocaux ventrus garnis de berlingots multicolores, de caramels marron, de sucettes roses, des sucres d'orge, des rouleaux de Zan noir et des bâtonnets en bois de réglisse que les enfants mâchonnaient à plaisir.

Il y avait aussi, je m'en souviens, sujet de toutes les convoitises, une grande panière remplie de cornets à surprise aux couleurs vives. Au bout du comptoir, trônait l'indispensable balance Roberval à plateaux de cuivre et, à portée de main, sagement posées dans un socle en bois, ses deux rangées de poids gradués.

En prévision des pannes d'électricité assez fréquentes (selon la force du vent), un fût de pétrole de cinquante litres, équipé d'un robinet, attendait.

La « grande surface » d'Anghjulella offrait tant de produits : bidons d'huile qu'elle débitait au litre, grandes panières remplies de pain, puis, çà et là suspendus à des clous fichés dans les murs ou aux poutres, des

---

1. *Baccalà pè Corsica* : ce dicton aurait été inventé à une époque où la Corse consommait de la morue sèche à profusion. *Baccalà pè Corsica !* s'écriaient les dockers corses du port de la Joliette à Marseille, en balançant à fond de cale des navires en partance pour l'île de Beauté les ballots de morue sèche.

sacs à provisions, balais, paniers en osier, rouleaux de corde en poil de chèvre, grands fouets aux manches de bois torsadé... et bien d'autres choses encore que j'ai dû oublier.

U paese di a manu d'opera (le village de la main-d'œuvre). Ainsi avait-on baptisé Sorbo-Ocagnano en Casinca. Au fil des générations, il avait gardé avec fierté cette appellation. Ici, me dit ma mère, chaque maison ou presque abritait une famille nombreuse, de sept ou huit enfants en moyenne.

Le record pour la région, et même au-delà, était détenu par une famille qui habitait la plaine : seize enfants. Les « B » avaient eu droit au fameux prix Cognac, une manne bienvenue à l'époque.

Largement majoritaires, les femmes s'investissaient, prenaient la place des absents. Il me semble les voir encore, descendant à la plaine à pied, suivant l'homme à dos d'âne. La plupart du temps, elles se louaient aux riches propriétaires terriens qui étaient sûrs d'avoir une main-d'œuvre qualifiée et bon marché.

En effet, les femmes étaient moins payées que les hommes, et pourtant elles n'en faisaient pas moins. Elles maniaient la pioche et les fléaux avec force et adresse, participaient aux travaux les plus durs : semailles, moissons, récoltes, sans parler du ramassage des châtaignes ou des olives qui n'étaient pas non plus des jeux d'enfants.

Certaines semailles, comme celles du maïs ou des

haricots, étaient on ne peut plus pénibles (et je parle en connaissance de cause). *« Ci lascieraghju lu spinu »* (J'y laisserai le dos), disait la vieille complainte. Imaginez ces femmes dans les immenses champs de la plaine, le dos arrondi, le nez dans un sillon qui n'en finit pas, sans oublier le poids du sac de graines pendu autour du cou.

Les travailleuses courbaient l'échine, c'est le cas de le dire ! Quand le mal au dos devenait insupportable, elles se redressaient avec peine, plaquaient leurs mains au bas du dos, rejetaient la tête en arrière pendant un instant, puis se remettaient à l'ouvrage sous un soleil implacable. La vie en ce temps-là ne faisait pas de cadeaux aux villageoises de Sorbo-Ocagnano. La plupart ont aujourd'hui disparu. Leur souvenir et le visage de certaines d'entre elles ne m'ont jamais quitté. Elles ont été souvent pour moi une source d'inspiration. Sans le vouloir, elles m'ont appris beaucoup de choses de la vie, certaines valeurs, certains repères auxquels j'ai essayé de me référer tout au long de mes pérégrinations de troubadour corse.

Elles méritaient sans doute un plus bel hommage que les quelques chansons que je leur ai dédiées en passant.

Source intarissable de souvenirs, ma mère prend toujours un ton assez grave pour évoquer certaines choses du passé. L'exode des années trente par exemple. « Tous ces jeunes qui partaient, dit-elle ! » Puis elle ajoute, mélancolique : « Certains ne sont jamais revenus. » Cet exode allait en fait éclaircir un peu plus les rangs de la jeunesse.

Beaucoup partaient pour échapper à la misère ou aux contraintes familiales. D'autres, par esprit d'aventure, allaient comme l'on dit chez nous, *barcà u màre* (franchir la mer). Souvent engagés volontaires, ils rejoignaient les rangs de la « coloniale ». Charles-Bastien, autre frère de mon père, choisira la lointaine Afrique noire, propice aux fortunes rapides. Les moins audacieux s'arrêtaient à Marseille où les attendait une vie de fonctionnaire dans les Douanes ou les PTT. D'autres, moins chanceux, optaient pour les arsenaux de Toulon et se regroupaient dans les ghettos corses du Pont-du-Las ou du Maurillon. D'autres enfin choisissaient la capitale, « Paris Reine du Monde » ! Comme ce petit-cousin qui passa son temps, ou presque, dans les labyrinthes du métro, conducteur à la RATP.

En parlant de lui, ma mère le prenait en pitié :

– Oh, le pauvre ! quarante années sous terre !

Autre « exilé des bords de Seine », Petr'Antone qui surveilla *La Joconde* une bonne partie de sa vie.

Pour faire la part des choses, il faut dire qu'il y eut aussi quelques belles réussites dans les domaines les plus divers, la politique, la magistrature, la police, l'enseignement, la médecine... sans oublier le monde des jeux et, pourquoi ne pas le dire, le milieu, la « voyoucratie ».

Les autres, ceux qui n'ont pas voulu déserter, qui n'ont pas voulu abandonner la terre des ancêtres, sont agriculteurs, comme mon père et mes oncles, éleveurs de porcs, journaliers, bergers, souvent de père en fils. Des hommes rudes, élevés à la dure et fortement enracinés dans leur terroir. Des inconditionnels de la nature et souvent plus poètes qu'ils n'ont l'air.

La production d'un troupeau de quatre-vingts ou cent bêtes, c'est-à-dire le lait, les agneaux ou les cabris, le fromage, la laine une fois par an, ne nourrit pas toujours une famille nombreuse. Une personne ou deux suffisent pour s'occuper du troupeau, les autres n'ont qu'un choix, parfois même avant d'être adultes : la plaine *(in ghjurnàta),* journaliers chez les nantis, en attendant le service militaire qui leur laisse espérer découvrir à leur tour cet ailleurs, de l'autre côté de la mer, dont ils ont seulement entendu parler.

Aujourd'hui, dans la plaine de la Casinca, la plus fertile, la plus riche de Corse, le vent a tourné. Les fils et petits-fils de ceux qui trimaient à longueur d'année pour des salaires de misère rachètent par dizaines d'hectares, sans faire de vagues, sans crâner, les terres de certaines grandes familles en déclin.

J'allais avoir cinq ans lorsque mon père, dont j'ai peu parlé jusqu'ici, décida, après « étude de ses finances », de m'offrir ma première paire de chaussures (sur mesure). Ghjuvanni, le cordonnier du village, habitait alors un peu plus bas que chez nous, Piazza Reale.

Une petite place qui n'avait de royal que le panorama dont elle bénéficiait. Aux collines couvertes d'oliviers et aux vallées profondes, succédaient la plaine et, à perte de vue, la mer et les îles Toscanes.

Sa modeste maison aux murs de schiste d'un gris sombre, à un seul étage, n'avait rien de royal non plus, mais elle était là, accrochée à la roche depuis toujours, et tenait bon. On accédait au premier par un escalier extérieur, assez raide, qui menait à une minuscule terrasse bordée d'appuis de pierre usés par le temps.

Aucune enseigne au-dessus de la porte n'indiquait quoi que ce fût, seule l'odeur têtue du cuir trahissait la spécialité de la maison.

Mon père entra et, en plaisantant, serra la main du cordonnier ; une solide amitié unissait les deux hommes depuis toujours. Les mêmes idées novatrices les animaient.

J'étais resté sur le pas de la porte, observant ce lieu que je ne connaissais pas.

– *Veni,* approche-toi, me dit doucement le cordonnier. Comment t'appelles-tu ?

– Antoniu-Luigi !

– Antoniu-Luigi ? répéta-t-il, me dévisageant d'un regard bienveillant...

Peut-être pensait-il à cet homme dont je porte le prénom et qui, un jour de 1917, laissa sa peau du côté de Verdun. Sans plus attendre, il me fit asseoir sur une chaise, juste à côté de son établi. Les mesures furent prises en un clin d'œil. « Dans trois semaines, tu pourras étrenner tes premières chaussures », dit-il en me pinçant affectueusement la joue.

Cela tombait bien ! Noël approchait. Je descendis de ma chaise et embrassai très fort mon père. Au moment de partir, Ghjuvanni Desideri quitta son établi pour nous saluer. Je m'aperçus alors qu'il était de petite taille et avait au pied droit une drôle de chaussure pour un cordonnier, une chaussure à semelle compensée, en bois je crois, d'une hauteur disproportionnée. Il boitait légèrement... ça m'a fait drôle. Etait-ce pour compenser ce handicap qu'il était devenu le cordonnier le plus réputé de la région et au-delà ? Un virtuose du tranchet qu'il maniait avec passion et savoir. Un homme au sommet de son art Ghjuvanni !

En voyant les chaussures, surtout celles qu'il faisait pour les grandes occasions, en box-calf noir ou rouge, on avait du mal à croire que, dans cette échoppe poussiéreuse et désuète, un homme ait pu concevoir avec ses seules mains, une vieille machine et quelques outils, des souliers d'une telle finesse, d'une telle élégance. Des chaussures qui auraient mérité amplement de garnir la devanture d'un grand bottier parisien.

Etrange bonhomme qui, par sa sagesse, son intelligence vive, sa force de caractère et ses conseils éclairés, aura marqué pendant plus d'un demi-siècle la vie du village. En 1942, lorsque les troupes italiennes ont envahi la Corse, les Chemises noires et les carabiniers, qui pourtant savaient beaucoup de choses, ne se sont jamais doutés que ce petit bonhomme au chapeau noir, avec sa drôle de chaussure, boitillant appuyé sur sa canne, était un résistant de la première heure, agissant et très écouté.

Sorbo-Ocagnano, un village pas tout à fait comme les autres, où rien ne se passait jamais comme ailleurs ! C'est ici, par exemple, que se développa, à partir des années vingt, la toute première activité semi-industrielle de charcuterie corse. Quelques éleveurs de porc audacieux purent ainsi acquérir au fil des années fortune et respectabilité. Les premiers envois de charcuterie villageoise vers le Continent partirent d'ici. Les déchets d'abattage des porcs étaient tout bonnement déversés dans des décharges sauvages autour du village, ce qui avait pour effet d'attirer tous les corbeaux des alentours.

Aux voyageurs qui cherchaient la route de Sorbo, les rares habitants de la plaine répondaient immanquablement : « *Seguitate i corbi !* » (Vous n'avez qu'à suivre les corbeaux !)

En 1927, se souvient mon oncle Pierre-Marie, une sorte de Mai 68 avant l'heure allait défrayer la chronique, mettre en émoi ce village moyenâgeux et semer la discorde, voire la haine, au sein même de certaines familles. Une dizaine de jeunes villageois, âgés tout au plus de dix-sept à trente ans, sans doute plus évolués que les autres, peut-être un peu plus instruits (certains avaient obtenu, parfois avec l'aide du curé, un brevet élémentaire), créèrent le tout premier cercle de jeunesses communistes en milieu rural.

Ces jeunes avaient pris conscience de l'emprise des clans, qu'ils soient de droite (les noirs) ou de gauche (les blancs). Comme partout en Corse, et ce depuis toujours, les clans régnaient sans partage, imposaient leurs idées, leur loi.

Le colonel Simoni, maire du village, était vraiment peu enclin à tolérer les orientations politiques de ces quelques exaltés aux idées révolutionnaires et fit tout pour les contrer. Il alla même jusqu'à placarder dans « sa » mairie la fameuse affiche anticommuniste : l'homme au couteau entre les dents, hirsute et menaçant.

Mon oncle Luigione (le grand Louis), beau-frère de mon père, et « claniste » convaincu, ne décolérait plus.

– *U diavule hè intratu in casa mea* (le diable est entré dans ma maison), clama-t-il à la cantonadc.

Il donna à son fils Philippe, âgé de dix-neuf ans, une rouste à la corde mouillée.

Au village, l'ambiance n'était pas toujours au beau fixe, loin s'en faut. On s'évitait ou l'on se toisait du regard. Les jeunes rouges tenaient tête aux « clanistes » noirs et décidèrent même de frapper un grand coup médiatique.

Jacques Duclos, député et leader du « Parti », débarqua peu de temps après à Sorbo-Ocagnano pour y tenir une réunion sur la place du village. Aussitôt informé du projet, le colonel-maire pondit un arrêté interdisant l'utilisation du domaine public communal. Qu'à cela ne tienne ! La réunion (le meeting pourrait-on dire) aura lieu dans l'une des deux buvettes du village, dont le patron, Raziu, est tout acquis aux idées nouvelles.

Couverte de fruits de la Passion, la vaste treille de la buvette en question accueillit ce jour-là tout ce que le canton comptait de progressistes et aussi de curieux. L'ambiance y était joyeuse et bon enfant.

Pyrénéen aux origines paysannes, ancien pâtissier, plutôt de petite taille, Jacques Duclos monta sur une chaise, solidement maintenu par le fidèle Raziu. Tribun à l'accent rocailleux, à la dialectique habile, l'homme du Parti, tout en rondeurs et en malice, prôna l'enracinement de cette nouvelle doctrine : le communisme ! L'idée à transmettre aux jeunes.

Il évoqua tour à tour le marxisme-léninisme, la révolution d'octobre, dénonça la pauvreté, parla de justice sociale, de pouvoir aux ouvriers, de bonheur et de lendemains qui chantent. Acclamé, Jacques Duclos descendit de son perchoir sous des salves nourries d'applaudissements.

A cet instant précis, sorti comme un diable de sa boîte, apparut le curé Agostini du village voisin, Castellare-di-Casinca. Ce dernier était sans doute envoyé par le clan, en remplacement de l'abbé de Sorbo qui venait d'être muté pour sanctionner les villageois qui, quelques mois plus tôt, auraient souillé la voiture de l'évêque de Corse. La surprise fut de taille : « Ça alors ! », mais l'ambiance resta détendue, gaie ; on laissait venir. Levant les bras au ciel, comme pour implorer Dieu, le curé s'avança et, tel un Don Camillo face à Peppone, monta à son tour sur la chaise que le dévoué Raziu allait aussitôt maintenir aussi fermement que pour Jacques Duclos.

La contradiction apportée par le curé Agostini n'allait pas être à la mesure des espérances du clan, oh non ! Sans vouloir prendre, bien sûr, fait et cause pour la doctrine communiste, certains des arguments de l'homme d'Eglise rejoignirent à peu de chose près ceux de l'homme politique. En fin de compte, tous deux étaient à leur façon défenseurs des pauvres.

L'assistance avait tout de même écouté attentivement

le brave ecclésiastique. A la fin du sermon, malicieux à plaisir, Jacques Duclos donna le signal des applaudissements et, mieux encore, le croirez-vous ? se dirigea vers le saint homme et lui donna l'accolade. Succès total ! et nouvelles salves d'honneur.

Avant d'entonner avec les camarades une version corse de *L'Internationale,* écrite pour la circonstance et dédiée au Pyrénéen, mon père y alla d'un *Soldat lève-toi* très enlevé, au clairon.

La petite histoire ne nous dit pas si le curé Agostini, qui avait eu le flair de s'éclipser du « meeting » juste avant le chant révolutionnaire, se fit sonner les cloches par l'intransigeant colonel Simoni.

Quelques années plus tard, en 1929, le village aux corbeaux se dota d'une municipalité de gauche. C'est ainsi que l'on vit les nouveaux élus municipaux, dont mon père, faire le tour du village accompagnés de l'institutrice Rosine Emmanuelli et chantant poing levé.

1929 ! Au-delà du plaisir d'avoir « dégommé » le fameux colonel-maire, et fait naître quelques espoirs en des lendemains meilleurs, la venue d'une gauche fortement teintée de rouge aux commandes de la nouvelle municipalité n'allait, hélas, pas changer grand-chose au sort des habitants du village.

La victoire fut bien sûr ponctuée de vivats, de « pétarades », de chansons d'élection improvisées pour la circonstance, destinées aux adversaires battus et clos dans leur maison. Mais après l'euphorie, la dure réalité de la vie et ses contingences allaient reprendre impérativement le dessus.

Il est certes difficile de concevoir aujourd'hui les conditions de vie des gens de la terre à cette époque, notamment ceux qui, comme mon père ou mon oncle Christophe, travaillaient au fond de la plaine, là où étaient les terres les plus fertiles, terres qu'ils louaient aux *sgiò* (les notables) de la Casinca. Cela voulait dire se lever chaque matin avant l'aube et rentrer le soir après la tombée de la nuit, même en hiver. Ne jamais avoir – mis à part quelques dimanches ou fêtes votives – aucun jour de repos durant l'année : des journées de labeur de dix-sept à dix-huit heures.

Pour mon père, dès le saut du lit, la première étape consistait à parcourir à pied ou à dos d'âne, à travers les raccourcis ravinés par les pluies d'automne, les quelques kilomètres qui le séparaient de sa petite ferme. En homme de la terre, amoureux de la nature, mon père aurait sans doute aimé, dès le printemps venu, s'arrêter un moment, marquer le pas, se noyer ne fût-ce qu'un instant dans les odeurs de son enfance. Pouvoir admirer un peu plus longuement le soleil qui se lève comme au premier matin du monde, sur l'île de Monte-Cristo, à l'heure où le maquis s'étale dans une lumière vertigineuse. Mais le temps ! Le temps, le pressait toujours.

Arrivé à la grange, il fallait d'abord s'occuper des bêtes, atteler le mulet et, ensuite, rejoindre, au pas lent des bœufs, le fin fond de la plaine. Labours, moissons, récoltes, selon les saisons, occupaient pleinement les journées de Ghjuvan'Antone Ciosi.

Visionnaire sans le savoir, il avait compris bien avant tout le monde que l'avenir se ferait non pas au village, mais « en bas » dans la plaine. L'idée lui vint de bâtir une petite maison sur l'unique lopin de terre qu'il possédait, en bordure de la route nationale, à Querciolo. Le projet n'allait pas enchanter ma mère, c'est le moins que l'on puisse dire. Comment pouvait-on imaginer descendre habiter cette plaine quasiment déserte ? Cette plaine infestée par la malaria, avec le danger que cela représentait pour des enfants en bas âge ? Cette plaine que les gens fuyaient l'été quand la chaleur devenait accablante.

A la longue, les arguments de mon père, toujours aussi patient que tenace, finirent par convaincre ma mère, un peu malgré elle. Pour lui, habiter dans la plaine représentait un gain de temps d'au moins quatre heures. Ce temps, pour un homme de sa condition, était bien trop précieux pour le gaspiller, tel Sisyphe. Autre raison, sans doute la plus importante, qui allait peu à peu décider ma mère à accepter le pari de la plaine : son mari ne voyait pratiquement ses enfants qu'endormis et ce manque quasi permanent de contact, d'affection, lui devenait à la longue insupportable.

Puis d'autres villageois suivraient peut-être son exemple... Ce qui par la suite s'avéra tout à fait exact, à telle enseigne qu'aujourd'hui la plaine est cent fois plus peuplée que les villages.

Seule la misère, à mon avis, peut engendrer des hommes de la trempe de mon père, aussi entreprenants et durs à la tâche. Car la misère, lui et les siens l'avaient longtemps côtoyée. Elle avait stimulé en eux cette volonté farouche de s'en sortir un jour, cette rage de vaincre ancrée depuis toujours au plus profond d'eux-mêmes.

Le pari de la plaine ! Devoir bâtir une maison de ses propres mains, avec pour seule aide un apprenti maçon et occasionnellement quelques journaliers, n'allait en rien entamer sa détermination et son enthousiasme. Ma mère, par contre, prudente comme toute paysanne, était beaucoup moins optimiste. Où trouverait-il le temps, lui déjà submergé par tous les travaux des champs ? Où trouverait-il l'argent pour l'achat des matériaux de base (ciment, ferraille, sans oublier la menuiserie et tout le reste) ? A ses questions, la réponse de mon père ne variait jamais : *Videremu !* (On verra bien !)

Quelquefois, il ajoutait même : *Pè strada s'arrangianu e some.* (Le temps arrange les choses.)

Homme serviable et aimé, mon père était sûr de trouver, le moment venu, toute l'aide nécessaire à la réalisation de ce projet un peu fou. Il n'aurait aucun mal à réunir *l'operata*[1]. Bien avant qu'il n'en parle à ma mère, un proche parent, qui possédait une pépinière, l'avait autorisé à tailler gratuitement tout le bois de charpente dont il aurait besoin le moment venu.

Mon père avait coupé à lune vieille, et mis à sécher, de jeunes châtaigniers droits comme des « I » et longs d'une bonne dizaine de mètres.

C'était une époque où les gens se rendaient service, s'entraidaient.

Après deux années d'efforts, de tracas, de soucis, ponctuées de moments de bonheur et d'espoir, mon père, toujours obstinément patient, vit enfin le bout du tunnel. Le chantier de la plaine s'achevait. Notre nouveau refuge nous attendait. Il ne nous restait plus qu'à déménager, et ce ne fut pas, croyez-moi, une mince affaire, vu tout ce qui, depuis des lustres, avait été « encafourné » dans cette maison de Sorbo.

La société de consommation était encore bien loin ; à l'époque, chez les gens de la terre, on ne jetait rien, tout était soigneusement rangé, mis en attente à la cave ou au grenier. *Pò sempre ghjuvà, ùn si sà mai* (ça peut toujours servir, on ne sait jamais), disait ma grand-mère.

Le jour du grand déménagement arriva. C'était, je m'en souviens, à la fin de l'été 1937. J'allais avoir six ans. Mes deux aînés, Godefroy et Orsu-Maria, neuf et douze

---

1. *Operata :* Sésame de l'entraide et de la fraternité, coutume dont l'origine se perd dans la nuit des temps.

ans, Jérôme, mon cadet, en avait quatre, et enfin le dernier-né, Pierre-Paul, était encore au berceau.

Levé bien avant tout le monde, notre père nous tira du lit aux aurores. Jérôme et Pierre-Paul, qui dormaient dans la chambre de mes parents, eurent droit à un petit rabiot de sommeil.

La journée s'annonçait longue et mouvementée ce qui, finalement, n'était pas pour nous déplaire. En effet, depuis quelques jours nous étions tout émoustillés à l'idée du grand voyage et impatients de découvrir enfin ce lieu dont notre père nous parlait si souvent : la plaine !

Notre mère, qui elle non plus n'avait pas l'habitude de traîner au lit, s'affairait depuis un bon moment déjà aux préparatifs du départ. Elle empilait dans des caisses en bois à claire-voie ustensiles de cuisine, assiettes, marmites et tout ce qui allait voyager. Soigneusement enveloppés dans de vieux draps et ficelés, les portraits des ancêtres et des disparus de la Grande Guerre étaient déjà prêts. Jusqu'au prochain badigeon à la chaux blanche, les murs en garderaient les empreintes, ovales ou rectangulaires.

Une odeur de café embaumait la cuisine. Au coin du feu, la cafetière à l'ancienne se tenait au chaud, juste à côté d'une casserole de lait de chèvre, dont la mince couche de crème frémissait légèrement.

Après un brin de toilette dans la pièce même, juste de quoi se décoller les paupières, le petit déjeuner fut vite expédié.

Sans plus attendre, *Mamma* nous donna les consignes. Il fallait débarrasser le grenier, fort encombré de vieilleries, ne pas faire n'importe quoi et surtout ne rien oublier !

Deux ou trois cousins, à peu près de notre âge, arrivèrent en renfort. Livrés à nous-mêmes dans ce lieu magique, et considérant que nous avions tout le temps, nous commençâmes, curieux comme tous les enfants, par faire l'inventaire (si l'on peut dire).

Deux grandes malles aux couvercles bombés avaient attiré notre attention. Que pouvaient-elles bien contenir ?

Dans la première, qui empestait la naphtaline, rien de bien intéressant : des draps de lin, épais et lourds, deux costumes noirs en velours côtelé qui visiblement avaient fait plus que leur temps. Un brassard de premier communiant. Une vieille robe de mariée, des chemises de nuit d'homme, très longues et fendues sur les côtés. Des caleçons molletonnés pour l'hiver. Il y avait aussi un feutre noir, tout cabossé, que nous essayâmes à tour de rôle en rigolant et en chahutant de plus belle.

Ce tapage nous valut un rappel à l'ordre de ma mère qui, d'en bas, suivait l'opération.

Le mystère qui entourait certaines reliques militaires contenues dans la seconde malle allait, en revanche, satisfaire notre curiosité.

Reliques rapportées au fil du temps par les anciens de différents théâtres d'opérations en terres lointaines, Maroc, Algérie, ou Dardanelles... Un képi de la Coloniale, un grand sabre de cavalerie, des épaulettes, des fourragères, un uniforme de sous-officier, et aussi un trophée de guerre : une vieille baïonnette allemande. Le clairon à pompon rouge de mon père, rapporté de Bizerte où il avait fait son service militaire. Des bandes molletières et une culotte rouge de zouave, démesurément large.

Précieusement conservées dans un petit coffret en bois sculpté, dérisoires et symboliques récompenses attribuées aux méritants, souvent à titre posthume : des décorations ! Il y avait aussi une collection de vieilles cartes postales, couvertes d'une écriture appliquée et toujours très lisible, qui venaient de lointains pays dont nous n'avions jamais entendu parler.

Après un second rappel à l'ordre de ma mère, le « transbahutage » de la brocante commença pour de bon ! Le vieil escalier de bois vit défiler tour à tour : un collier de cheval qui perdait son crin et aurait eu bougrement besoin d'une visite chez le bourrelier. Deux tonnelets vides, des dames-jeannes corsetées de paille ou toutes nues. Un brûleur à café bancal, des fléaux, une poêle à châtaignes, trois paires de vieilles chaussures à clous entretenues à la graisse de porc, et une vieille lampe à carbure. Un fusil mauresque à crosse incrustée d'ivoire et au canon très long (un moukala), rapporté de quelque guerre coloniale par un aïeul.

Nous découvrîmes des sonnailles de chevaux aux grelots manquants, un petit lit pliant, une gargoulette verte qui n'avait plus d'anses, des paniers en osier et une seille en bois qui tomba en morceaux lorsque l'un de nous s'en saisit !

Puis, vint le tour du cheval de bois que mon parrain m'avait envoyé de Toulon pour mes quatre ans. Lors d'une course effrénée dans la ruelle pentue, il avait perdu une oreille et trois roulettes. « L'accident de la circulation » ne m'avait valu qu'une bosse au front, tandis que Bijou, auquel je tenais tant, avait fini sa cavalcade au fond du grenier.

Sur le coup de dix heures, ma mère, qui pour la circonstance n'avait pas manqué d'aide, acheva ses préparatifs. Pudique au possible, elle avait emballé, ou plutôt camouflé, dans un carton le grand seau hygiénique émaillé, au bord recourbé pour plus d'aise, ainsi que deux pots de chambre en terre cuite. Le tout voyagerait incognito !

Des cousins, aussi adroits que robustes, transportèrent en un tour de main sur la placette, où nous avions déposé le bric-à-brac du grenier, les quelques meubles rustiques, la literie et tout le reste...

Désormais vide, le vieux grenier n'avait plus rien de

magique ; il y restait seulement, suspendu à une poutre, un gros bouquet de fenouil sec à l'odeur sucrée et, dans un coin, un vieux pétrin branlant qui, selon ma mère, n'aurait pas supporté le voyage.

Place du Théâtre, le rideau n'allait pas tarder à tomber sur la fin du premier acte de « mes plus jeunes années ».

Quelques instants plus tard, escorté par des enfants braillards et pieds nus pour la plupart, le « transporteur » fit son entrée dans le village. Debout sur le lourd chariot, pantalon de velours côtelé, large ceinture de flanelle rouge et chemise blanche à col ouvert, mon père avait fière allure.

Après plus d'un demi-siècle, l'image de cet homme, rênes en mains, décidé et beau comme un dieu, est présente à mes yeux, claire et nette.

Vers le milieu de l'après-midi, le grand char à bœufs de l'espoir, au chargement hétéroclite, entama au pas lent des ruminants la longue descente vers notre Eldorado. *U Querciolu !* Un seul voyage suffit pour tout emporter et moi avec... Mes frères et notre mère, le dernier-né au bras, suivirent dans la carriole à mulet.

Après plus d'une heure de route, sur une piste sinueuse en diable, la plaine nous accueillit.

Posée juste au bord de la grande route qui relie Bastia à Bonifacio (la Nationale), notre nouvelle maison n'avait vraiment rien d'un palace. Couverte d'un toit en tuiles rouges, elle se composait en tout et pour tout de quatre pièces démunies de tout confort, de toutes commodités, d'un grenier et, côté montagne, d'une simple terrasse abritée.

Dans la pièce à vivre, une cheminée d'angle devait suffire aussi bien à la préparation des repas qu'à donner de la chaleur pendant l'hiver.

La venue de l'eau courante était si hypothétique que l'évier en granito était dépourvu de robinet, et ce pour longtemps encore ! Et pourtant *l'acqua* n'était pas bien loin, à quelques mètres à peine. Une canalisation longeait la grande route pour alimenter de loin en loin quelques rares fontaines publiques. Nous dûmes nous contenter de l'eau de la rivière proche. Quant à l'électricité, pas la peine d'en parler. La lampe à pétrole, la bougie ou même l'archaïque lampe à huile la remplacèrent.

En fin de journée, le grand déménagement s'acheva.

Après que nous fûmes sommairement installés, juste de quoi s'asseoir et dormir, la maison aux tuiles rouges nous offrit un semblant de repas.

Dernière à se servir, *Mamma* avait depuis le matin à l'aube pleinement assumé la besogne, tenu bon. Débordant de vitalité, infatigable et toujours aussi enthousiaste, mon père était ce soir l'homme le plus heureux du monde ! Le rêve de la plaine s'était réalisé. Quant à nous, *i muccicosi, i rompi stacche* (les morveux, les casse-pieds), la transhumance familiale nous avait tout de même mis à rude épreuve, au point que nous tombâmes, harassés, aussitôt la dernière bouchée avalée.

Ponctuée par le chant des grillons, la nuit de septembre étendit son voile sur la maison de la plaine où allaient s'écouler les jours les plus lumineux et aussi les plus noirs de notre vie.

L'été s'assoupissait lentement, laissant la place à des ciels plus transparents et plus dorés avec l'automne naissant.

Après les grandes chaleurs, *i sulleoni* (sous le signe du lion), qui forçaient chaque été les gens de la plaine à se réfugier dans les villages de la montagne, plus tempérés, les derniers miasmes paludéens réintégraient la vase des marais. La plaine retrouvait son animation habituelle, ses travaux, ses coutumes. Le temps bienvenu des récoltes et des vendanges était là.

Avant la rentrée des classes (début octobre), il nous

restait une bonne dizaine de jours pour découvrir notre nouveau domaine, les alentours de la maison et même bien au-delà, où nous allions trouver notre compte de surprises, d'aventures inattendues, d'émerveillement et de frayeurs.

De part et d'autre de la grande route du Sud, des premières collines jusqu'à la mer, s'étendait un terroir que les dieux avaient doté de toute la fertilité : la Casinca ! Alors, aucun champ, aucune parcelle n'était délaissée, tout était entretenu, cultivé. Ici, inutile de mettre en jachère, la terre était assez riche et pouvait aisément donner deux récoltes par an. Au fil des saisons, mûrissaient les meilleurs fruits de la terre, en si grande quantité qu'ils pouvaient garnir la plus riche des cornes d'abondance.

Dès le lendemain, profitant du premier quartier libre, après les corvées, nous partîmes en reconnaissance. Notre domaine regorgeait de toutes sortes de figuiers, il y en avait partout des figues, des blanches, des grises, des petites noires très sucrées.

Plantés juste en bordure de certains champs, ces arbres au feuillage de velours tendaient généreusement leurs branches au-dessus des chemins, invitant à la cueillette, comme le voulait la tradition.

Le panier en osier, muni d'un crochet en bois pour le suspendre aux branches, tardait à se remplir... nous « dégustions » pas mal ! Mais cela n'avait aucune importance, rien ne pressait, nous avions l'âge de l'insouciance et toute la vie devant nous.

L'escapade se poursuivit sans hâte, au hasard des chemins et des sentiers odorants. Le monde de la plaine s'offrait à nos yeux d'enfant, au rythme lent des choses de la vie, il nous livrait ses secrets avec parcimonie. A nous de les comprendre et d'en faire bon usage pour l'avenir.

De très vieilles bâtisses, qui tenaient debout « pour la

forme », nous semblaient chargées de souvenirs et de mystère. D'autres, plus solides, avaient défié le temps. Abris de bergers, paillés rustiques ou minuscules cabanes faites de bric et de broc disséminés dans les vignes ou à l'entrée des champs étaient là. Construites par des hommes aux mains agiles, des granges, au toit pentu entièrement couvert de fins roseaux – *e cannette* – qui poussaient à profusion dans les marais du fond de la plaine nous faisaient penser à certaines images de nos livres d'histoire.

Le sens de la propriété était partout visible. Chaque champ, petit ou grand, chaque carré de terre, chaque vigne, chaque verger était clôturé, bordé de murets en pierres sèches. Jaloux de leur bien, méfiants et bien peu généreux, certains propriétaires doublaient le mur d'une haie vive très haute, en piquants redoutables, de quoi dissuader un sanglier.

Les murs pouvaient parfois témoigner de l'aisance ou de la pauvreté du propriétaire. En effet, certaines vignes, ou certains vergers plus vastes, étaient entourés de murs élevés, de facture plus riche, crépis même. Là aussi les maîtres des lieux, encore moins généreux que les précédents, n'avaient pas hésité à coiffer « leurs murs » de tessons de bouteilles effilés qui rendaient la « citadelle » tout à fait imprenable.

Avec le temps, par curiosité et un peu aussi par goût du risque, ce genre d'interdit fera naître en nous un désir de chapardage. A nous de trouver la faille, le passage secret, à nous d'employer les ruses qui s'imposeraient à nos incursions futures. Incursions d'enfants, sans grande conséquence ni gros dommage pour les avares, puisqu'elles ne viseraient en tout et pour tout que quelques fruits de saison.

Mais enfin, fruits de saison ou pas, mieux valait que notre père ne le sût jamais car, malgré toute l'affection et la tendresse qu'il avait pour ses enfants, j'ai bien l'impression qu'il n'aurait pas hésité un seul instant à « mouiller la corde ». « Chez les Ciosi, nous avons peut-être d'autres défauts, mais pas celui-là », aurait-il dit.

Source d'animation permanente, lieu de spectacle et aussi de danger, hantise de ma mère : la grande route du Sud. Pour nous qui n'avions connu jusque-là qu'un village ancien aux ruelles étroites et cernées par des vols de corbeaux, la « Nationale » allait au fil des jours nous réserver bien des surprises, des peurs bleues même !

Comme cet après-midi de mars 1944 où un GMC de l'armée américaine, piloté par un colosse noir, vint dans un bruit d'enfer s'encastrer entre le vieux châtaignier qui bordait la route et le talus, juste au pied de notre maison, nous refoulant, morts de trouille, vers le fond de la cour. L'incroyable fracas eut pour effet de faire surgir immédiatement notre mère épouvantée, se demandant ce qu'il pouvait bien se passer encore.

Les premiers secours arrivèrent pour dégager le malheureux chauffeur sérieusement amoché et coincé dans sa cabine. On s'aperçut alors que le lourd véhicule à double pont frappé de l'étoile blanche transportait tout bonnement une cargaison de bombes de cinq cents kilos chacune. Ces bombes étaient destinées à l'une des nombreuses bases aériennes que les Américains avaient installées le long de la côte orientale, au lendemain de la libération de la Corse en octobre 1943.

Les bombes étaient désamorcées pour le transport,

mais tout de même, nous venions de l'échapper belle ! L'accident, qui aurait pu avoir des conséquences inimaginables, allait conforter notre mère dans sa crainte permanente. Une fois encore, elle s'écria : *« O Signore, stu stradone ! »* (Seigneur, cette grande route !)

La Nationale, elle, faisait pour ainsi dire partie de notre vie, de notre petit monde à nous. Avec elle, on ne s'ennuyait jamais, elle était devenue notre passe-temps favori, notre jardin d'acclimatation. Que d'étonnements en tout genre, perçus avec la sensibilité de nos âges et une grande curiosité naturelle toujours soutenue par de furtifs plissements d'yeux, afin que rien ne nous échappe !

Images insolites, surprenantes processions que celles de ces femmes, vêtues de noir pour la plupart, qui chaque année début septembre se rendaient en pèlerinage à Notre-Dame-de-Lavasina, dans le cap Corse. Elles parcouraient plusieurs dizaines de kilomètres pieds nus, un panier en osier ou un petit baluchon en équilibre sur la tête, et chantaient avec ferveur des cantiques. Certaines, m'a-t-on dit, venaient du lointain Fiumorbu. Au regard de la distance, je pense que trois à quatre jours de marche leur étaient nécessaires, quelques-unes arrivaient les pieds en sang ! Fallait-il que la foi qui les animait fût intense !

La Nationale roulait bon train. Ainsi, tout étonnés, nous verrons passer les premiers véhicules qui faisaient la « réclame ». Flambant neufs, ils s'annonçaient à grand renfort de klaxons, s'arrêtaient dans les villages où un attroupement se créait à l'instant même. L'« attelage » le plus inattendu dont je me souviens exhibait un gigantesque homme noir en carton-pâte, lèvres peintes et coiffé d'une chéchia rouge à pompon. « Y a bon Banania », semblait nous dire le colosse.

Nous, on aurait bien aimé y goûter un peu à ce fameux « Y a bon » ! Mais pensez-vous, la voiture ralentissait, presque à s'arrêter, nous inondait de prospectus, et repartait aussitôt... ce qui nous mettait en rogne.

« A prossima volta, u pigliemu à petrate u nigrottu » (la prochaine fois, il aura droit à une bonne volée de pierres, le « négro »), dis-je à mes frères.

Aujourd'hui, à coup sûr, ce parler « petit nègre » passerait pour du mépris, ferait tiquer les associations antiracistes.

Défilaient aussi à la belle saison les premiers autocars de tourisme. Les PLM [1] luxueux, souvent décapotables, roulaient à allure modérée afin de permettre à ces privilégiés d'admirer les sites de l'île de Beauté qui, depuis quelques années, s'ouvrait à l'ère touristique. Visiblement ravis du voyage, attentifs à l'environnement, les passagers ne manquaient jamais de nous faire de grands signes de main auxquels nous répondions toujours en donnant de la voix.

Beaucoup moins privilégiées, et sans doute moins fortunées que ces dames en villégiature, Martina et Serena, deux inséparables marchandes de poisson, parcouraient depuis des lustres aussi bien la plaine que les villages. Des abonnées de la Nationale, dont le cri de guerre suraigu et claironnant ne variait jamais : *« Aió li mio pesci freschi freschi ! Aiò i mazzardi, l'anguille vive ! »*

Leurs visages aux traits burinés, brûlés par tous les soleils, témoignaient, si besoin était, d'un métier au grand air. Un rude métier qui nécessitait du courage, de la constance, une colonne vertébrale et des mollets à toute épreuve. Un métier enfin où les petits bobos et les états d'âme étaient exclus.

Martina et Serena ! Autant l'une était courtaude,

1. Société de transports Paris-Lyon-Méditerranée.

ronde et solide comme un chêne, autant l'autre était grande, sèche et tout en nerfs. Un duo d'enfer ! Elles connaissaient à peine quelques mots de français employés en de rares occasions, lorsqu'elles ne pouvaient pas faire autrement. Leur accent et leurs voix, connus de tous, étaient tout à fait appropriés à leur profession, leur vocabulaire aussi... Elles ne vendaient, si mes souvenirs sont fidèles, que du poisson pêché dans l'étang de Biguglia, principalement du mulet que les ménagères préparaient à *l'aiolu* (vinaigre aillé), ou des anguilles, quelquefois du poisson plus noble comme le loup.

Installées en équilibre sur leur tête, de larges panières en minces lattes de châtaignier, recouvertes de fougères fraîchement coupées, contenaient une quinzaine de kilos de poissons et une balance romaine à plateaux de cuivre.

Attirés par l'odeur de la « poiscaille » les chats étaient tenus à l'œil et refoulés sans ménagement à la moindre tentative de vol. Martina et Serena en avaient bien d'autres à fouetter des chats !

Bavardes, impertinentes et taquines, nos deux commères marathoniennes s'en allaient, qu'il pleuve ou qu'il vente, d'un village à l'autre, parcourant ainsi, comme si de rien n'était, une moyenne de vingt kilomètres par jour.

Au bout du village une seule pièce au rez-de-chaussée d'une maison déjà ancienne abritait l'école communale. Nous étions, je crois, une quinzaine d'élèves, filles et garçons de cinq à douze ans.

Ici, la mémoire me fait défaut, les images sont floues. J'imagine que la salle de classe devait ressembler à toutes celles de l'école de la République : l'indispensable tableau noir, les encriers auréolés d'encre violette, une grande carte de France accrochée au mur et, tout au fond, le gros poêle à bois en fonte noire.

Je dois avouer que les « études », ce n'était pas mon fort, et encore moins ma passion. Passent encore les leçons de choses, les récitations ou l'histoire, le reste... j'allais à l'école parce qu'il le fallait.

Si cela n'avait tenu qu'à moi, je serais devenu un permanent de l'école buissonnière ! J'aurais préféré descendre à la plaine avec mon père, aller chaparder les premières cerises ou chercher des nids d'oiseaux.

Si cela n'avait tenu qu'à moi, j'aurais mieux aimé m'en aller tranquillement à la chasse aux lézards et aux papillons du côté de la rivière, ou bien cueillir un gros bouquet de violettes que j'aurais timidement offert à celle qui faisait battre mon cœur d'enfant, à celle que j'aimais en secret, Mlle Virginie Santoni, notre jeune et si belle maîtresse aux yeux en amande. J'étais un incorrigible rêveur. Je découvrais la vie, l'inépuisable poésie du maquis.

Par les deux fenêtres, ouvertes sur la campagne, le soleil de l'après-midi rentrait à flots avec tous les bruits de la nature. De longs et puissants braiments d'âne avaient toujours pour effet de perturber la progression de la dictée. Toute la classe pouffait de rire. Passablement agacée, Mlle Santoni allait aussitôt fermer les fenêtres.

De cette classe, je ne garde aucun mauvais souvenir, et surtout pas celui des coups de règle sur les doigts ou des brimades à propos de la langue corse. Plus tard, je les découvrirais, à mes dépens. Mlle Santoni manifestait ainsi, peut-être déjà, la « corsitude ».

En revanchc, jc n'ai pas oublié les faims de loup qui, chaque jour d'école, tenaillaient mon estomac bien avant la fin de la classe. A peine arrivés de l'école, avant même de dévorer la tranche de pain à l'huile d'olive frottée d'ail, nous quittions vite nos sandalettes.

Aller nu-pieds durant tout l'été est une habitude qui ne se perd pas si facilement. Nous étions tellement plus à l'aise ! Nos pieds s'étaient armés d'une fine semelle de corne qui les protégeait à merveille. Marcher ainsi dans la poussière si fine et si douce du chemin était notre plaisir...

Notre mère, elle, aurait nettement préféré que nous gardions nos sandales ! et, surtout, que nous fassions nos devoirs ! Mais enfin, cela pouvait attendre un petit peu, il n'y avait pas le feu, tout de même !

Mamma n'avait que ce mot à la bouche : *« I duveri. »*

En parlant d'une autre plaine, la sienne, Jacques Brel a chanté plus tard : « On ira voir passer les trains », c'est ce que nous faisions à l'époque !

Aller voir passer *u trenu di Bastia,* rendu célèbre par une chanson satirique. Maria Felice, une cabaretière de la côte orientale, l'inventa à la fin du siècle dernier en guise de protestation virulente contre l'installation du chemin de fer qui ruinait charretiers et aubergistes.

Malgré une ponctualité approximative, le petit train servait d'horloge. Le sifflet de la locomotive donnait tous les soirs le signal de la fin du travail. A l'heure où les derniers rayons de soleil décuplaient l'ombre des grands eucalyptus aux senteurs de camphre, nous nous acheminions sans hâte, *pianu pianu,* vers le passage à niveau. Voir passer le dernier train n'était pas le seul but de la promenade. Une autre raison nous concernait davantage : aller à la rencontre de notre père qui n'allait pas tarder à rentrer.

Ces fins de journées d'automne étaient douces et dorées, la pureté de la lumière nous émerveillait. Une odeur particulière, mélange insolite de luzerne, de crottes d'ânes et de foin, nous accompagnait jusqu'au vieil abreuvoir, point de rencontre avec notre père. Avant même que l'attelage attendu ne soit en vue, nous le reconnaissions aux sonnailles du cheval. Quelques secondes après, cahotant dans les ornières, la carriole apparaissait au bout du chemin. Les sabots de Bijou soulevaient de petits nuages de poussière. Ces retrouvailles restent des instants privilégiés de mon enfance.

Notre père était là, sous le regard attentif de son compagnon, un bâtard mâtiné de bouledogue à poil ras, noir comme du charbon et marqué d'une étoile blanche au sommet du crâne, qu'il appelait Madrid en référence à la guerre d'Espagne.

En un clin d'œil, la carriole aux roues cerclées de fer était prise d'assaut ! Tout le bonheur du monde se lisait dans le regard de cet homme que nous aimions tant.

Parfois, en cours de route, notre père nous confiait les rênes que nous saisissions avec fierté ; sans risque de collision, le chemin poussiéreux nous appartenait !

J'ai encore dans l'oreille les paroles d'une vieille chanson d'élections que mon père fredonnait :

In casa di li Taddei, so bicchieri e bicchierini,
In quella di lu sgìo Ceccu, so cacati sumerini.

Dans la maison des Taddei, ce sont verres et petits verres.
Dans celle du sieur François, ce ne sont que crottes d'ânes.

Après la satire électorale, mon père changeait de registre. Venait alors : « Sous le soleil marocain, je pense à toi, à toi, ô ma Jolie... »

Quelques instants après, la maison de Querciolo était en vue. Réconciliée avec la plaine qu'elle avait eu bien du mal à apprivoiser, notre mère, toujours aimante et casanière, un bambin au bras, guettait notre arrivée.

Soudain, la cour s'animait. La famille au complet s'agitait autour de la carriole. Jérôme, que nous n'avions pas voulu emmener « voir passer le train », pleurnichait, « rougnoulait », revendiquait et mon père, pour le dédommager, l'installait sur la carriole qu'il faisait semblant de conduire en nous toisant.

La queue en demi-rotation permanente pour chasser les mouches, Bijou piaffait d'impatience. Harnaché depuis le matin ou presque, il avait bien envie de prendre le mors aux dents !

Madrid, par contre, apparemment moins éprouvé, au regard des longues siestes qu'il avait dû « tirer » à l'ombre des aulnes, s'agitait lui aussi, reniflait, léchait les mains, attendait que cela se passe !

Pour nous, la journée n'était pas tout à fait terminée. Les travaux du soir nous attendaient. Chacun avait reçu ses propres consignes. Aux deux aînés, incombait la tâche la plus contraignante : la corvée d'eau, puisée à la rivière à grands bidons, à grands sceaux débordants, à pleines lessiveuses ! Pour moi, vu mon jeune âge, la besogne était plus légère : j'étais le préposé aux soins du cheval. Il fallait le conduire à la rivière où s'abreuvait aussi le bétail, le ramener à l'écurie et lui donner sa provision de foin ou de luzerne dont la grange était pleine, en prévision de l'hiver. Jusqu'à la fin des beaux jours, Bijou dormait à la belle étoile, au fond de la cour. Une grande caisse en bois lui servait de mangeoire.

Autre consigne, je devais vérifier que la grosse pierre bloquait bien la porte du poulailler. Quelquefois, en l'absence de Madrid, « Goupil » menait une incursion dévastatrice dans la cahute des poules. Très porté « sur la chose », le bâtard à poil ras s'en allait nuitamment, ne rentrant parfois qu'à l'aube.

Il ne me restait plus qu'à fermer côté plaine l'amusant portail fait, en attendant mieux, de deux vieilles têtes de lit en fer reliées par une cordelette.

Partagée à trois, la dernière petite corvée : rentrer le bois de la cheminée, des bûches d'aulne mélangées à du chêne, et des brindilles de bruyère bien sèches qui, le matin, flamberaient à la première allumette.

Chez nous : pas de bouches inutiles. Notre père considérait qu'il n'y avait pas d'autre ressource que le fruit du travail quotidien. Cet homme aux yeux rieurs, ce paysan hors du commun, était prévoyant, attentif à nos moindres gestes, à nos humeurs, à nos désirs. Dur et tendre à la fois, il savait nous parler, nous écouter. Sans avoir besoin d'élever la voix, il se faisait obéir.

Lorsque le jour s'achevait, nous n'étions jamais très pressés de rentrer à la maison. *Mamma* pouvait toujours appeler, nous faisions la sourde oreille.

Nous, on attendait les *chjò !*

Malgré l'approche de l'hiver, les soirées restaient douces. La luminosité pourpre du couchant rendait la montagne plus sombre. En prélude au concert des oiseaux de la nuit et des grillons, les rainettes donnaient en chœur une sérénade à la première étoile.

Comme un fanal, l'étoile du Berger s'allumait chaque soir à l'aplomb de la montagne des Saints-Anges. La nuit finissait de s'installer. Les derniers bruits du jour s'estompaient jusqu'au silence. La Nationale aussi se taisait pendant de longs moments.

Les *chjò* « métronomiques » du hibou donnaient alors le ton au rossignol qui trillait à pleine gorge, bientôt relayé par le grésillement des derniers grillons de septembre.

L'étrange ballet des chauves-souris affamées, dont les furtifs bruissement d'ailes nous faisaient peur, entrait en scène. *I topi pinnuti* avaient élu domicile dans la cave d'une vieille bâtisse délabrée, à deux pas de chez nous. Mêlée à un soupçon de témérité, la curiosité nous entraînait dans ce lieu désolé, désert, ouvert à tous les vents, où personne n'allait jamais. Pas très rassurés, nous nous glissions à pas feutrés par l'étroit escalier sombre menant au repaire des bestioles à tête de vampire. En attendant la nuit, elles dormaient par dizaines, accrochées à la voûte dans une étonnante position.

Plus tard, lorsque le rossignol retrouvera son nid et que les rainettes fermeront leurs yeux d'or, l'inquiétante *malacella,* qui de loin appelle la mort, viendra. La chouette, que jamais nous n'avons pu apercevoir, nous intriguait beaucoup ; aux dires de notre père, elle était blanche, elle portait malheur et son cri donnait froid dans le dos, même aux plus téméraires.

Parfois, du fond de la nuit, l'aboiement d'un chien de berger, ou le cri d'un renard, venait ponctuer l'étonnant concert que la nature nous offrait chaque soir... Après, on avait faim !

Une toile cirée à petits carreaux bleu marine et blancs recouvrait la grande table en châtaignier entourée de chaises de bois paillées. Depuis un bon moment déjà, notre mère avait dressé le couvert.

Posée juste au coin du feu, une marmite en terre, noircie par les flammes, maintenait au chaud la soupe du soir. Elle avait cuit à feu doux une partie de l'après-midi.

Quand les retardataires que nous étions prenaient place autour de la table, mon père, selon un rituel, se levait, saisissait le pain de la main gauche, le retournait et, avant de couper la première tranche, traçait le signe de la croix au couteau.

A ce moment notre mère apportait sur la table la soupière fumante. Epaisse et riche en calories, la soupe offrait la diversité nécessaire à toute alimentation : légumes frais, féculents, pâtes, l'ail pilé, l'huile d'olive que ma mère conservait dans une petite jarre, une cuillerée de sauce tomate. Quelquefois, un talon de jambon apportait une saveur particulière.

Les ménagères disposaient toutes à peu près des mêmes ingrédients de base, mais le petit tour de main et, surtout, l'utilisation de telle ou telle herbe sauvage faisait la différence. Ce choix des herbes se transmettait ainsi de mère à fille, de tante à nièce, de grand-mère à petite-fille ; en cela elles véhiculaient un peu de leur culture.

A Venzolasca, la tradition de la soupe du Jeudi saint (pâtes fraîches faites maison et pois chiches) s'est maintenue. Ma mère la fait très bien.

Certains amateurs affirment qu'une soupe tout à fait réussie doit être si épaisse que la cuillère y tient debout.

Affamés comme nous l'étions, le repas du soir ne s'éternisait pas. *Mamma* avait beau nous dire : *« Pianu, manghjate pianu »,* nous enfournions à pleines cuillerées le contenu de la première assiette ainsi que le reste. En attendant le fromage et afin que rien ne se perde, l'assiette était essuyée à la mie.

C'est vrai, le pain était sacré. Aujourd'hui, quand il m'arrive de voir une demi-baguette traîner dans une poubelle, cela me choque.

Lorsque notre mère débarrassait la table aussitôt le repas fini, elle avait à coup sûr une idée derrière la tête ! Les devoirs que nous avions volontairement oubliés.

Là, en présence de notre père, pas moyen de passer à travers, aucune discussion possible, *Nunda à fà.* Il fallait s'y atteler séance tenante et en silence. Aussitôt, une bonne moitié de la table était recouverte de cahiers, de livres d'histoire et de géographie, de buvards roses, d'ardoises, de craies colorées et de gommes à moitié dévorées. La Sergent-Major régnait au bout des porte-plume mâchouillés, posés à côté de l'encrier.

Nos parents étaient conscients de l'importance du certificat d'études, précaution indispensable pour ceux qui, plus tard, souhaiteraient quitter le travail de la terre, trop dur, et avoir un emploi.

A l'autre bout de la table, à proximité de la lampe à pétrole, qui ne sentait pas toujours bon, notre père mettait à profit l'unique moment de détente de la journée pour consulter sa seule source d'informations, *Rouge-Midi,* un quotidien édité à Marseille. Le facteur, qui venait de Castellare à dos de mulet, le déposait tous les deux ou trois jours.

Militant pur et dur, fidèle à la ligne du Parti, mon père ne lisait pas autre chose. *Rouge-Midi,* quelquefois *L'Huma,* et *basta.*

En cette année 1938, les nouvelles d'ailleurs n'étaient point réjouissantes. La liberté chancelait et la botte fasciste s'acharnait à l'écraser. « Bruits de bottes », titrait à la une le régional marseillais ! Du côté de Munich, l'homme à la petite moustache noire, le diabolique *Itileru* nous promettait la paix. Tandis qu'à Rome, *Musu-*

linu promettait à son peuple la Corse, la Savoie, et Nice la belle.

Un jour, je quittai un instant mes devoirs et m'approchai de mon père. Me penchant par-dessus son épaule, je pus lire au-dessous de la photographie d'un homme jeune, brun, dont le visage aurait pu être de chez nous : Federico García Lorca. Ce nom me plut, je le trouvai beau. Je le relus du bout des lèvres, en le prononçant distinctement : « Fe-de-ri-co Gar-cía Lorca. »

De longues années plus tard, quand naquit en moi la passion de la poésie, alors que je consultais pour la première fois l'abondante collection de la *NRF*, mes yeux se posèrent sur le même nom, le même visage.

Les poèmes et les chansons du poète andalous, *Cante Jondo, Romancero gitan* et les vers de *Mariana Pineda,* n'allaient plus me quitter.

¡ Yo soy la Libertad porque el amor lon quizo !
Je suis la Liberté car l'amour l'a voulu !
Pedro La Libertad, por la cual me dejaste
Pedro, la Liberté pour qui tu m'as laissée.
¡ Yo soy la Libertad, herida por los hombres !
Je suis la Liberté, meurtrie par les hommes !
¡ Amor, amor, amor y eternas soledades !
Amour, amour, solitude éternelle !

Federico García Lorca ! Rayonnant et inspiré, fut peut-être le plus aimé de tous les poètes, fusillé « pour l'exemple », le 19 août 1936, à Grenade au tout début de la guerre civile, par les sbires de Franco, au cri de : *Muerte a la intelligencia.*

Mon père s'aperçut de ma présence, se retourna, me fit un petit clin d'œil et, sans dire un mot, posa le doigt sur un autre titre, au milieu de la page : « Des patriotes corses au secours des républicains espagnols ».

Plus tard, j'appris l'histoire de ces hommes épris de justice, et en particulier celle des frères Vittori, originaires du village de Porri en Castagniccia. Aurèle, Antoine et François, tous amis de mon père. Des fous de liberté, engagés aux côtés des républicains, dans les Brigades internationales, au tout début du conflit.

L'aîné, François, fut, dans un premier temps, commissaire politique de la quatorzième brigade, « la Marseillaise ». Aurèle, à trente-cinq ans, trouva la mort lors de la bataille de Cuesta-de-la-Reina. Resté au village, le quatrième frère, Damien, voulut à son tour partir en Espagne...

Dans le sillage des frères Vittori, Dominique Vincetti, dix-neuf ans, autre fou de liberté, quitta Silvareccio pour aller combattre le fascisme dans les faubourg de Madrid. Ironie de l'histoire : les Chemises noires le blessèrent à Madrid en 1939 ; ces mêmes Chemises noires l'abattirent à Casta, près de Saint-Florent, le 19 août 1943, alors qu'il convoyait un camion chargé d'armes débarquées du sous-marin *Casabianca.*

Après la lecture, nous avions droit aux commentaires. Mon père s'insurgeait, pestait : la droite, Daladier, Chamberlain, et *tutti quanti* en prenaient pour leur grade.

L'échec du Front populaire, printemps de tous les espoirs, revenait sur le tapis. Il ne pouvait pas se résoudre à oublier la victoire de 1936, saluée comme il se doit par des salves nourries, *L'Internationale* chantée sous les fenêtres mêmes des « clanistes » et des *sgiò* apeurés.

Ce Front populaire permit aux cousins de Toulon de venir pour la première fois en vacances au village. Ils débarquèrent du *Général Bonaparte,* à Bastia, un matin du mois d'août et arrivèrent à Querciolo en tandem. Ah ! quelle époque !

Ces mauvaises nouvelles n'entamaient en rien l'enthousiasme du militant ; sa conviction politique et sa combativité face à la vie demeuraient. Bien au contraire, j'ai l'impression que tout cela le stimulait.

Mille projets fourmillaient en permanence dans sa tête : location de terrains en vue de nouvelles plantations de primeurs. Achat de telle ou telle machine agricole. Construction d'une grange plus grande, mieux adaptée, d'un lavoir, réclamé par ma mère, et tant d'autres choses...

Depuis que nous étions installés à la plaine, notre fermette se modernisait, prenait de l'allure, au point de faire même des envieux. Le temps embellissait ma mère, son visage s'épanouissait, sa taille aussi... Décidément, mon père faisait face à tous ses devoirs. Nous étions cinq garçons et une petite fille était espérée à l'unanimité. La surprise des naissances était dans l'ordre des choses.

Mamma s'investissait chaque jour un peu plus dans ses nouvelles tâches de fermière. En vue d'un élevage de poulets, l'ancienne cahute céda la place à un vrai poulailler.

Souvent, en fin de journée, lorsque la brise fléchissait, la cour ne sentait pas l'eau de rose ! L'enclos à cochons fut reconstruit en dur, le plus loin possible de la maison, aux limites du terrain, agrandi et compartimenté, avec auge cimentée et tout et tout.

C'est là, en ce lieu de grognements, que nous assisterons à la plus étonnante scène de la vie des bêtes.

Le fait d'avoir agrandi la porcherie nous laissait supposer que notre père avait encore un projet. Voulait-il ajouter à ses activités d'agriculteur celle d'éleveur de cochons ? Allez savoir ! Avec lui, il ne fallait s'étonner de rien. Toujours est-il que, quelques jours après, il acheta à un porcher de passage une truie de deux ans, noire et blanche, presque aussi haute à mes yeux d'enfant qu'un poney du cirque Moreno !

Une bête qui devait bien peser dans les cent cinquante kilos, si ce n'était plus. Vu la grosseur de son ventre et l'état de ses mamelles, la porteuse n'allait pas tarder à cochonner. A vue d'œil, la portée ne serait pas des moindres. Selon mon père, on s'acheminait peut-être vers un record.

La chose se produisit, comme un fait exprès, en fin d'après-midi, après la sortie de l'école. Je ne sais lequel d'entre nous donna l'alerte, peut-être Godefroy, qui avait dû lui apporter à manger.

Curieux, intrigués par ce qui allait se passer, les plus petits, Jérôme et Pierre-Paul, voulurent voir de près. Un vieux banc qui traînait dans la cour fut transporté à toute vitesse, ce qui leur permit d'avoir une vue plongeante sur l'attraction.

Le temps de nous installer, *a lovia* s'était mise à l'ouvrage et n'avait pas perdu son temps. Couchée sur le flanc, elle avait déjà expulsé de son ventre, fruits d'amours « maquisardes », trois porcelets roses, tous mouchetés de marron ou de noir. Cela continuait de plus belle, ça sortait sans difficulté apparente, à cadence régulière, toutes les deux ou trois minutes. L'opération était ponctuée de grognements sourds ; ça n'en finissait plus, on n'en croyait pas nos yeux. Le dixième venait de glisser doucement sur la paille. Tout gluants, les yeux encore fermés, les premiers-nés, tenant à peine sur leurs pattes, tentaient de se diriger vers les mamelles toutes proches. La bête marqua une pause de quelques minutes. Etait-ce fini ? Eh bien, non ! Après une nouvelle série de grognements et de pets, elle se remit à l'ouvrage. Incroyable !

– *Ondeci, dodeci, tredeci*... Treize !

Nous étions littéralement médusés. La bête souffla très fort et se releva, visiblement éprouvée.

Le dernier-né, tout blanc celui-là, n'avait pas bougé. Il gisait, allongé sur la paille, apparemment sans vie, mort-né. La mère s'en approcha, le renifla sans le lécher, le retourna d'un léger coup de groin, et, nous laissant abasourdis, horrifiés, le dévora d'une seule bouchée !

Quand, tout émoustillés, le soir nous racontâmes l'horrible chose à notre père, celui-ci ne parut nullement surpris et nous expliqua que certaines truies pouvaient, lorsqu'elles mettaient bas, dévorer leurs petits, mort-nés ou pas.

Près du vieux pétrin, l'évier n'avait toujours pas de robinet ; rien n'avait changé depuis notre arrivée. Heureusement la rivière était toute proche et encore pure.

La plaine, il est vrai, avait ses inconvénients, mais nous y vivions pleinement heureux et, pour rien au monde, nous ne serions remontés au village.

En attendant l'électricité, ma mère s'était offert une nouvelle lampe à pétrole. « Ça va venir, madame Ciosi, ne vous en faites pas ! » disait le préposé au courant, avec son accent bastiais. Nous, on s'en fichait du courant. Nous, ce qui nous intéressait, c'étaient plutôt les courses d'ânes, les baignades à la rivière ou les incursions dans les vergers.

Source de chaleur et de vie, le feu ne s'éteignait jamais ; au matin, il restait toujours quelques braises.

Hormis une série de pots à épices émaillés rouges, la cheminée ne réunissait que des symboles de piété.

Deux petits pains de la Saint-Roch, distribués chaque année (le 16 août) au pied d'une chapelle perdue dans le maquis.

Epinglée à la hotte et conservée d'une année sur

l'autre, une croix des Rameaux, en palmes tressées, soutenait le traditionnel brin d'olivier.

Une veilleuse en verre au pied torsadé...

Enfin, bien en évidence tel un trophée, une statuette en plâtre, assez haute : le protecteur du militant communiste, un moine franciscain, tenant au bras l'Enfant-Jésus posé sur son bréviaire, saint Antoine de Padoue, grand orateur du treizième siècle. Mon père l'avait achetée à Bastia, place du Marché, dans une boutique de bondieuseries. Saint Antoine de Padoue était à nos yeux une référence au Dieu de son enfance, celui du partage et de la générosité.

Il avait certainement reçu une éducation catholique assidue dans cette Corse très chrétienne du début du siècle.

Si l'ancien enfant de chœur entre au parti communiste au lendemain des années vingt, c'est sans doute parce qu'il trouve dans cette nouvelle doctrine une possibilité d'action que ne lui offre pas l'Eglise. Une Eglise encore associée aux possédants : a-t-on jamais vu un évêque à la table d'un pauvre ? Par contre, dans certaines maisons aisées de nos villages, on se souvient encore de la chambre de l'évêque.

Ignace, le fontainier, nous apporta un beau matin l'heureuse nouvelle, nouvelle qui allait mettre fin aux pénibles corvées d'eau puisée à la rivière.

Avant que la maison ne soit terminée, mon père avait fait en bonne et due forme une demande à la Compagnie des Eaux pour qu'une fontaine soit installée au plus près de l'habitation. Cela paraissait tout simple. Une affaire de quelques jours. Une semaine tout au plus.

Pensez donc ! Nous n'avions pas fini d'en parler, de l'eau courante.

– *E una vera commedia !* s'exclama un jour Picculu Mussotti, un antifasciste italien, ami de la famille.

La comédie de la fontaine allait durer plus d'une année : relances, recommandations, coups de colère, intervention du maire, et que sais-je encore... Rien n'y fit ! Nous ne savions vraiment plus à quel saint nous vouer. Même saint Antoine restait impuissant.

– *Porca miseria !* jurait mon père.

Certains jours, même ce brave Ignace en prenait pour son grade, alors qu'il n'en avait aucun. Il avait par contre l'énorme pouvoir de fermer et d'ouvrir les vannes avec la grosse clé qu'il trimbalait arrimée au cadre de son vélo.

Ce matin-là, Ignace Poli partageait notre joie en dégustant un café arrosé d'eau-de-vie que ma mère venait de lui offrir.

Coiffée d'un couvercle rond amovible, une borne-fontaine de couleur verte, toute neuve, fut installée quelques jours plus tard, tout près de notre maison.

La fontaine tant attendue nous donna l'idée d'un nouveau jeu, qui consistait tout bêtement à faire tourner à toute allure le couvercle muni d'une manette. Cela avait pour effet de faire couler davantage d'eau, comme si nous voulions, par ce gaspillage ridicule, nous venger de la fameuse Compagnie des Eaux.

Non sai che i papaveri son'alti alti alti...
E tu sei piccolina, e tu sei piccolina...

chantaient les jeunes Italiennes. Les trois sœurs, deux blondes et une brune, travaillaient aux champs.

Chaque matin, elles passaient devant notre maison, à *l'abbracetta*, bras dessus, bras dessous, en cadence, le front haut. Au printemps, leurs formes déjà resplendissantes imprimaient les robes légères. Nous avions pour Valentina et ses sœurs des regards coquins. En plus d'être belles comme le jour, les filles de Salvatore Micelli avaient du cœur à l'ouvrage ; elles étaient exemplaires. Comme certains de ses compatriotes, Salvatore choisit la Corse pour patrie. Au lendemain des années vingt, avec femme et enfants, il quitta la Toscane, pourtant douce et belle, s'installa chez nous et n'en repartit plus.

Plus nonchalantes, et surtout moins pressées, des bohémiennes en larges jupes aux couleurs criardes, arpentaient la Nationale. Leur gros baluchon doublement noué, qu'elles portaient à l'épaule, renfermait une mini-mercerie ambulante. Toujours effrontées, elles gravissaient les quelques marches qui menaient à la terrasse et déballaient en un tour de main la marchandise, souvent contre l'avis de ma mère, alors qu'elle n'avait besoin de rien.

Les trésors des bohémiennes s'étalaient en vrac sur le tissu bariolé : paillettes et fils dorés, coton à broder, à repriser, aiguilles et dés à coudre, de la dentelle, des boutons de toutes sortes, et bien d'autres colifichets.

Pendant ce temps, le reste de la tribu attendait patiemment dans la vieille roulotte garée au bord de la route, à courte distance du négoce. Coiffé d'un feutre noir délavé, imperturbable et peu causant, l'homme s'occupait de la marmaille aux yeux brillants, laissant aux femmes tout le temps d'argumenter, de forcer la vente en inspirant la pitié.

– Les enfants y z'ont faim, les enfants y sont malades, sainte Rita te bénira, et patati et patata...

Apitoyée par le sort peu enviable des nomades, ma mère se laissait presque toujours convaincre.

La même scène se reproduisait de maison en maison. Grâce aux quelques sous gagnés, continuait le voyage de « la tribu aux prunelles ardentes [1] ».

1. Charles Baudelaire : *Les Fleurs du mal.*

Dans un concert de sonnailles et de bêlements, un flot de laine blanche et noire recouvrait la route. C'était l'époque de la transhumance, vers la mi-juin. Les grands troupeaux de brebis regagnaient la montagne, les pâturages des hautes vallées de l'Asco et du Niolo.

Dans leur costume de velours sombre, fusil à l'épaule, hauts de taille, et souvent blonds aux yeux bleus, les bergers niolins avaient fière allure, en imposaient.

A la fin de l'été, selon l'immémorial usage, les mêmes troupeaux, regagnant la plaine, défileraient à nouveau sous nos yeux. Dans le sillage des bergers aux yeux clairs, un autre personnage aura marqué mon enfance.

Le « Bauer », ainsi nommé, semblait sortir tout droit d'un western. Il portait un chapeau à large bord rabattu sur les yeux. Une abondante barbe rousse encadrait son visage qu'aucun sourire n'éclairait jamais. L'hiver, une ample pèlerine sombre recouvrait souvent le costume traditionnel garni de gros boutons frappés de têtes d'animaux. Il chevauchait un cheval noir comme la nuit, richement harnaché, dont les fers martelaient la route. Jamais il ne nous adressait le moindre petit signe, jamais un seul mot ne sortait de sa bouche lorsqu'il passait devant chez nous, à croire qu'il était muet. Il allait droit devant, fier comme Artaban, ignorant délibérément la maison aux tuiles rouges, ce qui le rendait à nos yeux encore plus énigmatique et distant.

Originaire d'un village de la montagne, le Bauer était un éleveur de bovins réputé. Il était connu aussi comme loueur de bœufs de labour. En effet, certains agriculteurs de la plaine n'étaient jamais assez argentés pour acquérir une paire de bœufs et les louaient à la saison ou à l'année. Ceux qui en possédaient n'étaient plus considérés comme pauvres. Le Bauer était, paraît-il, fort intransigeant avec ses locataires et bien peu commode. Mieux valait-il être en règle avec lui.

Etrange bonhomme ! Aujourd'hui encore, lorsqu'il m'arrive de revoir des films de Sergio Leone ou de John Ford, je crois reconnaître en certains acteurs la doublure du Bauer de mon enfance.

Avec le recul du temps, j'ai aujourd'hui l'impression que le destin nous avait placés à cet endroit, juste au bord de la grand-route, en observateurs avisés. Nous devenions les témoins privilégiés d'une société rurale qui, timidement, commençait à s'ouvrir aux temps modernes et où allaient se produire, sous la pression des événements, de graves perturbations.

Huile de la Balagne contre farine de châtaigne.

Blé de la plaine d'Aleria en échange de vins de Patrimonio.

Sel de Porto-Vecchio pour des oranges de la Marana.

L'épopée des colporteurs, *I tragulini*, touchait à sa fin. Désertant la Nationale, les rois du troc allaient entrer dans la légende. Progressivement, le temps balayait comme feuilles mortes rémouleurs, vitriers, étameurs, marchands de tamis et autres petits métiers.

Une autre façon de vivre s'installait.

La modernisation allait activer la concurrence, particulièrement au niveau des transports en commun qui desservaient les villages. Chaque autocar, petit ou grand, arborait fièrement sa provenance, en lettres savamment dessinées : Orezza-les-Eaux – Pietra-di-verde – Pietra pola-les-Bains – Bastia – Moriani-Plage – Vix ou Tox (dont la consonance nous étonnait).

De nouvelles lignes de transport desservaient le Sud : Solenzara, Porto-Vecchio, et jusqu'à Bonifacio.

En se multipliant de la sorte, ces transports palliaient notre méconnaissance de la géographie de l'île. En effet, à l'école, on avait tout bonnement oublié de nous parler de la Corse. Son histoire, l'aspect de son relief, ce n'était pas au programme.

La motorisation gagnait du terrain. Au grand dam de notre mère, la Nationale vrombissait.

Fraîchement débarqués à la grue, du *Général Bonaparte* ou du *Corte II*, les premières moissonneuses-batteuses, les tracteurs Massey-Fergusson aux roues en fer dentelées, les presses à fourrage filaient vers les plaines d'Aléria.

Camionnettes et camions transportaient d'autres machines agricoles, faucheuses, râteaux mécaniques, défonceuses, de nouvelles charrues à six socs.

Des marchands ambulants, motorisés, faisaient leur apparition. A grands coups de klaxon, les Delage doublaient les Panhard-Levassor.

Des automobiles de luxe, avec chauffeurs en livrée, roulant à allure plus modérée, passaient quelquefois. Les roues à rayons et les pneus à bande blanche étaient à la mode.

Mais pour nous, la reine de la Nationale, c'était l'audacieuse traction avant à carrosserie carénée, qui pouvait dépasser le cent. « Citroën à moteur flottant » disait la réclame ! La traction sera la voiture des présidents de la République et aussi celle du « gang des Blouses grises » et de Pierrot le Fou...

L'engin qui allait vraiment nous épater était des plus

silencieux ! *Una bissiclitona longa longa,* un vélo qui n'en finissait plus, baptisé tandem.

Plus tard, aux jours sombres et inquiétants de l'Histoire, nous verrons « notre Nationale » foulée aux pieds par les armées de Benito Mussolini. La maison du militant communiste verra défiler en vainqueurs, fiers et arrogants, les bataillons des Chemises noires chantant *Giovinezza,* puis les lourds blindés du maréchal Kesserling et des SS.

Une à une, les dernières étoiles s'éteignaient, l'aube annonçait une journée de printemps lumineuse, avec juste ce qu'il faut de soleil et de brise marine.

La veille de ce jeudi pas comme les autres, notre père nous avait dit qu'il nous amènerait tous à la plaine, au fin fond de la plaine que nous ne connaissions pas encore.

Les aînés nous avaient mis l'eau à la bouche, nous avaient parlé d'un bras de mer, large et profond à faire peur, survolé à son embouchure par des dizaines de mouettes criardes.

Comme d'habitude, les parents s'étaient levés au chant du coq. Organisée et rapide, notre mère avait déjà préparé de quoi satisfaire jusqu'au soir nos rudes appétits. En vue de petits creux d'estomac, elle avait ajouté deux grosses tablettes de chocolat noir et trois paquets de biscuits « Petit-Brun », nos préférés.

Avec elle, on ne risquait pas de mourir de faim ! Et pour le côté pratique, elle éliminait tout ce qui pouvait se perdre, se casser : fourchettes, verres, couteaux... l'Opinel de notre père suffirait bien, avec une simple bouteille pour boire !

« Il faut apprendre à vous servir de vos doigts, disait-elle. Et puis évitez de coller vos museaux au goulot de la bouteille *cumè i pinzuti* (comme les Continentaux), *Amparate à beie à cannella !* (Apprenez à boire à la régalade !) »

Déjà attelé, Bijou avait eu droit ce matin-là, vu la surcharge, à une double ration d'avoine !

Mon père vérifia les outils et embarqua le panier à provisions, des sacs vides et aussi une vieille couverture en prévision de petits roupillons car, pour la première fois, les deux plus petits, Ghjlormu et Petru-Paulu faisaient partie du voyage. Un tonnelet d'eau de la fontaine, muni d'un robinet, entouré d'un chiffon humide pour préserver sa fraîcheur, fut installé à l'arrière de la carriole, bien arrimé avec une cordelette.

La petite troupe prit place à bord et, après un dernier coup d'œil, notre père donna le signal du départ. En l'absence de Godefroy, Orsu, assis en avant-garde sur le plancher, était ce jour-là chef du groupe. La carriole démarra. Les mises en garde et les recommandations de notre mère nous accompagnèrent jusqu'au portail.

Exceptionnellement, Madrid voyageait sur la charrette qui, déjà, avait atteint sa vitesse de croisière.

Après le passage à niveau, un couple de tourterelles nous salua d'un long roucoulement, avant les basses terres, la carriole dépassa un couple de villageois d'un certain âge. « Ceux-là, dit notre père après les avoir salués, ont dû se lever bien avant nous ! » Ils descendaient du village. Pour une fois, la femme ne suivait pas à pied l'homme à dos d'âne. Elle voyageait, dignement, en croupe avec lui.

Depuis un moment, nous traversions le royaume des sources profondes, *e padule*. Des terres divisées en rectangles ou en carrés plus ou moins grands, où couraient d'étroits canaux d'irrigation bordés d'iris sauvages et de saules pleureurs. Par ici, l'eau vive sourdait à profusion. D'étonnantes résurgences phréatiques alimentaient de larges vasques à ciel ouvert, d'une profondeur parfois insondable. Ces vrais gouffres semblaient animés d'une sorte de lent mouvement respiratoire émanant des entrailles de la terre, et dont chaque inspiration apportait la vie en déversant dans les canaux une eau pure et fraîche.

De ces phénomènes inexpliqués, l'imagination populaire, ô combien fertile, fait sa légende, au point de ne plus savoir où commence la vérité et où finit la réalité. Ici, en des temps anciens, un bœuf venu se désaltérer aurait disparu dans les profondeurs de la terre. Là, où deux sources de moindre importance se côtoyaient, un enfant d'une dizaine d'années, le fils ou le petit-fils d'un tel, disait-on, qui par imprudence serait tombé dans l'une, resurgit quelques secondes après dans celle d'à côté.

Plus tard, nous découvrîmes *u bolleru a u Cervu,* la source au Cerf, qui était la plus impressionnante et aussi la plus empreinte de légendes. L'appréhension du gouffre nous communiquait une sensation de vertige et nous dictait toujours la plus extrême prudence pour essayer de voir le fond, au point de nous en approcher seulement en rampant.

Au moment où nous allions franchir le pont du vieux canal creusé par les Romains, le concert des grenouilles s'amplifia. Mon père arrêta alors un instant l'attelage afin de laisser Jérôme et Pierre-Paul à leur étonnement.

Les agaves qui bordaient l'étroit chemin sablonneux attirèrent notre attention. Originaires d'Amérique centrale, ces énormes plantes d'un vert tendre, aux larges et épaisses feuilles ornées de redoutables piquants, vivaient, nous expliqua notre père, quelques dizaines d'années à l'état végétatif pour donner, avant de mourir, une étonnante fleur de plusieurs mètres de haut.

Ici, entre canal et mer, s'étendait le domaine des asphodèles et du ciste blanc à fleurs jaunes. Ici, vivaient à l'état sauvage, des chevaux noirs à longue crinière, que personne ne pouvait prétendre dompter.

Etions-nous ce matin-là au pays des premiers matins du monde perpétuellement lumineux ?

Au bout du chemin, le vieux canal se jetait dans le bras de mer, à la limite des champs que notre père louait aux hobereaux ; nous étions à pied d'œuvre.

Légèrement plus basse que le niveau de la mer, *a furnace*, la fournaise portait bien son nom. Ici, l'été, les températures battaient souvent des records de chaleur. Dès le mois de juillet, la malaria, les fièvres du paludisme guettaient ceux qui s'y aventuraient. Certes, la terre était riche en alluvions, mais le risque était grand. Mon père faisait partie des hommes qui osaient braver ce danger.

Brancards levés au ciel, la carriole fut garée à l'ombre d'un lentisque odorant.

Avant de rejoindre le sillon, notre père nous installa. Il déplia la couverture sous la charrette, posa le tonnelet à notre portée, en équilibre sur une branche appropriée, et suspendit le grand panier. Il donna au chef les consignes nécessaires pour veiller sur le petit groupe, et en particulier sur l'espiègle.

– *Tenilu a l'ochju* – en effet, mieux valait-il l'avoir à l'œil : Pierre-Paul venait d'avoir deux ans et promettait !

Notre voisin, un réfugié italien, l'appelait « Popolino ». Il sera le premier d'entre nous à être affublé d'un surnom. Nous l'avions baptisé *a Zecca*, la tique.

Quant à moi, je ne sais plus si l'on m'appelait déjà *Ui-Ui*, diminutif d'Antoine-Louis ?

Nous restâmes à l'ombre du lentisque jusque vers les dix heures. Après avoir liquidé une tablette de chocolat et deux paquets de biscuits, nous commencions à avoir des fourmis dans les jambes. On ne pouvait tout de même pas passer notre journée assis ! Trop content d'avoir de la compagnie, Madrid, oreilles dressées, coursait systématiquement tout ce qui prenait envol ou rampait. Aussi bien cailles que sauterelles ou lézards.

Les bords du bras de mer étaient, je m'en souviens, d'une étonnante richesse. En ce début de printemps, faune et flore rivalisaient de beauté. *Una maraviglia !* Une merveille ! C'est là que nous allions assister à une scène des plus étonnantes. Une scène que bien des cinéastes animaliers auraient aimé mettre en boîte.

Les cris d'un oiseau attirèrent notre attention. Nous nous approchâmes en silence, prudemment. Nous vîmes alors une énorme couleuvre noire et jaune, dressée sur sa queue ; gueule ouverte et langue tendue, elle balançait son corps de gauche à droite, dans un lent mouvement qui semblait donner le vertige au rouge-gorge qu'elle s'apprêtait à avaler ! L'étrange manège nous subjugua, nous cloua sur place, comme si nous étions nous aussi fascinés par le charmeur ; même le chien resta figé. Se sentant perdu, tout à fait incapable de s'envoler, l'oiseau, perché sur un frêle roseau, battit éperdument des ailes, cria, tentant vainement d'échapper à l'emprise mortelle du reptile, à son diabolique pouvoir.

A cet instant, Orsu-Maria vint nous rejoindre. Voyant la scène, sans perdre une seconde, il s'empara d'une motte de terre sèche et, prompt comme l'éclair, visa la tête. La couleuvre s'affaissa dans l'herbe, se ressaisit presque aussitôt et glissa dans les roseaux sans demander son reste.

Sauvé *in extremis* par une motte de terre, trop content de pouvoir s'envoler, le rouge-gorge avait disparu.

La séance d'hypnose nous avait desséché les papilles !

Le tonnelet était là, avec son eau fraîche ! Boire à la régalade, quand on ne sait pas, n'est pas, croyez-moi, chose facile. Pour suivre les conseils de notre mère, et peut-être aussi un peu pour nous épater, le « tombeur » de la couleuvre, voulut nous montrer son savoir-faire en la matière. Tout d'abord il remplit la bouteille, l'empoigna de la main droite, se planta sur ses jambes, rejeta la tête en arrière et ouvrit largement la bouche. Il leva ensuite la bouteille à bout de bras et l'inclina. En quelques glouglous, il descendit un bon quart de litre ! Pas une goutte ne tomba à côté.

– m'boh ! Formidable !

Sans doute jaloux de la performance du grand frère, ce petit « trou de nez » de Jérôme voulut, à son tour, essayer de boire à la régalade. Pensant que ce serait plus facile, il choisit de se désaltérer directement au robinet.

– Laissons-le faire, me souffla alors Orsu-Maria en me faisant un petit clin d'œil complice.

Jérôme se mit en place sous le robinet, ouvrit la bouche en fermant les yeux, se dressa sur la pointe des pieds et attendit le top du départ.

J'ouvris progressivement, jusqu'à mi-course. Tout allait bien. On voyait sa petite pomme d'Adam monter et descendre à cadence régulière. Sur un signe du « chef », je tournai à fond le robinet. Jérôme essaya vainement d'ingurgiter le débit et, malgré l'accélération du mouvement de sa glotte, n'arriva plus à suivre. Il fut submergé par le flot et commença à s'étouffer, à tousser, à gesticuler et tomba à la renverse dans le sable. Et nous, de rire et de rire. Il se releva fou de rage et nous envoya des poignées de sable.

Vers le milieu de la matinée, le soleil avait disparu derrière les nuages. Cela ne dérangeait pas mon père outre mesure ; comme tous les gens de la terre, il devait avoir une sorte d'horloge interne. En effet, quand il nous rejoignit pour le déjeuner, midi avait dû sonner quelque part. Le temps qu'il se rince les mains, le soleil était réapparu. Sa position au zénith confirmait qu'il ne s'était pas trompé de beaucoup. Il étendit la couverture dans l'herbe ; une herbe de printemps, bien verte et pas très haute, parsemée de pâquerettes.

Le contenu du panier fut disposé au milieu de « la table » et tout le monde prit place autour. On s'ouvrit l'appétit à la sardine à l'huile, bien écrasée dans le pain frais. Au menu du jour, figuraient aussi l'omelette aux lardons, des tranches de jambon vieux, du fromage qui sentait fort et des oranges d'hiver.

Résolument campé sur son arrière-train, à courte distance, Madrid suivait très attentivement ce déjeuner sur l'herbe. La pâtée « Royal-Canin » n'avait pas cours, les chiens n'avaient droit qu'à un repas de chien, et c'est tout !

De temps à autre, le bâtard émettait une sorte de petit gémissement, comme pour dire : « Je suis là... »

Mon père lança un morceau de pain en l'air, dans sa direction. Rompu à ce genre d'exercice, le chien le saisit au vol, le dévora et se remit aussitôt en position d'attente. D'emblée, nous avions trouvé un nouveau jeu que Madrid semblait apprécier pleinement. Tour à tour, morceaux de pain, petits bouts d'omelette, couennes de jambon, croûtes de fromage partirent en vols planés dans des directions opposées pour essayer de le feinter ! Rien à faire, un vrai chien de cirque ce Madrid !

Mon père referma d'un coup sec l'Opinel. Nous savions ce que cela voulait dire. La couverture réintégra le dessous de la charrette et le panier en osier, allégé, fut à nouveau suspendu dans l'arbre.

Avant de reprendre son travail, notre père nous proposa d'aller jusqu'à la mer. Mes deux jeunes frères et moi ne l'avions vue que de loin, depuis le village. Avant de nous mettre en route, je demandai à Jérôme s'il n'avait pas envie de boire encore un petit coup à la régalade ! Pour toute réponse, il me tira un coup de pied.

Au-delà du petit bois d'aulnes qui bordait le champ

de la fournaise, s'étendaient les dunes ondulantes ; dans le creux de leurs vagues, la chaleur activait l'odeur du sable chaud. Nous avancions en file indienne à travers les touffes d'ajoncs peuplés de libellules noires et de minuscules papillons bleus. Madrid ouvrait la marche. A Zecca voyageait sur les épaules de mon père. Une badine en main, je fermais la marche. Des bouffées d'air marin nous apportaient le bruit des vagues.

Des genévriers géants étalaient jusqu'au sol leur feuillage. Tout en aiguilles et en petites boules d'un vert des plus tendres. Les incendies et la hache n'avaient pas encore décimé ces arbres de rêve. Un demi-siècle plus tard, un botaniste rencontra les quelques spécimens qui avaient échappé au massacre et découvrit que leur espèce était unique en Europe !

Après un dernier monticule de sable blanc, immense, grise et presque en colère, la mer s'offrit à nos yeux étonnés. Les dernières tempêtes hivernales avaient déposé sur l'immense plage des morceaux de bois mort, auxquels la mer avait fait prendre les formes les plus bizarres, des algues brunes et des coquillages brisés. Blanchis par le sel et les embruns, à demi enfouis dans le sable, des arbres entiers gisaient sur la grève, tels des fossiles géants.

Notre père pointa son doigt et nous montra l'île d'Elbe, posée sur l'horizon. Là-bas, vers les marines de Sorbo, un troupeau de vaches ruminait au vent du large.

Madrid ne nous avait pas attendus. Il gambadait, reniflait, levait la patte, s'en donnait à cœur joie. On se dépêcha de quitter nos sandales. Courir pieds nus dans le sable nous procura une sensation nouvelle. Sous le regard attentif et combien heureux de notre père, nous nous amusions comme des fous. A cet instant, aucun de nous ne pouvait imaginer que ce bonheur pourrait un jour s'estomper.

Au retour de la mer, notre coin d'ombre fut le bienvenu ! Une petite sieste réparatrice s'imposait. Pour plus de confort, notre père avait jeté sur la couverture le coussin de la banquette en guise d'oreiller. Avant de se remettre au travail, il cueillit trois petits artichauts violets qu'il tendit à Pierre-Paul.

– Tiens, nous les apporterons à maman.

Une heure à peine avait dû s'écouler. Dans un demi-sommeil, j'entendis mon père demander à Orsu-Maria :

– Pierre-Paul, où est-il ?

– Il était là il y a un instant !

Suçant son pouce, Jérôme, lui, dormait comme un bienheureux ; couché à l'écart, Madrid ouvrit un œil.

Le premier appel de mon père finit de me réveiller. *« O Petru-Pà ! »* Aucune réponse. Le second appel n'eut pas plus de succès. L'inquiétude commença à nous gagner. On se mit à courir, à chercher, à inspecter les endroits les plus dangereux, à appeler. Rien ! Aucune trace de l'espiègle. A Zecca avait bel et bien disparu.

Notre père était dans tous ses états : *« Ma induve serà issu merdusellu ? »* (Mais où peut-il bien être ce petit merdeux ?) En plus d'une engueulade, le préposé à la surveillance récolta une petite taloche *(un scapochju)* sur le sommet du crâne que lui expédia le paternel. Les recherches continuèrent pendant un bon moment, sans résultat.

Soudain, à l'entrée du champ, les empreintes très distinctes de petits pieds nus dans le sable du chemin nous mirent sur la voie. Comme des chasseurs sur la piste, nous les suivîmes à pas rapides. Deux ou trois cents mètres plus haut nous rattrapâmes le fugueur.

– Mais où allais-tu ? lui demanda notre père.

Popolino le regarda étonné, lui montra le bouquet d'artichauts et, dans son langage de tout petit enfant, lui fit comprendre qu'il voulait apporter ce présent à sa mère ! Il s'était cru investi d'une mission et s'était mis en route tout de suite.

– *E bé, chi ghjurnata !* (Quelle journée !) s'exclama Orsu-Maria.

Chez nous, ce matin-là, l'humeur n'était pas à la joie. Nos parents avaient passé une nuit blanche. Godefroy n'avait pas cessé de gémir. Déplâtré depuis l'avant-veille, son bras le faisait terriblement souffrir.

En ce temps de médecine approximative, on avait cru bon de plâtrer au plus vite le bras soi-disant cassé en négligeant de soigner la blessure apparente. On imagine la suite ! L'aspect de ce bras enflé et violacé inquiéta particulièrement nos parents. Les soins, et surtout les compétences du vieux médecin de la famille, n'avaient apparemment pas suffi. Il fallait agir au plus vite. Tant pis pour les semailles... les enfants passaient avant tout. Mon père décida d'emmener Godefroy à Bastia par le premier autobus.

En fin de journée, bien après la sortie de l'école, nous avons guetté le retour du bus rouge, persuadés qu'une journée de soins à l'hôpital résoudrait tout. Le transport en commun s'arrêta devant la maison. Premier mauvais signe : notre père était seul.

L'air accablé, il monta lentement les quelques marches et entra dans la maison sans dire un seul mot. Il retira sa veste, s'assit au coin de la cheminée, rejeta sa casquette en arrière. Jamais nous ne l'avions vu aussi désemparé. Anxieux de savoir, nous étions tous autour de lui. D'une voix sourde, il nous dit que Godefroy avait été hospitalisé dès son arrivée. Après une série d'examens, le chirurgien avait conclu à la nécessité d'une amputation ! Il s'agissait du bras droit !

Calme et plutôt réservée d'ordinaire, notre mère poussa un cri qui nous épouvanta.

Je suis persuadé que, déjà à cet instant, notre père savait qu'il refuserait cette fatalité, qu'il tenterait l'impossible pour sauver le bras de son fils. En effet, dans la soirée il lança soudain : *« Dumane, u purteraghju à Marseglia. »* (Demain, je l'emmènerai à Marseille.)

Ses paroles nous laissèrent bouche bée. Cet homme de la terre, ce paysan à peine lettré osait remettre en question le diagnostic d'une autorité médicale et refusait son seul avis. Nous admirions ce père qui savait dire non.

Notre Godefroy fut admis à l'hôpital de la Conception, dans le service du professeur Carcassonne. Une longue attente s'installa ; les moyens de communication n'étaient pas ceux d'aujourd'hui.

Au troisième jour, à son retour de Marseille, notre père avait retrouvé le sourire. Le bras de Godefroy était sauvé.

De longs mois d'hospitalisation furent nécessaires à la totale guérison de notre aîné. Ce qu'il est convenu d'appeler la couverture sociale n'existait pas pour tous à l'époque. Ce long séjour à Marseille demanda beaucoup de sacrifices et d'efforts à la famille. J'appris plus tard que la maladie de Godefroy coûta le prix du second étage de la maison que notre père prévoyait de bâtir.

A cette époque, mon père et son frère *Ciucciu*, avec qui il exploitait les riches terres du fond de la plaine, étaient devenus les principaux producteurs d'artichauts de la Casinca. Tous deux avaient compris depuis longtemps que les grossistes bastiais faisaient la pluie et le beau temps, imposaient leurs prix et, sans vergogne, s'octroyaient, au passage de leurs primeurs, la part du lion ! Devant cette situation, mon père profita de ses fréquents voyages à Marseille pour prendre contact avec les transitaires de la cité phocéenne, moins gourmands. Je crois savoir qu'il fut ainsi un précurseur.

Mon père, qui sans doute n'aimait pas voyager seul, revenait parfois de Marseille accompagné.

Le changement de politique avait apporté son lot de turbulences sociales. Sur les docks de la Joliette traînaient alors les laissés-pour-compte. Des paumés, des mendiants, des marginaux, des routards de la misère.

De drôles d'énergumènes, avec des noms à coucher dehors : Arapian, Paparoff, Lebombé. Des individus qui refusaient de se plier à toute règle et que le simple mot *travail* faisait fuir.

– *Tutti manimozzi !* disait mon père en plaisantant, tous des bras cassés ! Rien à en tirer. Ils ne feront que passer du côté de Querciolo.

Le seul à jeter définitivement l'ancre chez nous, ce fut Ernest. Avec ses yeux de chien battu, son béret basque, qui cachait une calvitie précoce, un mégot éteint au coin des lèvres, Ernest, pourtant assez jeune, n'avait plus d'âge et pas de famille. Seul au monde.

Il était originaire d'un petit village du Lot-et-Garonne dont j'ai oublié le nom. Après une longue errance à travers le Midi, de nuits à la belle étoile, de ventre creux, de petits boulots à la manque, il avait atterri à Marseille. Mon père l'avait rencontré sur les quais, il me semble, et emmené dans son île de Beauté. Son maigre baluchon de « mouisard », un sac en toile de jute, ne contenait, se rappelle ma mère, que deux paires de chaussettes trouées, une cuillère, un bidon militaire, un chandail sans couleur, une poêle à frire et une casserole émaillée.

Porté par sa bonne volonté, pas contrariant pour deux sous, « brave » et fidèle, Ernest, souvent perdu dans ses pensées, avait su se faire accepter de nous tous. Peu après son arrivée, le béret basque, qui avait dû en voir de toutes les couleurs, céda la place à une casquette à boutons, toute neuve, que mon père lui offrit et qu'il arborait fièrement. On l'aimait bien, Ernest.

L'Occitan vagabond trouva chez nous ce qu'il n'avait peut-être jamais eu, une famille. Avec le temps, et sans le vouloir, l'innocent Ernest sera mêlé à certains événements que personne alors ne pouvait prévoir.

Le chant du coq réveilla mon père en sursaut. Selon les impénétrables et mystérieuses lois de la Nature, le volatile à crête rouge ne se trompe jamais. Un seul cocorico, au beau milieu de la nuit, signifie à coup sûr que le temps va changer.

En effet, quelques heures plus tard, juste au lever du jour, mon père ne sera pas surpris, en poussant les lourds volets de bois, de voir le ciel couvert et menaçant.

C'était un dimanche, nous étions vers la mi-septembre. A l'époque des récoltes, le mauvais temps n'est jamais le bienvenu. Les paysans savent qu'il risque de leur coûter cher.

Elle arriva du sud, au tout début de la matinée. C'était une pluie fine, serrée, régulière et ennuyeuse, qui se faufilait partout. Une pluie à vous donner le bourdon. Nous, on préférait cent fois les orages à pluie battante, violents et rapides. De gros orages suivis d'un beau soleil qui vient tout sécher, tout égayer, tout mettre en odeurs.

Ce jour-là, ça tombait vraiment mal. Cette maudite pluie risquait de compromettre la petite razzia prévue pour l'après-midi dans une vigne à raisin muscat, mûr à point. Le jour du Seigneur était le plus opportun pour ce genre d'expédition !

Toute la sainte journée, la Casinca, ruisselante,

demeura noyée dans une sorte de brouillasse. On ne voyait même pas les villages épars dans la montagne. Les bergers avaient sorti leur grand parapluie à quartiers verts et blancs. La Nationale marchait au ralenti. A la tombée du soir notre père rentra de la plaine trempé comme une soupe et pas joyeux du tout. Il y avait de quoi.

Lorsque le premier éclair zébra la nuit, nous étions à table. L'énorme claquement, suivi d'un roulement sourd, se perdit dans les vallées. La pluie redoubla aussitôt. Etait-ce le signe du déluge ? Je crois que jamais nous n'avions vu pleuvoir aussi fort. « *Paria stracciatu u celu.* » (On eût dit que le ciel était en lambeaux.)

Au moment d'aller dormir, je me souviens, un flot de boue rougeâtre recouvrait déjà la route. Bien avant que le jour ne vienne, un grondement sourd nous tira du lit. C'était la rivière ! cette rivière qui d'habitude murmurait tout près du chemin des noisetiers, calme et si peu pressée. En une nuit, la pluie l'avait transformée en torrent dévastateur. Rochers, cadavres d'animaux, arbres entiers déracinés s'engouffraient sous l'arche du pont, emportés dans le tumulte d'un flot bouillonnant. Et il pleuvait toujours !

Les coups de bélier n'avaient pas fait céder les piliers du vieux pont de Querciolo qui enjambe la route nationale, il tenait bon.

Tôt le matin, notre père était parti à dos de mulet. Ses terres, tout au fond de la plaine, allaient être submergées. Il fallait à tout prix essayer de sauver les bêtes, une quinzaine de cochons et un âne. Il les délivra de justesse. Conscients du danger, les animaux le suivirent en toute hâte. A certains moments même, les cochons nagèrent quand leurs pattes ne touchaient plus terre tant il y avait d'eau ! « Du jamais vu », dira mon père.

Nous n'étions pas près d'oublier les inondations de septembre 38 ! En une nuit nos récoltes furent presque anéanties. Le Golo, qui depuis toujours fertilisait les vastes terres de la Casinca, les avait subitement dévastées. Toutes les richesses d'automne avaient disparu : maïs, haricots, champs d'artichauts. A certains endroits, le fleuve, qui prend sa source au pied du col de Vergio, avait emporté même la terre, laissant de larges et profondes balafres, visibles longtemps après.

Aucune aide aux calamités naturelles n'était prévue : les gens n'y pensaient même pas. En ce temps-là, les hommes de la terre ne demandaient rien à personne. Les plans Orsec n'existaient pas, l'Etat Providence non plus.

Sous le soleil revenu, la vision du désastre était encore plus impressionnante. La lumière mettait en évidence le chambardement. Quelle force exorbitante avait-il fallu à l'eau pour faire rouler depuis la montagne des rochers aussi énormes !

Dans un désordre indescriptible, s'amoncelait tout ce qui pousse dans le lit ou aux abords de la rivière depuis sa source. Aulnes, peupliers, noyers brisés, à demi enfouis sous la pierraille et le sable. On voyait çà et là des fruits, des noisettes et des noix gorgées d'eau, des ustensiles même : une lessiveuse cabossée avait fini sa course ici.

Madrid, lui, faisait avec nous l'état des lieux. Il reniflait, grattait le gravier à la recherche d'on ne sait quoi, arrosait les pierres à petites giclées. A un moment donné, nous l'entendîmes aboyer derrière un gros tronc. Nous nous précipitâmes, et là, nous vîmes, prisonnière d'un trou d'eau peu profond, une anguille énorme.

Nous voilà tous autour, à piailler, à gesticuler, essayant de la saisir.

– *Hé quant ! à tene l'anguilla pè a coda.* (C'est comme si l'on voulait tenir une anguille par la queue – selon le dicton, et c'était bien vrai !)

Le jeu aurait pu durer longtemps. Orsu-Maria, adolescent aux décisions rapides, pensa que nous avions perdu assez de temps comme ça.

– Attendez-moi ici, et veillez à ce qu'elle ne s'échappe pas !

En effet, sentant le danger, la « bestiole » aurait pu se sauver, ramper à terre comme un serpent.

L'Orsu partit comme une flèche vers la maison. Quelques instants après, il revint muni d'une fourchette !

– *Lasciate fà à mè !* (Laissez-moi faire !)

Il écarta les jambes au-dessus de la petite mare, empoigna la fourchette et se pencha en avant, aux aguets. La main armée suivit à distance durant quelques secondes la proie ondulante à demi immergée, puis s'abattit subitement. La fourchette se planta à la base des ouïes, comme il l'avait prévu. L'anguille, blessée à mort et encore vigoureuse, s'enroula autour de son bras qu'il leva aussitôt en signe de victoire.

La joie de cette pêche miraculeuse ne nous fit pas oublier ce qui, au lendemain de cette crue mémorable, nous chagrinait le plus.

Bordée de noisetiers, de petites orangeraies fleuries au printemps, de saules pleureurs ou d'herbes folles, de fougères géantes, de marjolaine et de menthe sauvage à l'odeur poivrée, notre rivière n'était plus là ! Le bassin de nos baignades, ceint de pierres chaudes au plus fort de l'été, de plantes aquatiques aux feuilles énormes, tout avait disparu.

Une autre rivière avait creusé son lit un peu plus loin, un lit bien trop profond pour nous, un lit désolé, bordé de caillasses et d'arbres morts, sans grenouilles, sans libellules, sans rossignols ni merles, sans fruits mûrs, sans abeilles, sans papillons.

Chacun de nous gardera l'émouvant souvenir d'une rivière enchantée. Elle aura marqué de façon indélébile nos années les plus douces qui allaient bientôt appartenir au passé.

Après avoir failli être emportée par la crue, la maison aux tuiles rouges s'apprêtait à vivre un heureux événement.

Muni de sa trousse en cuir marron à fermoir central, le docteur G. débarqua chez nous vers les cinq heures de l'après-midi. La fameuse trousse devait contenir, entre autres, une paire de grosses pinces... sans doute les mêmes qui, à ma naissance, avaient marqué à vie ma tempe droite.

Depuis l'affaire du bras de Godefroy, qui par sa négligence avait risqué l'amputation, je ne l'avais pas trop à la bonne, ce brave docteur G., d'autant moins que je n'avais pas oublié qu'il s'était à nouveau trompé quand je m'étais cassé une jambe en sautant d'un poirier !

Après un mois passé plâtré, on s'aperçut que la jambe s'était ressoudée de travers et qu'il était nécessaire de la recasser et de tout recommencer. Je vécus pendant un mois allongé, la jambe en l'air et avec un poids de trois ou quatre kilos qui tirait sur le pied... Un mois d'enfer que je n'oubliais pas.

Avertie en temps voulu, l'accoucheuse était descendue du village en tout début d'après-midi pour ma mère. En somme, le fameux docteur G. faisait acte de présence, juste pour la forme, en cas de problème, prêt à sortir sa grosse pince et c'est tout. Zia Lisandra était là, avec ses mains expertes, énergiques, ses mains à donner la vie !

La soixantaine passée, de taille moyenne, assez mince, discrète, toujours sobrement habillée, jamais en noir. Elle portait ce jour-là une robe en lainage gris, des bottines montantes et un châle jeté sur les épaules. Soulignant un visage très doux, au regard vif et déterminé, ses cheveux grisonnants étaient roulés en un chignon maintenu par un large peigne à l'espagnole. Aider les enfants à venir au monde, comme elle l'avait fait pour chacun de nous ainsi que pour bon nombre d'enfants du village, voilà ce qu'elle faisait. Avec passion et amour, Zia Lisandra accompagnait la vie ! Nous l'aimions beaucoup.

Afin que tout soit prêt, elle s'était mise à la tâche dès son arrivée. Sur une chaise, des linges étaient posés, une grande marmite d'eau commençait à frémir, sur la commode de la chambre, langes et brassières attendaient le nouveau-né.

Les derniers jours, la grosseur de notre mère nous inquiéta... Elle ressemblait à une mappemonde !

Nous, on aurait bien aimé voir juste un peu comment cela se passe, une naissance... comment un bébé vient au monde... Mais pensez-vous, on nous opposa mille raisons pour nous tenir à l'écart ! On aurait pu gêner, nous serions tout le temps au milieu, et que sais-je encore ! Nous fûmes carrément relégués sur la terrasse.

Le docteur G. passa une tête et dit : « Tout se présente bien. » Tant mieux, pensai-je en moi-même, tu n'auras pas à sortir tes horribles pinces !

Nous étions tous là, y compris notre père, à tourner en rond. Suivi de Madrid, Ernest était venu aux nouvelles. Il ne manquait plus que Bijou.

De temps à autre, un court gémissement nous parvenait. Puis, soudain, ce fut le cri ! Le cri de la vie, timbré et puissant comme le clairon à pompons rouges.

Quelques instants plus tard, la porte de la chambre s'ouvrit, Zia Lisandra apparut, tenant dans ses bras le nouveau-né enveloppé dans ses langes et dit à mon père : *« O Ghjuvan'Antò, hè una femina ! »*

C'était sa première fille, un petit être à cheveux bruns. Emu comme on peut l'imaginer, presque tremblant de joie, mon père prit l'enfant dans ses bras et, tout fier, s'écria : « Barbara-Maria ! »

Dès le lendemain, notre mère était sur pied. Les visites et les cadeaux se succédèrent à nous en rendre presque jaloux : on avait l'impression qu'il n'y en avait plus que pour elle. Nous, on ne comptait plus !

L'homme était organisé, ça se voyait ! Il venait de la ville et connaissait à fond son métier. Pour voyager à moindres frais, il avait profité d'une « occasion », comme on disait. Un camion qui transportait des ouvriers agricoles l'avait déposé à la première heure devant la maison, avec son attirail : une grande échelle double, un carton ficelé et une mallette en bois.

Nous venions juste de nous lever. Je glissai un œil dehors et le vis en grande discussion avec mon père qui lui donnait les directives avant de partir pour la plaine, en montrant du doigt le fronton de la terrasse.

Quelques jours auparavant, Orsu-Maria, qui savait toujours tout, m'avait mis dans la confidence. Il avait dû surprendre une conversation de nos parents. « On va ouvrir une buvette ! Vraiment ? » m'exclamai-je, incrédule. Il allait y avoir de l'animation.

Sans plus attendre, le Bastiais entama les préparatifs. Il ouvrit le carton, installa les pots de peinture sur la murette et sortit de la mallette une kyrielle de pinceaux de tout poil. Puis enfila une grande blouse blanche qui lui donna l'air d'un infirmier, et mit en place la double échelle au bout de la terrasse.

Ensuite, ça se compliqua ! Il versa sur un journal déployé par terre le contenu d'un sachet de poudre noire, sortit de sa poche une ficelle de maçon, la trempa dans la poudre et, en expert, mélangea le tout. Puis il attacha le bout de la ficelle à une petite barre de fer qui attendait dans la mallette et grimpa aussi sec à l'échelle. Il posa la barre de fer à plat sur le dessus de la terrasse et, après un coup d'œil savant, laissa pendre la ficelle à la verticale depuis le fronton, la coinça au bas avec son doigt et, de sa main libre, la tira vers lui et la relâcha aussitôt. Le premier trait noir apparut, net, rectiligne, et ainsi de suite...

Vers le milieu de la matinée, l'esquisse du « lettrage » se lisait presque en entier. Juché sur son échelle avec sa blouse blanche, le peintre en lettres attirait le regard de qui passait.

Histoire de marquer la pause, Ernest, qui coupait du bois au fond de la cour, était venu à deux ou trois reprises se rendre compte de près, apprécier le travail de l'artiste.

« L'œuvre picturale » fut achevée en temps et en heure. Le Vaillant-C... Bar s'étalait en belles lettres bâtons ocre, bordées d'un liseré jaune sur toute la largeur du fronton.

Dédié à l'un des fondateurs du PC, et occupant l'une des quatre pièces de la maison, Le Vaillant-Couturier Bar n'était pas le café riche, mais plutôt une simple buvette de campagne. Un comptoir rudimentaire, trois ou quatre tables en bois aux pieds torsadés, quelques chaises paillées et un meuble à tablettes apparentes en constituaient le mobilier.

Sur les étagères trônait en bouteilles de différentes formes la production locale, Cap Corse Mattei, *l'alimea,* fine liqueur, et le pastis Dami de chez Damiani... Cédratine et *Vera Myrthe* des établissements Maestracci, et autres spiritueux fabriqués à Casamozza par un ami de mon père, Emmanuel Casabianca, génial bâtisseur à l'origine de l'empire Casanis.

Puis venaient les sirops aux couleurs vives : menthe, grenadine, orgeat, la spécialité « maison » en carafon, *Le ratafia* – aux raisins ou aux pruneaux que l'on servait dans de petits verres ventrus, et enfin, sur la dernière étagère, le clairon à pompons rouges.

L'inauguration se fit sans tralalas, sans cartons d'invitation et sans guitares, sans buffet garni, sans beuverie prolongée. Comme cela, simplement, presque en famille, autour du verre de l'amitié, et d'un plat de *panzarotti,* ces délicieux gâteaux de riz faits par ma mère.

Il faut dire qu'en cette fin d'année 1938, le temps, pour les militants du Parti, n'était plus au beau fixe. Les accords de Munich, qui avaient sonné le glas du Front populaire, annonçaient des événements graves.

Mon père voulut sans doute garder un souvenir de ce jour mémorable et n'hésita pas à faire venir de Bastia l'un des photographes les plus en vue, Jean-Baptiste Moretti.

En homme pressé, le portraitiste se mit à l'œuvre, étudia les lieux sous des angles différents, et choisit le meilleur emplacement, sous la terrasse. Il installa un trépied en bois, en vérifia l'aplomb, et y posa l'appareil. Il s'affaira un moment autour de la grosse boîte munie d'un soufflet. Il nous demanda de nous mettre en place. Il rejoignit l'appareil et disparut à demi sous un épais tissu noir :

– Poussez-vous un peu plus à gauche... non, non, c'est trop, revenez à droite.

– Ah non ! jamais à droite lui répondit mon père, pince-sans-rire !

Le photographe réapparut au jour, empoigna une petite poire qui pendait, et prononça la phrase rituelle :

– On ne bouge plus, attention, le petit oiseau va sortir.

La boîte magique sembla nous faire un gros clin d'œil

accompagné d'un clac ! Jean-Baptiste Moretti s'approcha de nous et en souriant nous dit :

– Je vous ai bien eus avec mon petit oiseau, hein, les enfants ? Je voulais simplement vous obliger à regarder vers moi.

C'était notre première et dernière photo de famille : mon père manches retroussées, souriant, drapeau rouge à la main ; ma mère, tête nue, tenant au bras ma sœur Barbara-Maria emmitouflée de blanc ; Godefroy, un exemplaire de *Rouge-Midi* déployé sur la poitrine ; déjà animé par un esprit de contradiction, a Zecca avait refusé de lever le bras ; apparemment ravis de l'événement, Orsu-Maria et moi, exhibant nos ardoises d'écoliers sur lesquelles notre père avait écrit des slogans politiques, et enfin Jérôme, pieds nus, qui, sans doute à cause de la lenteur de l'opération, avait laissé aller son bras jusqu'à le poser sur sa tête.

L'enfant que j'étais ne pouvait qu'être intrigué par le nom choisi pour la buvette, et surtout par le C... suivi de trois points !

En revanche, le lieutenant de gendarmerie de Vescovato devait savoir lui, autant que mon père, ce que la fameuse inscription signifiait. Il devait bien savoir aussi que les militants communistes, dûment répertoriés et fichés, étaient déjà dans le collimateur du nouveau pouvoir, et que leur parti ne tarderait à être dissous.

Quelque temps après l'ouverture, arrogant et sûr de lui, il se pointa chez nous un beau matin ; il observa un instant la provocante enseigne puis, faisant semblant de s'interroger, il demanda à mon père, qui ne le quittait pas des yeux, ce que cela voulait dire. Malicieux et taquin, mon père lui donna d'emblée du « mon lieutenant » :

– C'est tout simple, mon lieutenant, commc tous mes ancêtres, je suis cultivateur, je travaille la terre depuis l'âge de douze ans et j'en ai bientôt quarante, on m'a surnommé le Vaillant, quant au C, dit-il en essayant de garder son sérieux, cela veut tout simplement dire Ciosi...

Peu satisfait de la réponse, et persuadé que mon père se moquait carrément de lui, le représentant de l'ordre public salua militairement, tourna les talons, et dit :

– A bientôt monsieur Ciosi.

– Quand vous vous voudrez, mon lieutenant, la maison vous est ouverte.

La guerre d'Espagne et la montée du fascisme dans l'Italie voisine avaient favorisé la venue de nombreux réfugiés en Corse. Antique terre de liberté, la Casinca ne les avait point rejetés. Espagnols et Italiens de tous âges, familles entières au bagage mince, souvent démunies de tout, y avaient trouvé refuge.

Pour eux, les soirées d'hiver étaient longues et froides, encore plus que pour nous. La buvette du militant devint un de leurs points de ralliement. Certains soirs, comme pour conjurer le sort, des chansons magiques, au pouvoir étrange, venaient pour quelques instants au secours de ces hommes privés de patrie. Les antifascistes italiens entonnaient :

Avanti popolo, alla riscossa,
bandiera rossa, bandiera rossa...

A leur tour, les Espagnols entraient dans le rythme :

El Ejercito del Ebro
Rumba la rumba ba
Una noche el rio paso
Ay Carmela, ay Carmela
Y a las tropas invasoras
Rumba la rumba ba

Buena maliza les dio
Ay Carmela, ay Carmela

L'armée de l'Ebre
Rumba la rumba ba
Une nuit le fleuve passa
Ay Carmela, ay Carmela
Et aux troupes d'invasion
Rumba la rumba ba
Donna une bonne raclée
Ay Carmela, ay Carmela

disait la chanson des républicains ! « Les guitares de l'exil sonnaient comme un clairon », dira plus tard Léo Ferré.

Au plus fort de l'ambiance, certains esquissaient quelques pas de danse en frappant dans leurs mains. Le carafon de ratafia aux cerises, dont le niveau baissait à vue d'œil, voyageait d'une table à l'autre.

– Tournée générale ! disait mon père, avant de fredonner *mezza voce* une chanson que je n'ai jamais oubliée :

J'aimerai toujours le temps des cerises
C'est de ce temps-là que je garde au cœur
Une plaie ouverte
Et dame Fortune, en m'étant offerte,
Ne pourra jamais calmer ma douleur.

Le souvenir de ces hommes, littéralement transportés par leurs chants, émus parfois jusqu'aux larmes, m'est resté comme l'exemple de l'étonnant pouvoir de quelques mots sur une portée de musique à soulager les blessures du cœur.

Il faisait nuit depuis un bon moment déjà. Notre père n'était pas encore rentré et nous commencions à nous faire du souci. Cela n'était pas dans ses habitudes. Que pouvait-il bien se passer ?

Nous avions grimpé sur la terrasse et tendu l'oreille vers la plaine, essayant de percevoir les sonnailles de Bijou. Rien. Seul un lointain aboiement se fit entendre.

Après une heure d'attente, la carriole entra dans la cour. La casquette au ras des yeux, notre père était sombre et peu causant. Il laissa à Ernest le soin de dételer le cheval.

– Qu'y a-t-il ? lui demanda notre mère, inquiète.

Il garda le silence quelques secondes et finit par dire :

– J'ai coupé une patte du chien avec la faucheuse.

Dissimulé dans les hautes herbes, Madrid n'avait pas vu arriver la dangereuse lame. Hurlant de douleur, il s'était aussitôt enfui. Notre père l'avait cherché partout jusqu'à la nuit, sans pouvoir le retrouver.

La soirée ne fut pas des plus gaies. Madrid faisait partie de la maison et mon père y tenait beaucoup. Peut-être s'en voulait-il de ne pas l'avoir vu à temps.

Finalement, nous n'avons jamais su ce qui s'était réellement passé ; ce qui est étonnant, c'est qu'un chien aussi vif que lui se soit laissé surprendre ! Peut-être était-il à l'affût d'un mulot ou d'un lézard ? Et une faucheuse tractée par un cheval ne fait pas le bruit d'un moteur.

Le lendemain, à notre réveil, notre père était parti depuis longtemps. Il avait fini par retrouver le chien, blotti au fond d'un buisson, et l'avait rapporté enveloppé dans la vieille couverture qui avait servi au déjeuner sur l'herbe.

La bête tremblante léchait sa blessure. Après l'avoir soignée, il l'installa dans un coin de la grange. Nous ne savions que faire ! Nos soins et nos caresses semblaient alléger sa douleur. Il nous regardait avec tendresse.

Les chiens ont la vie dure, c'est vrai. Une quinzaine de jours après, la blessure était cicatrisée. Il n'allait pas tarder à trottiner. L'accident avait momentanément calmé les ardeurs nocturnes du bâtard ; désormais, il ne quittait plus le coin de la terrasse. Il montait la garde sur trois pattes !

La venue du jour avait paralysé le gros oiseau nocturne lancé probablement à la poursuite d'un mulot. Il s'était empêtré dans les herbes collantes qui l'avaient pris au piège comme des lacs.

Madrid avait dû le débusquer. Pour nous faire la surprise, notre père l'avait ramené le soir à la maison. Il l'avait adossé à une pile de sacs vides, bien en vue, presque debout.

Les herbes traîtresses enserraient encore ses pattes aux griffes acérées. C'était un oiseau mystérieux ; rares étaient ceux qui avaient eu l'occasion de le voir de près. La chouette vit la nuit et se cache le jour.

Tout en rondeur, le curieux volatile avait un plumage épais et soyeux, de couleur claire, blanc et moucheté de marron au bout des ailes. Le pourtour de ses yeux ronds, soulignés par de larges cercles, faisait penser à des lunettes. Des yeux qui nous fixaient sans nous voir, et nous disaient pourtant : « Délivrez-moi avant que ne vienne la nuit ! Avant que... »

Un peu plus loin, notre mère se demanda ce que nous pouvions bien bricoler, agglutinés autour de la charrette. Elle s'approcha et, surprise, s'écria : « *Hé, una malacella !* »

Visiblement troublée par la présence de l'oiseau de mauvais augure, elle se mit à enguirlander notre père qui, à la fois confus et souriant, surpris par sa réaction inattendue, ne sut que répondre.

– *Cappiala, subitu* (relâche-la immédiatement) ! dit-elle, autoritaire.

Tel un enfant pris en défaut, notre père s'exécuta ; il défit rapidement les herbes qui l'entravaient et lança dans l'air la chouette blanche qui s'envola en direction de la rivière et, comme celle de la légende, poussa son cri sinistre qui déchira le crépuscule.

Nous étions en hiver. Ce jour-là, notre père était rentré plus tôt de la plaine. Ernest avait dételé le cheval et s'en était occupé. Soudain, mon père me dit : « J'ai laissé ma veste sur la charrette, veux-tu aller la chercher ? » Ce que je fis sans attendre.

C'était, je m'en souviens, une veste en velours marron foncé, déjà usée, avec des poches partout et plein de boutons à têtes d'animaux. En l'attrapant, je fus surpris par son poids. Une des poches intérieures devait contenir un objet assez lourd. C'était la première fois que je soulevais cette veste ; d'habitude, mon père ne l'oubliait jamais. Dès qu'il arrivait, il allait la suspendre toujours au même endroit, derrière la porte de sa chambre.

Que pouvait-elle bien contenir cette veste ?

Quand nous fûmes installés à table, je fis semblant d'avoir oublié quelque chose. J'allai dans la chambre et refermai la porte derrière moi. J'approchai tout doucement une chaise et grimpai dessus. Je plongeai la main dans la poche gauche. Le contact du métal me surprit. Je soulevai l'objet. Un revolver apparut, noir, impressionnant, qui me donna froid dans le dos.

Je le laissai aussitôt glisser dans la poche et retournai m'asseoir à table. Une question me taraudait : Pourquoi mon père portait-il une arme ?

L'accident du chien, le cri de la chouette, la découverte du revolver... Etaient-ce là des signes prémonitoires ?

La première catastrophe survint en septembre 1939 : le garde champêtre avait placardé l'affiche sur la porte d'un vieux paillé au bord de la route. « ORDRE DE MOBILISATION GÉNÉRALE. »

Pourtant, cet événement extraordinaire, capable de bouleverser la vie du village, d'en rompre la monotonie, ne me toucha guère. La date terrible, c'est la seconde ! Une date à marquer à l'encre rouge : le 22 décembre 1940 ! Ce jour-là, mon père est mort, je venais d'avoir neuf ans.

Depuis le matin, le ciel était resté couvert. De lourds nuages gris descendaient en cortège de la montagne. Les plus bas venaient s'étriper dans les branches squelettiques des vieux châtaigniers.

Le froid se faisait vif ; l'hiver avait l'air de vouloir s'installer pour de bon.

En fin d'après-midi, maman nous demanda d'aller chercher à la gare d'Arena une parente qui devait passer les fêtes de Noël à la maison. A notre retour, dès que le cabriolet s'immobilisa, je laissai à mon frère le soin de s'occuper de notre invitée. Avec la nuit qui tombait, les premiers flocons de neige firent leur apparition.

Je me souviens d'avoir traversé rapidement la cour. Arrivé sous la terrasse, je vis que les volets de la buvette étaient fermés. A cet instant, j'eus le pressentiment que quelque chose de grave était arrivé. Mon cœur m'en avertit. Je pénétrai dans la pièce commune. Des parents, des voisins, leur casquette à la main, se parlaient à voix basse. Un oncle s'approcha de moi et me dit quelques mots.

La porte de la chambre était entrebâillée. J'entendis ma mère pleurer. Comme dans un cauchemar, je poussai doucement la porte. Tête nue, pâle, les yeux déjà fermés, mon père était allongé sur mon lit. A genoux, la tête posée sur sa poitrine, ma mère sanglotait.

Quelle attitude ai-je pu avoir à cet instant ? Je ne sais plus ! J'ai seulement le souvenir d'une immense douleur et d'une grande peur en même temps. La mort était entrée chez nous. Pour ma première rencontre avec elle, c'est sur le visage de mon père que je la voyais.

Des voisins, qui habitaient à l'autre bout du village, nous ont hébergés, mes frères et moi, consolés du mieux qu'ils pouvaient. Notre première nuit de deuil fut très longue. Qu'allions-nous devenir sans lui ?

Une épaisse couche de neige recouvrait maintenant toute la Casinca. Cela n'arrive pas souvent chez nous. Une fois ou deux par an tout au plus.

Pour son dernier voyage, une carriole noire emporta notre père jusqu'à son village natal, Sorbo-Ocagnano. Dans la miséricorde, l'église Saints-Côme-et-Damien accueillit en cette veille de Noël la dépouille de son ancien enfant de chœur devenu militant communiste.

Implantés face à la mer et bien ensoleillés, les cimetières de nos villages sont parfois trop exigus. Certaines familles font bâtir alors de nouvelles tombes aux alentours du lieu de repos éternel, *u campu santu,* souvent au bord de la route. Marbres gravés et portraits jaunis sont entretenus avec ferveur, les fleurs sans cesse renouvelées témoignent de la fidélité au culte des morts.

A l'orée de l'ancienne châtaigneraie envahie par le maquis, une enceinte à ciel ouvert abrite les disparus de notre famille. C'est là que mon père repose, sous une simple croix de granit sombre avec au centre, abritée derrière une vitre ovale légèrement bombée, une photographie couleur sépia. L'épitaphe rappelle simplement : « Jean-Antoine Ciosi, tragiquement décédé en sa trente-neuvième année. Priez pour le repos de son âme. »

Quand la neige aura fondu, et que viendra le printemps, les cyprès et le maquis aux senteurs d'asphodèles et de bruyère en fleurs veilleront sur sa tombe.

Chì era accadutu ? (Que s'était-il passé ?)

Ayant l'intention de préparer des beignets ou de la polenta, *Mamma* avait demandé à Ernest de monter jusqu'au moulin pour prendre de la farine de châtaigne. Le voyant partir à pied, mon père lui demanda où il allait de ce pas, juste avant la nuit. Ernest revint vers lui et expliqua que la « patronne », c'est ainsi qu'il appelait ma mère, lui avait demandé de...

– Tu n'auras pas peur de monter seul à travers le maquis ?

– Non ! Non !

– On ne sait jamais, prends ceci, lui dit-il en lui tendant le revolver qu'il venait de sortir de sa poche intérieure.

Surpris, presque effrayé, car il n'avait sans doute jamais tenu une arme dans ses mains, le brave Ernest refusa tout confus.

Mon père n'avait aucune intention, j'en suis convaincu, de lui confier son arme ; il blaguait, le « faisait marcher ». Personne ne saura pourquoi, à ce moment-là, il glissa le revolver dans la poche de la veste d'Ernest. Comment pouvait-il imaginer qu'elle était trouée et que ce geste lui serait fatal ? Le 7.65 à canon court tomba sur le sol de la terrasse. Un seul coup partit. La balle atteignit mon père en plein cœur. La détonation fit sortir ma mère aussitôt. Elle se précipita et eut juste le temps de le prendre dans ses bras. Déjà inanimé, sans avoir prononcé un seul mot, il s'affaissa lentement, entraînant avec lui ma mère horrifiée. Voilà !

Pourquoi mon père portait-il une arme ? Craignait-il pour sa vie ? Je ne le pense pas. Les inimitiés qui avaient opposé sa famille à une autre étaient déjà anciennes, mais les villages restaient habités par la violence. Mon père y avait acquis, comme la plupart des hommes, la passion des armes. A croire que cette passion faisait partie de notre culture, à tel point que certains ont prétendu que nous pouvions l'avoir dans nos gènes.

Une autre question demeure pour moi sans réponse. Pourquoi ce soir-là avait-il éprouvé le besoin de jouer comme il le fit avec son arme ? Mon père n'avait rien d'un « cow-boy », seuls ma mère et moi savions qu'il était armé. Au lendemain du drame, *Mamma* bannira à tout jamais les armes à feu de sa maison.

Le Vaillant-C... Bar ferma définitivement ses portes. Désormais interdites, *Bandiera rossa* et *Rumba la Rumba* ne chantèrent plus que dans nos mémoires, et le temps des cerises s'éloigna lentement.

En attendant des jours meilleurs, ma mère dissimula le drapeau à faucille et marteau sous le matelas de son lit. L'enseigne de la buvette disparut sous une épaisse couche de chaux grise.

L'officier de gendarmerie pouvait maintenant « dormir tranquille », Ghjuvan'Antone Ciosi ne lui donnerait plus du « mon lieutenant ».

Certains réfugiés nous rendirent visite, se proposèrent

de nous aider pour les prochaines récoltes ; de ce côté-là au moins, pas de fausse compassion.

Instrument involontaire du drame, né lui aussi sous une bien mauvaise étoile, le pauvre Ernest resta avec nous, pas pour longtemps d'ailleurs. A la Libération, une grenade piégée le déchiqueta.

La disparition de notre père avait été trop brutale, nous avait tous pris au dépourvu. Comme il arrive parfois, le deuil avait imprimé dans l'esprit de ma mère le souvenir de son époux disparu. Au chagrin et à l'abondance de ses tâches de mère de famille, vint s'ajouter l'obligation de poursuivre l'œuvre entreprise par l'absent. Que pouvait-elle faire d'autre ? Convaincue que la vie ne s'arrête pas avec la mort, elle était persuadée que le père de ses enfants la guiderait, la protégerait. Pas très grande et plutôt frêle, la veuve Courage allait déployer tout à coup des réserves d'énergie insoupçonnées.

Comme toujours en pareil moment, la famille s'apitoya sans défaillance. *Povari orfanelli !* (Pauvres orphelins !) Comment va-t-elle faire avec tous ces travaux... C'est trop injuste... Puis suivirent les conseils paternalistes. Il faudrait faire ceci, et surtout pas cela... Elle ne pourra pas rester seule... Elle n'y arrivera jamais... Chacun y allait de sa chanson.

Godefroy avait quatorze ans, la dernière-née, Barbara-Maria, treize mois. Une nouvelle naissance était attendue. Si tout allait bien, nous serions bientôt sept enfants ! Sept bouches à nourrir, et cela en pleine période de guerre. Les primes à la naissance, les allocations familiales, j'ai bien l'impression que ma mère n'en avait pas beaucoup entendu parler... Mieux valait ne compter que sur soi.

Au mois d'avril 1941, un petit Jean-Antoine vint au monde.

La construction d'un four à pain à côté de la maison fut la première initiative de ma mère.

Après le traditionnel signe de croix au couteau, la dernière miche de la semaine était entamée. Chaque vendredi soir, à l'heure de la veillée, selon la coutume, le vieux tamis à farine de blé entrait dans la danse. Une danse vieille comme le monde, sautillante, régulière et nimbée d'un léger nuage de froment. Les cheveux emprisonnés dans un fichu de toile écrue, le visage blanchi tel un Pierrot lunaire, la maîtresse de ce cérémonial du pain œuvrait méthodique, avec des gestes mesurés.

Le lendemain, au premier chant du coq, venait pour ma mère la tâche la plus dure. Pétrir à la main vingt ou trente kilos de farine n'est pas chose facile. Les manches retroussées bien au-dessus des avant-bras, *Mamma* pétrissait sa pâte pendant une heure ou deux avec obstination et amour. En attendant que le levain (un morceau de pâte conservé de la semaine précédente) fasse son œuvre, le four allumé était chauffé à blanc. Deux ou trois fagots de bruyère sèche ou d'arbousier étaient nécessaires. C'étaient, paraît-il, les meilleurs bois.

Saupoudrés de farine et disposés sur d'épaisses toiles de lin tissées à la main, les morceaux de pâte, de forme ronde et d'un poids égal, reposaient en attendant la cuisson, sur le couvercle retourné de la huche. Avant midi, doré et croustillant, ce pain, dont j'ai encore le goût, était cuit à point, et notre mère infiniment heureuse.

A certaines occasions, et en particulier pour le Vendredi saint, ce rituel du pain prenait un caractère biblique. Le four s'animait pour la cuisson des pâtisseries pascales : *panette* et *campanili,* incrustés d'œufs entiers décorés de petits morceaux de pâte croisés, apportaient une note païenne aux carillons de la Résurrection.

Conservée dans le pétrin, entourée des mêmes toiles de lin, la fournée devait impérativement nous suffire pour la semaine.

Encore chaud, le four était mis à profit pour cuire pommes, poires, fougasses au fromage, et tartes à la châtaigne. Avec ma mère, rien ne se perdait. Quand le blé de la récolte nous manquait, mon grand-père venait à la rescousse ; nous pouvions compter sur lui. C'était un avantage plus qu'appréciable.

Une fois par an, la confection du pain prenait encore une autre dimension. Malgré la pénurie, sans doute par dévotion, *Mamma* avait maintenu la tradition du « pain de la Madone », fait avec de la fleur de blé (farine passée au tamis de soie). Ainsi, chaque année, la fournée du 15 août était-elle dédiée à la Vierge Marie, sainte patronne de la Corse. Etonnamment blanc, léger, avec une mie fine et douce, ce pain faisait notre joie, et n'arrivait jamais au bout de la semaine.

Les temps étaient des plus difficiles et la guerre n'arrangeait rien. Mieux valait-il faire preuve d'imagination. Notre mère se débrouillait pour que nous soyons toujours convenablement habillés, chaussés. Aucun de nous ne portera de galoches. Elle mettait un point d'honneur à ce que les orphelins ne soient pas montrés du doigt.

En peu de temps, le système du troc n'eut plus pour elle aucun secret. Intuitive, elle avait parfaitement assimilé la méthode. Fromage de brebis contre savon de Marseille, trois douzaines d'œufs pour une boîte de sucre. Cocos roses de la plaine contre chemisette ou chandail. Les tractations s'avéraient quelquefois ardues ; ma mère avait la réputation de compter juste. Difficile à berner la Marie-Jeanne !

Chaque période détient ses souvenirs, bons ou mauvais. Parfois anodins mais aussi marquants que d'autres, ils demeurent indélébiles.

Comme cette poule blanche qui, tous les matins, venait pondre au beau milieu du lit de ma mère. Elle franchissait la fenêtre restée ouverte, et s'installait. Si toutefois le lit était resté défait, la cocotte refusait d'expulser son œuf et s'en allait pondre ailleurs !

Ou bien cette autre qui désertait le poulailler pour s'en aller couver dans un buisson des alentours. Après vingt et un jours, à la grande joie de ma mère qui croyait l'avoir perdue, elle rentrait toute fière au bercail, flanquée d'une bonne douzaine de poussins jaunes sur lesquels elle veillait, prête à les défendre bec et ongles.

Pour ma mère, les gros soucis viendront des travaux de la plaine et du troupeau de brebis. L'influence du disparu était sans doute trop forte. Même en se référant à son exemple, au savoir transmis, à ses directives passées, les deux aînés, courageux mais bien trop jeunes et inexpérimentés, avaient du mal à faire face, à mener à bien les affaires. Le sentiment de solidarité envers les orphelins n'était pas toujours évident.

Par ici, les mœurs n'avaient guère évolué, une femme chef de famille, au demeurant jeune, ce n'était ni courant ni trop sérieux. Pour certains, l'initiative de ma mère ne pouvait qu'être vouée à l'échec à brève échéance. D'aucuns ne pouvaient admettre qu'une femme s'investisse de la sorte, même si elle y était obligée ; qu'elle prenne des décisions, donne des ordres... L'émancipation du sexe faible ne faisait pas partie de leurs préoccupations. Pour ces esprits d'alors, la femme corse était destinée à faire la soupe, le pain une fois par semaine, à torcher les enfants, à demeurer docile, soumise et c'est tout.

Ma mère n'avait jamais pu admettre que certaines femmes acceptent encore de suivre à pied l'homme à dos d'âne. La fille du meunier, comme ils l'appelaient, étonna plus d'un de ces bons apôtres. En certaines circonstances elle sut se faire respecter... car chez nous, gare à qui dévoile ses faiblesses.

Mieux vaut quelquefois montrer les dents.

Le vieil autocar rouge amorça avec prudence le dernier virage avant notre maison. Son klaxon fit sursauter mon cœur.

Dans sa robe noire, *Mamma* se tenait près de moi, ma valise à la main. Sentant que des larmes me montaient aux yeux, je serrai mes deux poings dans mes poches pour ne pas pleurer. Je ne voulais pas que ma mère sache combien j'étais triste de m'éloigner de la maison. Je ne voulais surtout pas que mon départ fût pour elle une nouvelle source de soucis, de préoccupations. Depuis la disparition de mon père, elle en avait de reste.

C'est surtout pour cette raison que je tentais de sauver les apparences, ou du moins que j'essayais. Mis à part l'absence de Godefroy hospitalisé à Marseille, aucun de nous n'avait jamais quitté le nid. Je serais donc le premier à connaître l'exil !

J'imagine que ce ne fut pas de gaieté de cœur que ma mère prit la décision de m'envoyer à l'école à Bastia, mais les besoins du travail de la terre étaient tellement multiples qu'il m'arrivait souvent de déserter la classe afin de m'occuper des bêtes, ou pour d'autres tâches qui ne pouvaicnt attendre, or, l'éducation de ses enfants était une priorité pour elle.

De lointains parents, qui habitaient à l'entrée de Bastia, et dont j'avais vaguement entendu parler, avaient accepté de se charger de moi. Sans trop me donner de détails, ma mère me dit que mes tantes s'appelaient l'une Maria et l'autre Laura, qu'elles habitaient une grande maison au bord de la mer.

L'autocar ralentit et s'arrêta juste devant nous. A la fois chauffeur et convoyeur, Jean-Paul, toujours avec gentillesse et dévouement, avait accepté d'être notre commissionnaire à la ville pour tout ce qui nous faisait défaut : médicaments, fournitures d'écolier, quelquefois le journal, ou bien des outils. Lorsque l'arrêt ne s'imposait pas, il ne manquait jamais de donner un coup de klaxon au passage... La veille de mon départ, prudente, ma mère lui avait donné toutes les indications nécessaires : l'arrêt où il devait me déposer, le nom de la personne qui m'attendrait et tout et tout !

J'empoignai ma valise et embrassai très fort ma mère. Le chauffeur m'avait gardé une place juste derrière lui pour que je me sente moins seul pour mon premier voyage vers la grande ville. En cours de route, devinant sans doute l'anxiété à travers mon silence, moi toujours si gai, si taquin et même un peu bavard, Jean-Paul se mit à me parler. Sans quitter la route des yeux, me regardant dans le rétroviseur, il me raconta des histoires, me posa des questions, me fit un petit clin d'œil lors de certains arrêts.

Après une bonne heure de route, nous étions aux portes de la ville, à Lupino, la banlieue bastiaise. Banlieue qui à l'époque se composait, en tout et pour tout, de quelques maisons en bordure de route.

– Oh, Anton-Lui, on arrive !

L'arrêt indiqué par ma mère était là. La porte à soufflet me céda le passage, je fis un signe affectueux au chauffeur et descendis. Tante Maria était devant moi.

Aucune présentation ne fut nécessaire. Elle m'embrassa comme si elle m'avait toujours connu. S'empara de ma valise, mit ma main dans la sienne et me baptisa Louis. Brune, élégante, avec un visage non dépourvu de charme, Maria Geronimi n'avait pourtant jamais pensé à se marier. Balayant toutes mes appréhensions, une complicité s'installa aussitôt entre nous.

– Allez, viens Louis, me dit-elle, la maison n'est pas loin.

Au bout d'un étroit chemin bordé de vieux murs couverts de lierre et de chèvrefeuille, qui s'en allait vers la mer toute proche, un imposant portail en fer forgé vert bouteille nous attendait. Elle m'invita à franchir l'entrée de ce lieu où tout respirait le calme et la douceur de vivre. Je ne pouvais imaginer à cet instant que Bassanese resterait à tout jamais gravé au fond de moi comme un de mes bonheurs d'enfant.

Soutenue par de larges arceaux métalliques, une treille, dont l'épais feuillage prenait déjà les teintes rousses et dorées de l'automne naissant, recouvrait une allée en pente douce menant à une maison de rêve, face à la mer.

Occupé à tailler une haie de thuyas, le maître des lieux posa son sécateur et vint à notre rencontre. Il enleva son béret basque et me planta aussi sec deux grosses bises. Son visage lunaire reflétait la bonne humeur et une joie de vivre certaine. Ancien haut fonctionnaire des colonies, Sauveur Dané avait fait toute sa carrière sous l'équateur. De Dakar à Brazzaville, de Douala à Tombouctou, l'Afrique noire n'avait pas de secrets pour lui. Aujourd'hui, tout cela était loin. Sa petite vigne, son potager, ses arbres et ses massifs de fleurs lui prenaient tout son temps.

Peu enclin aux longues siestes, et plutôt casanier, l'infatigable retraité, fort « comme un Turc », quittait rarement son domaine. Grand amateur d'oursins et d'arapèdes, les dimanches du colonial étaient exclusivement réservés à la pêche. Une petite porte au bout du mur de la propriété donnait directement accès au chemin douanier. L'anse de Figaghjola était son coin préféré.

Laura, son épouse, nous attendait au pied du perron. Tout, en cette femme admirable, traduisait la tendresse. Elle qui n'avait jamais eu d'enfant allait reporter sur moi son affection maternelle.

Pour que le bonheur du nouveau pensionnaire de Bassanese fût parfait, il fallait une grand-mère ! *Una mammona* bien de chez nous, frêle et douce, comme l'était Zia Felì Geronimi, qui plus tard franchira allègrement un siècle d'existence. Elle était assise à l'ombre d'un palmier, dans un fauteuil en rotin, et caressait un chat noir et blanc, roulé en boule sur ses genoux. Parfois, quand le vent est aux souvenirs, j'ai l'impression de sentir la chaleur de sa main dans mes cheveux.

Un large escalier menait au premier étage. Le salon africain ne pouvait qu'attirer mon attention. J'y découvris les symboles de l'Afrique traditionnelle, masques aux lignes pures, statues de guerrier peul, tambours de brousse qui côtoyaient les trophées de chasse, objets en bois précieux d'acajou ou d'ébène ; sur un mur, une grande panoplie d'armes blanches et deux magnifiques fusils de chasse à gros calibre ; enfin, posé sur un guéridon, presque aussi gros qu'un ballon de football, un œuf d'autruche !

Un jour que je visitais une exposition consacrée à l'art dogon, je reconnus les statuettes évoquant la fécondité, les yeux baissés, les mains posées sur le bas-ventre ; les mêmes ornaient la cheminée du salon africain.

La chambre où Maria m'installa était claire, meublée avec raffinement. J'avais droit à un grand lit pour moi tout seul, ce qui ne m'était jamais arrivé ! Une large porte-fenêtre ouvrait sur le balcon cerné par une rampe à balustres. La vue donnait sur la mer et la citadelle de Bastia d'où émergeait l'église Santa-Maria.

L'imposante baignoire reposait sur des pattes de lion. Les murs de la salle de bains étaient carrelés jusqu'à hauteur d'homme de faïence blanche. Tout à côté du lavabo surmonté d'une glace ovale biseautée, je remarquai une petite vasque. À quoi pouvait-elle bien servir ? Un lave-mains pour enfant ? Mystère... Au bout de quelques jours, j'avais percé le secret. Je savais même comment cela s'appelait.

Souvent, lorsque j'ouvrais ces robinets chromés qui libéraient eau chaude et froide à volonté, je pensais à ma mère, là-bas dans notre maison de la plaine, sans aucun confort... A ma mère dans sa robe de deuil et à ses soucis permanents.

Lorsque je la vis pour la première fois, j'ignorais tout à fait quel genre de guerre Mlle Vinciguerra aurait voulu gagner ! Etait-ce la guerre qu'elle livrait à sa langue maternelle dans son école de la République à Lupino ? Je n'allais pas tarder à l'apprendre à mes dépens.

La rentrée des classes était annoncée pour le lendemain et ma tante Laura avait tenu à me présenter à la maîtresse qui habitait juste à côté de Bassanese.

Pour cette visite, elle s'était mise sur son trente et un : tailleur Chanel et chapeau cloche. J'étais tout fier de marcher auprès d'elle. Chemin faisant, elle n'avait cessé de me faire des compliments sur Mlle Vinciguerra : les résultats obtenus chaque année au certificat d'études, ou les félicitations de l'Académie, puis elle ajouta ces trois petits mots qui n'allaient pas tomber dans l'oreille d'un sourd : *E face falà !* Cela voulait dire tout simplement que l'enseignante avait la main leste et le coup de règle facile. Ça promet, me dis-je !

Au premier abord, elle ne débordait ni de sympathie ni de gentillesse, la demoiselle ! Etant donné que nous étions arrivés à l'improviste, elle nous fit asseoir dans un petit salon et disparut pendant quelques instants. Elle avait dû aller se refaire une beauté, *a pumpunassi.* En effet, lorsqu'elle revint, son visage avait retrouvé des couleurs, la poudre Tokalon avait produit son effet. Elle s'assit face à nous et, très sûre d'elle, serra les genoux, ajusta sa jupe.

Après avoir parlé de tout et de rien avec Zia Laura, elle entra dans le vif du sujet. Ce qui pouvait faire penser à un interrogatoire en bonne et due forme débuta aussitôt, en français, rien qu'en français : et comment t'appelles-tu ? et quel âge as-tu ? et pourquoi ? et comment ? et que j'étais en retard, et qu'il fallait rattraper le temps perdu, et que ceci et que cela et que sais-je encore ! J'étais littéralement bombardé de questions. Ça n'en finissait plus. Je tentai vainement d'envoyer un SOS du coin de l'œil à tante Laura, pensant qu'elle pourrait abréger l'entretien, mais ça ne marcha pas.

Pas très haute malgré ses chaussures à talons, plutôt boulotte, cheveux « permanentés », la quarantaine passée, ma future maîtresse n'avait rien d'une vamp. Un visage des plus anonymes rehaussé par des lunettes « de luxe » cerclées d'or. Elle aimait le doré, cela se voyait : boucles d'oreilles, collier orné d'une petite croix, à l'annulaire de sa main droite, je remarquai aussi une grosse chevalière dont je reparlerai.

Parfois dans la conversation, ma tante lui parlait en corse, et elle, comme si de rien n'était, répondait *in francese*. Elle n'avait de considération, d'admiration que pour le français, Mlle Vinciguerra. Totalement allergique à sa langue maternelle, elle était le parfait exemple d'une aliénation culturelle volontaire.

La visite achevée, je n'eus vraiment pas envie d'aller cueillir pour elle un gros bouquet de violettes comme pour Mlle Santoni.

« A demain matin », me dit « la francisée » sans le moindre petit sourire.

Tante Laura m'offrit son bras et nous repartîmes sans plus attendre. C'était ma dernière après-midi de liberté et j'essayais de ne plus penser à l'épreuve du lendemain matin.

Maria en profita pour me faire visiter son domaine privé, une petite basse-cour située au bout de la propriété, dans un enclos. Là, je découvris deux chèvres à longs poils roux, aux sabots noirs luisants, fine tête à barbiche de Mousquetaire et cornes en forme de lyre. Beau à ravir, entièrement noir sauf au bout du nez où affleurait un peu de rose, un chevreau. Il y avait aussi des lapins gris et blancs, des canards bleutés qui se dandinaient, des poules naines prisonnières dans une enceinte grillagée et, pour finir, deux petites bestioles que je n'avais jamais vues, des cochons d'Inde.

Dans une pièce du rez-de-chaussée de la maison, j'allais découvrir un pensionnaire inattendu ! Boubou, un singe du Gabon, méchant comme la gale. Il passait des heures entières à se balancer à la fenêtre, retenu par la chaîne reliée au collier de cuir qui lui enserrait la taille.

La seule personne qui pouvait l'approcher, le caresser, c'était l'oncle Sauveur, son père adoptif. Lors d'une tournée d'inspection en forêt gabonaise, il l'avait recueilli tout petit et élevé au biberon. Sa mère avait sans doute été tuée par des braconnniers. Lorsque les Dané quittèrent l'Afrique, ils n'avaient pu se résoudre à l'abandonner.

Quand, de temps à autre, Boubou réussissait à se libérer, tout Bassanese était en émoi. La captivité ne lui avait pas fait oublier ses instincts simiesques. Jamais je n'avais vu une bête faire des bonds aussi prodigieux, grimper aux arbres avec une telle agilité. A la saison des figues, en un temps record, ses bajoues triplaient de volume, il engrangeait à toute allure. Au bout de quelques instants, la famille était réunie autour de l'arbre, pour contempler les acrobaties de la « bébête » africaine.

L'oncle Sauveur ne tardait pas à prendre les choses

en main, à entamer avec le fugitif un dialogue à sens unique. Là, la situation devenait carrément bouffonne. Tout d'abord, sur un ton aimable, l'oncle y allait de sa voix la plus douce : « Boubou, Boubou, *aiò*, descends, *fala quì, fala, aiò*... on se dépêche, descends chez papa ! » Peine perdue. Installé sur une branche fourchue, *u scimiotu* s'en moquait de son papa ! Lui, ce qu'il voulait, c'était de l'air. Devant ce refus d'obéissance, Ziù Pado faisait semblant de se mettre en colère. Il saisissait alors un manche de râteau et employait un ton beaucoup plus ferme : « Boubou ! *Voli falà ò ùn voli falà ? O furdanò !* » (Tu veux descendre ou tu veux pas descendre ? Chenapan !)

Peine perdue. Les grands moyens devenaient nécessaires. Il n'y avait que moi ou plutôt la fronde que j'avais à la main qui pouvait dénouer la situation. J'allais chercher une bonne poignée de pignes sèches de cyprès, me mettais en position, et ouvrais le feu sur l'Africain. Boubou finissait par comprendre, descendait à toute vitesse et, d'un bond, disparaissait dans son antre.

Intégré à la famille depuis de longues années, Palmiro, un ouvrier italien, avait participé à la construction de la maison, et n'était plus reparti. Un homme surprenant, ce Palmiro. Grand amateur de Dante, il connaissait par cœur *La Divine Comédie* ! Tous les grands airs d'opéra italien, de Verdi à Donizetti, en passant par Puccini ou Mascagni. L'histoire de la Rome antique, l'œuvre et la vie de Michel-Ange lui étaient familières. Sans transition, il pouvait aussi bien maîtriser la mécanique, l'électricité ou la maçonnerie. Une sorte de bricoleur génial abritait cet érudit.

Les derniers rayons de soleil caressaient les claies où séchaient les figues récemment cueillies, tante Laura arrosait ses fleurs dont elle avait le secret, appuyée sur sa canne, Zia Felì, accompagnée de ses chats, faisait sa promenade quotidienne, l'oncle Sauveur rinçait ses bordelaises. Boubou se balançait éperdument au bout de sa longue chaîne.

Qui aurait pu imaginer, en cette fin de journée si calme et si douce, veille de la rentrée scolaire de 1942, que, moins d'un an plus tard, ce havre de paix, cette maison du bonheur serait saccagée par la guerre ?

Coincée entre la route et le pont du chemin de fer, l'école de Lupino ne payait vraiment pas de mine. Aucune inscription ne laissait deviner l'établissement scolaire. C'était une petite maison basse et triste. Elle abritait deux classes mixtes, du cours préparatoire au certificat d'études. Nous étions, je crois, une trentaine d'élèves. Quand le train franchissait le pont en ferraille, on ne s'entendait plus. Les bruits de la route nous parvenaient aussi, très distincts, et en particulier le martèlement des lourds sabots ferrés des percherons noirs de la maison Roblot, en route vers le cimetière.

Ma salle de classe était plutôt sombre, aucun rayon de soleil n'y pénétrait. Les deux petites fenêtres qui éclairaient la pièce étaient orientées plein nord. Le panorama n'allait guère plus loin que le remblai du chemin de fer de la ligne Bastia-Ghisonaccia. L'hiver, l'unique ampoule sous l'abat-jour en verre à bord ondulé restait allumée presque en permanence.

Le matin de la rentrée, Mlle Vinciguerra nous souhaita la bienvenue, et nous fit comprendre que les vacances étaient finies. Elle exposa le programme de la journée et des jours à venir. Sur un ton plus incisif, elle nous rappela l'interdiction en vigueur dans toutes les écoles de parler le corse... même pendant la récréation.

Allais-je pouvoir me plier à cette règle dont le sens m'échappait ? Jusque-là je n'avais pas eu vraiment à la subir. Mlle Santoni était bien plus coulante à ce sujet. Mon voisin de banc, c'était Eugène. Nous avions sympathisé tout de suite. Lorsque la maîtresse nous avait adressé la mise en garde, il m'avait fait un petit clin d'œil qui signifiait quelque chose comme : *Lasciala di !* (Laisse-la dire !) En tout cas la fameuse interdiction ne m'avait pas coupé l'appétit, bien au contraire. A onze heures et demie, je partis au triple galop vers Bassanese.

Dans le courant de l'après-midi, elle me pinça à deux reprises en train de patoiser à voix basse avec Eugène. Elle m'observa par-dessus ses lunettes dorées et dit simplement : « On se tait ! » Elle m'avait déjà repéré. A la seconde « parlotte », elle brandit légèrement sa règle en me regardant. Le temps de la clémence n'allait pas durer.

Le lendemain, en fin de matinée, juste avant la composition française, j'allais avoir le privilège, si je puis dire, d'être le premier de la classe à recevoir des coups de règle pour délit de papotage en langue maternelle. La maîtresse m'appela par mon prénom et me demanda de m'approcher de son bureau.

– Joins tes doigts, me dit-elle, comme cela, regarde.

Dans un silence total, toute la classe avait les yeux braqués sur moi, je regardais la maîtresse droit dans les yeux. La règle s'abattit d'un coup sec. On voyait qu'elle avait l'habitude. Elle visait bien la Vinciguerra ! Je me suis retenu de toutes mes forces pour ne pas crier. La règle noire s'abattit encore à deux reprises.

– Va t'asseoir et ne recommence pas.

Je logeai le bout des mes doigts rouges comme des pivoines dans le creux de ma main gauche pour essayer d'atténuer l'atroce brûlure et retournai à ma place. Je savais que je recommencerais. N'allez pas imaginer que je voulais crâner, me distinguer, jouer les durs, les incorrigibles, je n'étais pas non plus « maso », c'était indépendant de ma volonté, le « patois » me montait aux lèvres, comme ça, instinctivement, et je n'y pouvais rien.

Entre le tableau noir où s'étalait chaque matin une phrase de morale écrite par notre chère maîtresse, de sa plus belle écriture penchée, et l'angle du mur, juste au-dessus de son bureau, surmonté de la francisque gauloise, trônait le portrait de l'homme qui avait fait don de sa personne à la France, le maréchal Pétain.

Notre demoiselle n'avait d'yeux que pour le beau vieillard qu'elle vénérait. La leçon d'instruction civique était souvent mise à profit pour mieux nous inculquer l'hymne solennel dédié au vainqueur de Verdun : « Maréchal nous voilà, tu nous as redonné l'espérance. »

Lorsque, à son signal, toute la classe donnait de la glotte, je faisais semblant, je mimais, alors qu'au fond de moi résonnait plutôt : « C'est la lutte finale », ou *Bandiera rossa.*

Au bout de quelques jours, je connaissais par cœur tous les surnoms dont mes camarades étaient affublés. C'était la mode : Pantalò, Mimi la France, U Rossu, Saraghetta, Bombolé et j'en passe. Me concernant, ils ne s'étaient pas creusé la tête. *I montà sega,* les farceurs de Lupino m'avaient surnommé *O Paisà,* le paysan, dans leur esprit le bouseux. Quand j'étais mal vissé, la réponse au quolibet fusait : *O merda !*

J'allais sur mes onze ans. Jusque-là, j'en avais seulement entendu parler, du cinéma. Tante Maria, qui ne savait que faire pour m'être agréable, proposa de m'y emmener un dimanche après-midi. Il faisait un beau soleil, la mer était d'huile et les rues de Bastia très animées. L'autobus nous déposa sur le boulevard Paoli, à hauteur des établissements Biancarelli. Après avoir longé la place Saint-Nicolas et les quais du nouveau port, nous arrivâmes au palais du cinéma, Le Paris, inauguré en 1939.

De bien jolies ouvreuses en uniforme rouge nous accueillirent. Maria avait choisi le balcon. Epaisse moquette, fauteuils moelleux recouverts de velours cramoisi, salle climatisée, tout ici était luxueux et moderne ! En attendant que la vaste salle se remplisse, des haut-parleurs invisibles diffusaient en sourdine *Sombreros et Mantilles*. Rina Ketty roulait les « r » à plaisir. Nous étions installés, je m'en souviens, juste en face de l'immense rideau rouge qui ne tarda pas à s'ouvrir sur les actualités.

C'était encore le temps du noir et blanc. Ces images en mouvement, que je voyais défiler sur un grand écran pour la première fois, m'étonnaient, me fascinaient. Images du monde, qui restituaient les événements les plus marquants, images que l'on ne pouvait voir alors qu'au cinéma.

La mode, le sport, Marcel Cerdan vainqueur de Ferrer, Mistinguett au Casino de Paris, la politique, Laval aux côtés d'Hitler et, surtout, la guerre, images effrayantes de Stalingrad détruite, Montgomery face à El-Alamein, et puis l'image de ces enfants, dont certains avaient mon âge, qui portaient une étoile d'étoffe cousue sur le côté gauche de la poitrine.

Le dessin animé vint détendre l'atmosphère, récolter les rires : l'histoire d'un vieux loup de mer aux muscles d'acier : Popeye et sa boîte d'épinards. Puis ce fut l'entracte. La guerre avait proscrit chocolats et friandises. Les corbeilles des ouvreuses ne contenaient que des cornets de lupins au sel.

Le grand film, une production qui battait alors les records de recette, n'allait pas tarder : *Tarzan*. L'homme-singe, le roi de la jungle, avec sa mémorable modulation aux lèvres, suspendu aux lianes et bravant tous les dangers, enflamma mon imagination... Tarzan, au torse avantageux et nourri au lait de chimpanzé, héros de tous les enfants, incarné par Johnny Weissmuller !

Quand, après le générique, le rideau rouge se referma, je ne pouvais certes pas imaginer qu'un jour je serais là, sur cette scène, sous les projecteurs, devant tous ces spectateurs qui applaudiraient « Corsica Nostra », l'un de mes premiers spectacles.

Malgré toute l'affection, la tendresse dont j'étais entouré à Bassanese, ma mère me manquait beaucoup. Quelquefois en fin d'après-midi, à la sortie de l'école, j'avais envie de me poster à l'arrêt de l'autobus rouge, de m'y engouffrer même sans argent, de raconter n'importe quoi au chauffeur afin qu'il m'emmène à Querciolo.

Les vacances de fin d'année étaient encore loin, je les attendais seulement pour la joie des retrouvailles car, depuis la disparition de notre père, Noël n'existait plus pour nous. Décembre était devenu un mois maudit, *dicembre maladettu,* disait ma mère. Un mois à bannir du calendrier. La cheminée en angle de notre maison ne verrait jamais plus nos chaussures alignées. Le bon vieillard à la hotte ne passait plus par chez nous. Les matins du 25 décembre étaient devenus froids et silencieux.

Bien plus tard, après la naissance de mes deux enfants, je me réconcilierais avec la douce nuit, le Noël blanc et tout le merveilleux des cantiques qu'il m'arrive de chanter à cette époque.

Une fois par semaine, le mardi je crois, monsieur le professeur de musique et de chant venait nous voir. L'autobus le déposait à l'arrêt de la maison Cinquini. Au printemps, il arborait souvent un canotier de couleur paille, légèrement incliné sur la droite, à la Maurice Chevalier. Veston bleu marine, chemise blanche et nœud papillon, la quarantaine imminente, mince, courtois, le vrai *latin lover,* il faisait partie de *gentry* bastiaise, à l'élégance un brin tapageuse, et devait plaire aux femmes.

Ses mains étaient longues et fines, très soignées, des mains de musicien. Son instrument, c'était la guitare. Après quelques mots de bienvenue, la leçon de solfège pouvait commencer. Les dièses et les bémols flirtaient avec la clé de sol, les triples croches soupiraient d'aise. Il nous rappelait qu'une ronde vaut deux blanches, une blanche vaut toujours deux noires et nous faisait chanter, en mesure s'il vous plaît : « Mon bel ange va dormir, dans son nid l'oiseau va se blottir, et la rose et le souci, là-bas, dormiront aussi. »

Si belle et si mélodieuse fût-elle, cette berceuse, venue d'ailleurs, n'avait assurément ni l'originalité ni la teneur magique d'une *ciucciarella* (berceuse) que jamais il ne nous apprit, Mlle Vinciguerra ne l'aurait pas permis ! *Era musica proibita !* Heureusement, mes deux grands-mères étaient là.

Après une heure de cours, Vincent Orsini, auteur de chansons à succès dont la célèbre *Barcarolle bastiaise,* et futur « président de la République libre du *Macchjone* » (le grand maquis), située sur les hauteurs de Lupino, prenait congé de nous. Il rangeait sa guitare, saluait dignement notre maîtresse, et nous lançait gaiement un « au revoir les enfants ».

Nous venions tout juste de sortir de l'école, il était à peine seize heures trente, il faisait un temps maussade, un temps à l'image de ce que nous allions vivre. La nouvelle s'était aussitôt répandue : *Sbarcanu i Taliani.* (Les Italiens débarquent.) Drôle de surprise et changement de programme, les gens attendaient plutôt les Américains, la veille, le bruit avait couru que...

Quelques minutes après, les premiers éléments de l'armée italienne franchissaient tranquillement le pont de Lupino. En avant-garde, les motos Guzzi ouvraient la route. Side-cars et triporteurs descendaient à allure lente, comme à la parade, sans appréhension aucune. Des véhicules de toute sorte, de grands camions bâchés, des chenillettes et autres engins de guerre, suivaient. Visiblement éprouvée par un voyage à fond de cale dans les *motonavi,* la troupe défilait en colonne par quatre, mousqueton à l'épaule et barda sur le dos.

Dans le regard de ces soldats, on devinait que la plupart d'entre eux se demandaient ce qu'ils venaient faire dans cette galère... alors qu'ils avaient surtout envie *di tornare a casa,* de rentrer à la maison.

Coiffés du chapeau tyrolien d'où émergeait une petite plume verte, les chasseurs alpins précédaient les *bersa-*

glieri au casque garni sur le côté droit d'un gros bouquet de plumes noires au mouvement léger.

Une foule silencieuse s'était progressivement massée sur le bord de la route. Ni cris hostiles, ni quolibets, ni remarques désobligeantes envers l'ennemi ne fusaient. L'hostilité se lisait sur les visages. De l'autre côté du trottoir, j'aperçus « Paoulou », la casquette à l'envers, les deux mains posées sur le guidon de son vieux landau plein à ras bord de chiffons et de bouteilles vides. Il revenait sans doute de Bassanese, l'oncle Sauveur l'avait à la bonne. Encore jeune, il avait choisi d'être clochard. Du quartier Saint-Joseph à la place du Marché, sa silhouette était connue : Paoulou et son carrosse ! Ses reparties, son esprit vif et son accent typiquement bastiais l'avaient rendu presque célèbre. Il vivait comme ça, à sa guise. Les gens lui donnaient ce dont il avait besoin, sans qu'il demande rien. Un clochard bienheureux qui, pour rien au monde, n'aurait changé de vie.

Il me fit signe de la main et me cria de sa voix gutturale : *O Lui, quante piume !* (Louis, que de plumes !) En effet, Mussolini aurait-il fait déplumer tous les coqs de la Péninsule pour garnir casques et chapeaux de ses bersagliers et des chasseurs alpins ?

Le bataillon qui suivait avait quelque chose d'inquiétant, un je-ne-sais-quoi qui faisait peur. L'uniforme semblait de meilleure qualité, les armes plus modernes. Ici régnaient l'ordre et la discipline propres à toutes les milices. Arrogantes et fières, les Chemises noires avançaient au pas cadencé, comme en pays conquis, chantant à pleine voix l'hymne fasciste : *Giovinezza, Giovinezza, primavera di bellezza.*

Je n'avais pas vu passer le temps, il faisait presque nuit. Je traversai la chaussée au milieu d'une escouade de motocyclistes emplumés et pris le raccourci au petit trot soutenu, vers la maison.

– Mais Louis, où étais-tu ? me dit tante Laure.

– *Aghju vistu i Taliani !* (J'ai vu les Italiens), répondis-je tout essoufflé, comme si j'avais vu le diable.

Nous étions dans la cuisine, autour de la grande cheminée. Très attentive à mon récit, ma grand-mère Zia Felì n'en revenait pas. De temps à autre, elle inclinait la tête et laissait échapper de sa petite voix : *« Ebbè què allora ! »* (Eh bien ça alors !) Gaulliste de la première heure, Sauveur Dané n'avait pas le moral, lui qui, la veille, était tout excité à l'idée de l'arrivée des Alliés ! Il rongeait son frein. Vers neuf heures, Radio-Londres, écoutée en secret dans le salon africain, confirmait la fâcheuse nouvelle : les troupes italiennes envahissent la Corse.

Bastia se réveilla sous le choc. Les barques aux prénoms de femmes n'avaient pas quitté le môle du vieux port. Les pêcheurs commentaient l'événement, s'inquiétaient du manque à gagner et de l'avenir incertain. Aujourd'hui, pas de filets à relever ni de pêche à la « palangrotte ». Il Mare Nostrum avait ce matin-là un aspect moins idyllique qu'à l'accoutumée. Les pointus aux couleurs gaies avaient cédé la place à d'imposants navires de guerre, gris ou noirs, aux tourelles bardées de canons pointés sur la montagne. Déployée face à la ville, la marine italienne venue soutenir le débarquement veillait, impressionnait. Jamais je n'avais vu autant de bateaux.

Sur le chemin de l'école, à hauteur de la boulangerie Vinci, je rencontrai Mimi la France, mon camarade de classe, tout retourné ! « Buuuh ! quelle invasion ! » D'autres convois de troupes, de matériel de guerre faisaient route vers le sud. Sur le trottoir les gens se parlaient à voix basse, de petits groupes se formaient, commentaient les dernières nouvelles, s'interrogeaient. « Le temps des Italiens » était bien là. Mis à part les Chemises noires que j'avais aperçues la veille, cette armée qui n'en finissait plus de débarquer, d'occuper, de s'installer, n'effrayait pas outre mesure l'enfant que j'étais... je trouvais même qu'elle venait rompre une certaine monotonie... mais les choses n'allaient pas en rester là.

En classe, il régnait une certaine fébrilité. Moins coquette, moins en beauté que d'habitude, Mlle Vinciguerra ne fit aucune remarque, aucun commentaire sur l'affaire. Pour une fois, la leçon de morale ne fut pas suivie du *Maréchal nous voilà*. Tant mieux ! pensai-je. Ce jour-là, aucun coup de règle, aucune autre punition ne fut distribuée : « Pourvu qué ça doure » comme le disait la maman Laetitia !

L'oncle Sauveur ne décolérait plus, il y en avait pour tout le monde. Le moins épargné du lot, c'était le sieur Balley, préfet de la Corse, zélé serviteur de Vichy, et aussi de l'occupant qui le baptisa *Signor Sì* (Monsieur Oui), tant il se montait docile et empressé à son égard.

– Il nous ferait gober n'importe quoi ce Monsieur courbettes, avec ses « troupes d'opérations » venues défendre la Corse contre un éventuel débarquement des Alliés.

En gaulliste convaincu, Sauveur Dané ne pouvait supporter que l'ennemi héréditaire soit entré chez nous comme dans du beurre, sans qu'un seul coup de feu ne soit tiré, et que les hommes du 173e aient reçu l'ordre de se replier vers l'intérieur à l'approche de la flotte italienne. Puis venait le tour des autres, les m'as-tu-vu, les bouffons, les forts en gueule qui, il n'y avait pas si longtemps, chantaient à tue-tête : « Mussolini, tu veux prendre la Corse, sache-le bien qu'il te faut des canons, mais tu n'auras jamais assez de force pour conquérir l'île de Napoléon. »

– Ah ! elle est belle, l'île de Napoléon, *vai puru,* nous sommes la risée de l'Europe entière, heureusement que Radio-Londres est là.

L'idée d'une Corse italienne lui était insupportable.

Les rodomontades des fascistes résonnaient encore à ses oreilles : « *Corsica a noi* » (à nous la Corse), et semblaient aujourd'hui devenir une réalité. Un autre souci, de moindre importance il est vrai, occupait son esprit depuis quelques jours : il craignait, à juste titre, que les Italiens ne viennent réquisitionner une chambre ou deux pour y loger quelque galonné... Il ne manquerait plus que ça !

En peu de jours, la troupe avait pratiquement cerné Bassanese.... Les Italiens, désormais nos plus proches voisins, « nous gardaient bien ». Nids de mitrailleuses, batteries antiaériennes et côtières, dépôts de munitions et de carburant, nous étions sur une vraie poudrière. Silencieux et préoccupé par ce voisinage trop bruyant à son gré, l'oncle Sauveur plantait ses poireaux sur fond de palabres à l'accent napolitain ou piémontais.

Tout lieu vacant, toute maison inoccupée, même vétuste, avait été investie d'office. Entassés comme des bêtes, avec juste une paillasse, les soldats du roi vivaient dans des conditions on ne peut plus précaires, sans eau ni électricité, sans chauffage, et bien mal nourris. Ils étaient en quelque sorte logés à la même enseigne que certains de leurs ancêtres venus ici en immigrants.

Toute la misère d'une armée en campagne s'étalait avec ses soldats aussi mal fagotés que nos « pioupious » de 39-40, les bandes molletières en moins. Le soir, tout en ayant l'air de surveiller un hypothétique ennemi venant de la mer, les Italiens chantaient « *Addio piccina dolce amore, ti porterò per sempre in cuore* » (Adieu mon doux petit amour, je te garderai toujours dans mon cœur).

Cantonnées dans les casernes Marbeuf et Saint-Joseph, les Chemises noires et les carabiniers, chers au *Duce,* étaient sans doute beaucoup mieux lotis.

Jusque-là, aucun occupant n'avait foulé le domaine du colonial. On s'ignorait. Or, un beau matin, deux jeunes sous-officiers vinrent frapper à la petite porte, côté mer. L'oncle Sauveur devait s'attendre plus ou moins à cette visite :

– *Buongiorno signore, scusi tanto se disturbiamo* (Bonjour monsieur, veuillez nous excuser de vous déranger).

– *Prego* (je vous en prie), répondit l'oncle en rajustant son béret basque.

Ils demandaient avec déférence si les hommes de la petite garnison voisine pourraient venir s'approvisionner chez nous en eau potable. Sans réfléchir un seul instant, magnanime, le gaulliste donna son accord. Cependant, il montra qu'il restait maître chez lui en y mettant une condition : les soldats viendraient chaque jour à la même heure... et il en fut ainsi.

Le drapeau italien flottait sur certains édifices publics. L'envahisseur n'allait pas tarder à donner le premier tour de vis. Deux mots inconnus allaient entrer dans le langage quotidien : *u copri focu* (le couvre-feu). De neuf heures du soir à six heures du matin, toute circulation était interdite à la ville comme à la campagne. On badigeonna les vitres au Bonalo violet. Des patrouilles en armes se chargèrent de faire respecter l'interdit à coups de *« Alt'o sparo »* (Arrêtez ou je tire), et de *« Luce, luce »* (Eteignez la lumière). Les noctambules étaient prévenus.

Le service de propagande commença à œuvrer. Sur le chemin de l'école, je remarquai un beau matin une inscription peinte à la chaux en lettres énormes. Le mot s'étalait sur toute la largeur du mur des établissements Jobin : *Vinceremo !* (Nous vaincrons !)

Le lendemain matin, écrit sans doute, nuitamment, plus petit mais bien visible, un autre mot soulignant le premier : *Videremu !* (Nous verrons !)

Pom... Pom... Pom... Pom ! Deux séries de percussions annonçaient la radio interdite : « Ici Londres, les Français parlent aux Français. Voici quelques messages personnels », disait une voix anonyme :

– Le cheval bleu se promène sur l'horizon deux fois.

– La pêche à la baleine est un métier dangereux.

– Les filles de Camaret ont bonne réputation.

– Les perdreaux et les pommes frites étaient succulents.

L'oreille collée au Ducretet-Thomson en bois des îles, Sauveur Dané n'en perdait pas une ! Chaque soir, sur le coup de neuf heures, après avoir barricadé portes et fenêtres, ajusté les rideaux, toute la famille se retrouvait autour du poste de radio, dans le salon africain. La voix lointaine de Maurice Schumann, porte-parole de la France libre à la BBC, nous parvenait malgré le brouillage intensif. Une voix qui vous prenait au cœur, qui se glissait en vous, une voix qui sécrétait l'espérance.

Ce qui m'intriguait, alimentait l'imagination de l'enfant que j'étais, c'étaient bien ces étonnants messages diffusés en début d'émission. Pourquoi ce cheval bleu se promenait-il sur l'horizon deux fois ? Qu'est-ce que cela pouvait bien signifier, à qui étaient destinés ces mystérieux messages ?

A quelques stations de là, l'éditorialiste vedette de Radio-Paris, Jean Hérold-Paquis, suppôt du régime de Vichy, de sa voix nasillarde et hargneuse, haranguait les auditeurs sur fond de sirènes hurlantes : « L'Angleterre, comme Carthage, sera détruite. »

– C'est la guerre des ondes ! éructait l'oncle.

Sur l'air de la *Cucaracha,* l'animateur de Radio-Londres répliquait d'un ton ironique : « Radio-Paris ment, Radio-Paris ment, Radio-Paris est allemand ! »

Depuis quelques jours, j'avais remarqué l'absence des deux belles carabines de la panoplie du salon. Sauveur Dané avait sûrement eu vent de l'arrêté de restitution des armes. Prévoyant, il avait pris les devants ! Le précieux colis avait dû être enfoui, avec munitions, par « une nuit sans lune », au pied d'un vieux figuier. En vue d'un long séjour sous terre, les deux Winchester avaient été savamment graissées. Pour donner le change, l'oncle restitua à la préfecture de Bastia un vieux « flingot » de la guerre de 14-18 qui traînait au grenier. L'ingénieux Palmiro l'avait au préalable définitivement mis hors d'usage, en sciant tout bonnement le percuteur.

Quand, timidement, je fis remarquer à tante Laura l'absence des deux armes, elle me regarda, me sourit malicieusement et, en guise de réponse, posa son index à la verticale sur ses lèvres : je compris tout.

Les vacances de fin d'année arrivèrent. Après ces presque trois mois d'exil doré en terre bastiaise, j'allais enfin retrouver ma mère. Je me précipitai dans l'autobus rouge, direction Querciolo.

L'occupant avait quadrillé la Casinca. L'antique terre des révoltes était désormais sous haute surveillance. Chaque village avait eu droit à sa garnison de carabiniers ou de bersagliers. Trois sections de Chemises noires avaient investi Vescovato, le chef-lieu de canton. A la tête des milices fascistes, un exalté de première, un fou furieux : le capitaine Barberino régnait ici en maître absolu, provoquait, terrifiait le village. On ne comptait plus les brimades, les perquisitions et les interrogatoires parfois musclés. On raconte encore comment un vieux cultivateur fut un jour insulté, jeté à terre, seulement parce qu'il arborait une ceinture en flanelle rouge. Dans leur aveuglement, les fascistes avaient cru qu'il était communiste, alors que, tout simplement, il portait le costume traditionnel.

Chaque matin *il signor capitano Barberino* exaltait ses Chemises noires. Rassemblées sur la place de la fontaine à l'Aigle, les sections miliciennes, armées et casquées, se tenaient au garde-à-vous. Personne ne bronchait. Habitués à ce manège grotesque, les habitants évitaient la place :

« Di chi è questa terra ? » (A qui est cette terre ?) vociférait le Barberino. *« A noi »* (à nous), répondaient en chœur les fascistes.

Toute de noir vêtue, un fagot de bruyère sèche en équilibre sur sa tête, la vieille Maria-Catalina traversa la place. Arrivée à hauteur du rassemblement, elle s'arrêta à deux pas de l'officier, le regarda bien dans les yeux et, en réponse à la question rituelle que celui-ci venait de poser à ses hommes, lui lança d'une voix ferme : *« Portatila sta terra ! »* (Emporte-la avec toi cette terre !), et continua tranquillement sa route.

Surpris par tant d'audace, cette terreur de Vescovato ne sut que répondre. Quelques mois plus tard, à l'heure des règlements de comptes, les hommes de la Résistance s'occupèrent comme il se doit du redoutable Barberino.

L'ancien haut magistrat à la Cour de cassation était on ne peut plus indigné par les manières vraiment peu orthodoxes et inacceptables de ces « macaronis », *issi Lucchisacci,* qui avaient osé investir son auguste demeure... A la retraite depuis de longues années déjà, ayant toujours vécu à Paris, il avait peu de relations avec les gens du village. Vieux célibataire, il vivait seul dans cette immense maison entretenue par une gouvernante qui avait dû être jeune.

Le jour où les Italiens débarquèrent chez lui, il essaya bien de s'opposer à cette intrusion, menaça la troupe de sa canne, appela à l'aide, jura même qu'il allait écrire à Mussolini pour se plaindre des agissements de ses carabiniers ! Rien n'y fit, l'occupant prit possession des lieux. Dans leur cadre en bois, les ancêtres galonnés, décorés, assistèrent impuissants, à cette scène humiliante. Le dernier de la lignée était chassé du grand salon, relégué au grenier comme un simple serviteur...

Dans ces grandes maisons seigneuriales, les greniers étaient situés sous de hautes charpentes. Confortables et bien aérées, plusieurs pièces aménagées alignaient d'imposants fourneaux en tomettes rouges, des potagers à légumes, des placards remplis de provisions, des séchoirs à linge... Ici, autrefois logeait le personnel. Un petit escalier donnait accès à une terrasse sur le toit (qui s'appelait, je crois, *l'altana*), une sorte d'observatoire d'où l'on découvrait toutes les propriétés, tous les biens de l'illustre famille qui s'étendaient alors jusqu'à la mer.

Cloîtré, le *sgiò* passait de longues heures sur cette terrasse à invectiver les indésirables « locataires ». Le plus navrant, le croirez-vous, ils ne se donnaient même pas la peine de répondre à ce vieux fou *(quel vecchio pazzo)* devenu gâteux et radoteur.

Une troupe de motos pétaradantes traversa la place de l'Annonciade à toute allure. Les bersagliers patrouillaient. A chaque heure de la journée, le ballet des Guzzi sillonnait les routes de la Casinca, ballet de triporteurs sur fond d'occupation italienne, ballet désordonné et bien trop bruyant qui, mis à part les poules et les ânes, n'effrayait plus personne. Si l'opération visait à impressionner l'habitant, c'était loupé encore une fois.

Assis sur la margelle de la chapelle Saint-Antoine, les vieux et les retraités observaient tranquillement le manège, refaisaient le monde en se grattant le bas de la nuque, commentaient le « vire-vire ».

– *Avà, collanu torna !* (Ils remontent à nouveau !)

– *Avà rifalanu.* (Ils redescendent), répondait un autre, quelques instants après.

Certains s'amusaient à compter les motos tandis que d'autres s'en moquaient comme de leur première chemise.

Quelques jours après le début des vacances, je rendis visite à ma grand-mère. Elle voulut que je reste auprès d'elle, que je dorme au village. Ce soir-là, le clair de lune donnait aux ruelles désertes et sombres un aspect étrange. A part le chuchotement de la fontaine toute proche, rien ne bruissait. Après le couvre-feu, le bruit des bottes à talons ferrés des carabiniers martelait fortement les pavés à l'ancienne.

En colonne par deux, la patrouille avançait à pas mesurés, l'œil aux aguets, sur ses gardes. A certains endroits, la hauteur des maisons amplifiait l'ordre lancé à haute voix : *Luce !* (Lumière !) Quand le martèlement s'éloigna, j'ouvris doucement la fenêtre, et soulevai l'abattant à claire-voie de la persienne. L'image insolite d'un village sous contrôle s'offrit à mes yeux d'enfant. Vus de dos, ces soldats aux longues pèlerines grises, armés et casqués, étaient encore plus impressionnants.

L'école avait repris, j'étais à nouveau loin de ma mère qui ne m'oubliait jamais. Prélevés de la fournée, deux ou trois pains, du fromage, des œufs frais et autres bonnes choses introuvables à la ville partaient chaque lundi matin vers Bassanese par le premier autobus. Le chauffeur veillait sur le précieux colis. Zia Maria ou Palmiro allaient le récupérer « en douce » à l'arrêt de chez Vinci.

Cet hiver 1943 s'annonçait des plus rudes. Transies de froid, les ménagères aux cabas désespérément vides battaient la semelle, agglutinées sur les trottoirs pendant des heures, pour un kilo de rutabagas. La ration quotidienne de pain était au plus bas : pour chacun, cent vingt-cinq grammes. Bastia avait faim et le marché noir fleurissait. Certaines marchandises, savon, café, sucre, se négociaient à prix d'or, on courtisait les non-fumeurs. Les trafiquants faisaient grimper les enchères et le paquet de « Job », « Kentuky » ou « Djalma », atteignait des records.

La venue des Italiens avait remis la pratique du bon vieux troc au goût du jour.

Le sac de farine de châtaigne était arrivé à bon port. Le marchand de chaussures l'avait réceptionné et « planqué » au fond de sa remise comme un trésor. Manne des temps difficiles, le fruit de « l'arbre à pain » allait me sauver la mise, m'éviter de porter des galoches.

Quelques jours auparavant, mon grand-père le meunier avait fait le voyage jusqu'à Bastia. Il n'était pas tombé de la dernière pluie, Babbone Francescu. L'ancien colporteur savait toujours où il allait. Lorsque ma mère lui avait fait savoir que j'avais besoin d'une paire de chaussures, il avait confié pour quelques heures le moulin à ma grand-mère et s'était mis en route illico. La voiture à gazogène d'un ami le déposa au coin de la rue Napoléon. M. Cohen le reçut dans l'arrière-boutique. En peu de mots, le marché fut conclu : chez les séfarades, on n'a qu'une parole ! Mes nouvelles chaussures m'attendaient.

Peu de temps après, Albert Cohen fut arrêté. Il suffit de quelques jours aux carabiniers pour rafler tous les juifs, aussi bien en ville que dans les villages. Procédure inhabituelle pour l'époque, seuls les hommes furent emprisonnés. Regroupés dans un premier temps à la caserne Marbeuf, et toujours sous la garde des Italiens, ils furent transférés à Asco et enfermés dans l'école communale.

– Nous étions à peu près quatre-vingts. Nos gardiens nous traitaient tout à fait convenablement. Nous avions droit à des heures de sortie en promenade. Certains d'entre nous effectuaient même de petits travaux pour l'habitant et la famille pouvait nous rendre visite une fois par semaine ! A Drancy, nos « frères » n'eurent pas notre chance..., me dira l'un d'eux.

Selon les témoignages, il apparaît aujourd'hui qu'en les raflant, en les planquant pour ainsi dire dans ce village de montagne, les Italiens, considérant qu'ils étaient leurs administrés, avaient soustrait les juifs corses aux Allemands et à la police de Vichy et, ainsi, les avaient, peut-être volontairement, sauvés de la déportation.

Il est bon de dire que sur l'Île le port de l'étoile jaune n'a jamais eu cours pendant l'Occupation.

Bastia était sous tutelle, la guerre apportait son lot de misère. Comme toujours en pareille circonstance, quelques aigrefins, des trafiquants, des collabos affairistes allaient tirer profit de la situation. De nouvelles perspectives s'ouvraient pour les « protecteurs » des deux maisons closes ayant pignon sur rue, la Villa Jeannette, située juste au-dessus de la gare, et le Chat Noir, rue Droite, dans la vieille ville. La troupe, c'est-à-dire quelques milliers de soldats stationnés dans les campements alentour, avait, c'est humain, besoin d'un peu d'affection.

Les deux lupanars allaient connaître une ère de prospérité jamais égalée. *Un' America !* me disait, il n'y a pas si longtemps un vieux voyou bastiais ; et de m'expliquer que, devant l'affluence grandissante de cette nouvelle clientèle, les mères maquerelles se rendirent d'urgence à Marseille et à Nice en vue de recruter de nouvelles pensionnaires. Des filles triées sur le volet, pas des débutantes, uniquement des spécialistes aguerries au travail en « maison ».

Le haut de la vieille rue Droite n'avait sans doute jamais connu une animation semblable. Tapie derrière les jalousies mi-closes, Gracieuse, une ancienne revendeuse du marché n'en revenait pas. Seul le couvre-feu pouvait interrompre cette intense activité.

Avant de fermer la parenthèse, de classer ce souvenir parmi tant d'autres, je revois cette scène à la fois touchante et drôle : un jeune soldat sortant du Chat Noir, le visage épanoui, portait au front, sans le savoir, l'empreinte de lèvres rouges et, ignorant qu'il était à l'origine de l'hilarité de ses camarades, sans savoir pourquoi, se mit à son tour à rigoler de plus belle.

Fidèle auditeur de Radio-Londres, l'oncle Sauveur avait l'air d'être au courant de pas mal de choses. Faisait-il partie d'un réseau de la Résistance ? Je ne sais pas. Peut-être...

Depuis l'arrivée des Italiens, des gens venaient souvent le voir. Ils s'enfermaient de longs moments dans une pièce du rez-de-chaussée. De quoi pouvaient-ils bien parler ? Des bruits inquiétants circulaient. On entendait parler de résistance, d'hommes qui avaient pris le maquis, d'arrestations arbitraires, de chemises tachées de sang. A la caserne Marbeuf, un militant communiste aurait subi la torture avant d'être déporté vers l'Italie. Je crois qu'il s'appelait Emile Reboli. L'OVRA, la police politique italienne, dont les méthodes étaient aussi cruelles que celles de la Gestapo, l'avait arrêté, disait-on, au café de l'Ombrage. En entendant de telles choses, je pensais à mon père... Aurait-il subi le même sort s'il était encore parmi nous ?

La résistance à l'envahisseur parcourt notre histoire comme un fil rouge. Tel un fleuve jamais tari, la mémoire populaire charrie cette quête multiséculaire et les hommes emboîtent le pas à la légende.

Ils iront de Pertusato à Ersa, des monts de l'Alta Rocca à la haute vallée du Niolo, ils iront sur les sentiers de la Castagniccia, offrir leur vie pour un avenir meilleur. Au fil des mois une poignée de combattants deviendra l'avant-garde de l'armée des maquisards corses et trouvera les armes nécessaires.

La solidarité antifasciste va se frayer un chemin jusque dans les brumes de la mer d'où surgira, rescapé de Toulon, un sous-marin. Un mystérieux sous-marin qui, avant d'entrer dans la légende, enflammera mon imagination, nourrira tous mes fantasmes d'enfant. Je me voyais marin, ou même officier, quelque chose comme lieutenant de vaisseau ou capitaine de corvette, avec un bel uniforme bleu marine à boutons dorés, naviguant à la boussole, au hasard des fonds marins, livrant bataille aux côtés du commandant L'Herminier.

Une nuit, venant d'Alger pour la première fois, *Le Casabianca*, nom du jeune héros d'Aboukir, déposa sur une plage, du côté de Piana, trois ou quatre combattants de l'ombre, armés et équipés d'un précieux poste émetteur. Un brave curé, qui revenait de dire la messe au village voisin, les guida à travers le maquis et les mit en lieu sûr.

Je ne sais comment l'oncle Sauveur apprit qu'un officier venu de Londres, avec pour mission d'organiser ici la Résistance, s'était donné la mort dans une cellule de la citadelle d'Ajaccio. Sauvagement torturé pendant de longues heures, le valeureux chef de mission aux multiples pseudonymes : Sarment, François Grimaldi, Severi... ne dira pas un seul mot, ne crachera aucun nom, rien ! Ce comportement inattendu eut pour effet de mettre en rogne les bourreaux de l'OVRA, proprement estomaqués par le courage du prisonnier. Rendu pour quelques heures à la solitude de son cachot avant un nouvel interrogatoire, il griffonna péniblement ces quelques mots : « Je n'ai pas parlé, vive de Gaulle, vive la France. 19 mars 1943 », et réussit à se donner la mort pour ne pas trahir ses secrets.

Pour les tortionnaires, il s'agissait du capitaine François Edmond Severi, un personnage de la plus haute importance. Enveloppé dans une vieille couverture, le corps du supplicié fut déposé dans la fosse commune du cimetière d'Ajaccio. La seule personne à connaître la véritable identité de l'officier était le général de Gaulle ! Six mois plus tard, au lendemain de la Libération, lors de sa première visite en Corse, début octobre 1943, le Général, après avoir ordonné une autopsie, révéla le nom du martyr de la vieille citadelle génoise : le capitaine Fred Scamaroni. Il lui rendit hommage en rappelant que le jeune officier avait été le premier Corse à le rejoindre à Londres en juin 1940. C'est à ce moment que la mère et les deux sœurs de Fred Scamaroni apprirent la mort de celui dont elles n'avaient plus de nouvelles depuis de longs mois.

Le Général leur écrira le 16 mars 1948 : « A la mémoire de Fred Scamaroni, combattant exemplaire, esprit libre et cœur fort, mort pour la France et vainqueur pour elle, en souvenir et en témoignage de son compagnon. Charles de Gaulle. »

Mort pour la liberté, à quelques pas de la maison de ses ancêtres où il était né ! Aujourd'hui, le sinistre cachot est encore là, le bat-flanc du sacrifice et les barreaux gardent leur secret.

L'affaire fit grand bruit ! Répercutée par les « Oh mon Dieu » des femmes, la nouvelle fit le tour de la ville à la vitesse grand V : « Un groupe de tout jeunes résistants venait d'attaquer à la grenade le PC de la marine italienne, place Saint-Nicolas ! » Descendue du quartier Saint-Joseph à une allure vertigineuse, la rumeur s'insinua par le trou de la serrure et vint se poser dans un coin de la cour de l'école réservé aux inconditionnels du « patois ». Le nom du héros du jour fut aussitôt sur nos lèvres : Andreï. C'est tout ce que nous savions. Le prénom avait dû se perdre en route.

La scène de l'attaque fut aussitôt reconstituée dans le détail, commentée à mi-voix, gestes à l'appui : arrêtée par le grillage d'une fenêtre de la salle de garde, la première grenade était retombée sur le trottoir et avait roulé jusqu'au pied de notre fou de liberté. Faisant preuve d'un étonnant sang-froid, il s'était alors emparé de l'engin dégoupillé, prêt à exploser, et l'avait glissé sous le grillage. La quadrillée avait éclaté avant de toucher terre, semant la panique dans le poste, blessant, tuant peut-être, on ne savait pas...

Lorsqu'en fin de matinée j'arrivai à Bassanese, la nouvelle m'avait largement devancé. Avant de retourner arroser ses tomates, l'oncle Sauveur lança d'un air entendu : « Ça commence à chauffer ! »

En effet, alors que des résistants étaient réunis dans l'arrière-salle de la Brasserie Nouvelle à Ajaccio, les carabiniers, sans doute bien renseignés, firent irruption dans l'établissement où la fusillade éclata aussitôt. Il y eut des morts et des blessés de part et d'autre. André Giusti fut tué, et Jules Mondoloni, grièvement blessé, fait prisonnier. Le coup était rude pour le Front national de libération.

La nuit suivante, un homme réussit, on ne sait comment, à s'introduire dans l'hospice Sainte-Eugénie, pourtant bien gardé, où Mondoloni luttait contre la mort. Un pâle sourire illumina le visage du moribond. Le front inondé de sueur, il trouva à peine la force de dire à son visiteur et ami de toujours, qui n'était autre que Jean Nicoli : *« Ùn'aghju dittu niente ! »* (Je n'ai pas parlé.) Le téméraire Jean Nicoli ignorait sans doute à cet instant que le temps de la lutte lui était compté. Les redoutables filets de l'OVRA commençaient à se resserrer sur lui.

En représailles aux coups de feu de la Brasserie Nouvelle, les Italiens lancèrent une vaste rafle à Petreto-Bicchisano, village de Mondoloni. Une quarantaine de patriotes furent arrêtés. La plupart d'entre eux prirent le chemin de la déportation vers l'île d'Elbe et l'Italie. Parmi ces hommes, il y avait un tout jeune résistant : Charles Bonafedi, dix-sept ans à peine. Ainsi commença pour l'adolescent une balade tragique, de cachot en cellule, de camp de détention en prison, à travers l'Europe occupée. Plus aucune nouvelle de lui ne parviendra au village. Le terrible silence va durer longtemps. Au long des jours et des mois, le front collé aux vitres comme les veilleurs de chagrin, une mère attendra vainement le moindre signe de son fils, disparu, comme volatilisé dans la tourmente.

Plus d'un an après, enfin, une lettre arriva : *« Hè vivu ! »* (Mon fils est vivant !) On verra cette femme, qui s'attendait peut-être à prendre le deuil, aller de porte en porte, en pleurant de joie, avec sa lettre à la main, annonçant la bonne nouvelle aux voisins, aux parents, répétant inlassablement : *« Hè vivu ! hè vivu. »*

L'enveloppe était fatiguée, couverte de cachets faisant foi de son long parcours :

> « Mes très chers parents, je vous écris à tout hasard car je ne sais si ma lettre vous parviendra. Demain à deux heures de l'après-midi, je pars... Ici, une seule ressource s'offre à moi. Ne pouvant combattre aux côtés des Français, je vais rejoindre les patriotes slaves. Si vous restez longtemps sans nouvelles de moi, ne désespérez pas car, s'il m'arrivait malheur, vous seriez prévenus. Mais si cela arrivait, ne pleurez pas ! Je serais mort en essayant de faire mon devoir. Maman, sois courageuse comme j'essaie de l'être en ce moment... Si vous recevez la nouvelle de ma mort, plantez une croix à côté de la tombe de Jules Mondoloni. Je vous embrasse de tout mon cœur. Votre fils qui pensera toujours à vous. Charlot. »

Après cette lettre, le silence va s'installer à nouveau.

Dans la cour, toujours en cachette de Mlle Vinciguerra, on se racontait en corse les exploits d'un maquisard surnommé *Ribellu* (le rebelle) dont la témérité faisait notre admiration.

L'année scolaire touchait à sa fin. Depuis quelque temps, notre maîtresse avait changé. Une certaine lassitude se lisait parfois sur son visage. Elle était moins coquette et moins intransigeante sur bien des choses. Mes relations avec elle n'avaient cessé d'être conflictuelles, toujours pour la même raison. Les coups de règle n'avaient rien changé. De ce point de vue, j'étais sans nul doute le *recordman* de la classe. Malgré l'incessant conflit, mes résultats scolaires avaient toujours été nettement au-dessus de la moyenne. Je n'avais jamais été le meilleur, c'est vrai, mais toujours dans les premiers. A la grande joie de mes tantes, et surtout de ma mère, je fus reçu au certificat d'études.

Nous étions à la veille des grandes vacances. La maîtresse me retint auprès d'elle après la sortie de mes camarades. A première vue, je pensai qu'elle voulait peut-être me faire goûter aux derniers coups de règle de la saison, ou bien m'en offrir une petite provision pour les jours à venir.

Au ton qu'elle employa, je compris qu'il n'en était rien. Pour une fois, j'étais injuste et mal-pensant à son égard. J'avoue qu'avec mes entêtements, ma « corsitude » aiguë et mon caractère impossible, je ne lui avais pas rendu la tâche facile. En fait, nous nous ressemblions, nous étions tous deux corses à mille pour cent, avec tout ce que cela comporte.

Chaque fois qu'elle m'avait dit : « Approche-toi, Louis », je savais ce qu'il me restait à faire. Aujourd'hui, pas de doigts de la main droite à réunir, je n'avais aucune crainte. Le ton employé était différent, plus aimable, presque maternel. On se regarda d'un air entendu. J'eus l'impression que, pour la première fois, une certaine complicité s'installait entre nous deux. Sa main droite, celle de la fameuse chevalière qui m'avait quelquefois caressé le haut du crâne, se posa doucement sur mes cheveux : « Je suis contente de toi, Louis, je regrette seulement que tu sois resté bavard », dit-elle doucement en me donnant un baiser sur la joue. Nous étions réconciliés, un peu tard il est vrai. J'en étais tout ému. Je savais qu'on ne se reverrait peut-être pas. Mes études étaient terminées et ma mère avait besoin de moi.

De nombreuses années plus tard, lors d'une visite à

Bassanese, je demandai de ses nouvelles à la tante Maria. Elle me regarda un peu confuse, baissa légèrement les yeux, et me dit : « Nous l'avons enterrée il y a quelques jours. » Cette nouvelle m'attrista. Depuis notre dernière rencontre, j'avais gardé d'elle un souvenir touchant. En fait Mlle Vinciguerra m'avait appris le peu que je sais ; elle m'avait surtout appris à apprendre, elle avait à coup sûr déclenché en moi le goût de la réflexion qui allait influencer mon attitude face à la vie. Elle m'avait aussi permis d'envisager une autre existence que celle d'un cultivateur soumise aux lois des intempéries et des possédants.

A la limite de la Casinca et de l'Ampugnani, sous le couvert de l'immense châtaigneraie, se perdent quelque part dans le maquis les grottes, refuge de la Résistance. Ici furent tirés à des milliers d'exemplaires des appels au combat qui allaient répandre à travers toute l'Ile les armes de la conviction populaire (tract du 1er mai 1943 : « La libération de la Corse sera l'œuvre du peuple corse lui-même »). Tracts et journaux seront acheminés sur Bastia sous la forme d'innocents colis aux prisonniers. Motivés et efficaces, les cheminots du Front natonal de libération se chargeront de les répartir dans tous les villages qui bordent la ligne du chemin de fer.

Au fond de sa grotte, gardée nuit et jour par des guetteurs aux yeux d'aigle, l'ingénieux Nello Pedini, un Italien antifasciste, fait des prouesses sur une vieille Gestetner dérobée pièce par pièce à ses compatriotes. Réfugiés au maquis ou abrités dans nos villes, les combattants de l'ombre sont protégés et soutenus par les mille réseaux de l'action populaire et de la solidarité. Des jeunes gens, des enfants parfois, participent aux formes les plus diverses de la lutte. Les femmes assurent le ravitaillement et les livraisons nécessaires, souvent dangereuses. Leur corsage recèle quelquefois de drôles de billets d'amour.

Des armes qui tombaient du ciel allaient à nouveau exalter mon imagination fébrile. Dans la nuit chaude et opaque de juillet, le bimoteur tous feux éteints survola la montagne Sant'Anghjuli à haute altitude. Bourré de containers prêts à être largués, l'appareil venait de la lointaine Angleterre apporter aide et réconfort aux patriotes corses. Il me semble l'entendre quelquefois ce vrombissement nocturne reconnaissable et devenu presque familier.

La veille, François Vittori, responsable militaire de la Résistance, avait dû capter le message de Radio-Londres qui confirmait le parachutage. En tant que chef, il serait présent sur le terrain, en première ligne. Bien après la nuit tombée, la caravane de mulets et d'ânes bâtés, munis de solides cordes en poil de chèvre et les grelots bourrés de fougères, se mettrait en route. Deux à trois heures de marche à travers la montagne seraient nécessaires pour arriver à San-Bartulu. Le guide, un vieux chevrier, connaissait chaque sentier, chaque raccourci comme sa poche.

Au premier passage à basse altitude du Dakota, le fagot de bruyères s'enflammerait. J'imaginais alors la joie de ces hommes, les yeux levés au ciel. Ces hommes qui voyaient soudain dans la nuit sombre des corolles blanches éclore. Je croyais voir Dominique Vincetti et Bébé Arrighi, agiles et nerveux, se précipiter vers les précieux cylindres tombés du ciel comme une manne, plier en toute hâte les soyeux parachutes.

Une belle moisson de Sten toutes neuves, prêtes à l'emploi, des munitions, des vivres, des chaussures même, et je rêvais du retour de ces hommes, par d'autres sentiers secrets, jusqu'aux grottes sombres et sûres, l'espoir de la délivrance au cœur.

Vestige de la lutte antifasciste, un vieux container anglais trônait il n'y a pas si longtemps encore sur la terrasse d'un petit bistrot de Silvareccio. Largué d'un avion une nuit d'août 43, il avait depuis perdu son âme et sa vocation, « grandeur et décadence d'un container de la Seconde Guerre mondiale » : *ghjuvava*, il servait tout bonnement de support à un pot de géraniums.

Lorsqu'un jour un ami journaliste à *Corse-Matin* demanda à l'ancien maquisard ce que contenait à l'origine le fameux cylindre tombé du ciel, Bébé, après s'être fait prier, finit tout de même par lâcher le morceau : « Le nerf de la guerre ! » dit-il.

Ainsi, les containers n'ont pas fini au musée de la Résistance, et les parachutes se sont retrouvés dans l'antichambre des couturières. Les armes, par contre, ont été précieusement conservées en souvenir. Ceux qui les avaient utilisées ne pouvaient envisager un seul instant de les restituer. Et puis on ne sait jamais, en Corse...

Le fringant colonel des Chemises noires quittait rarement son bureau du palais des gouverneurs, dans le vieux quartier de Terra Nova, où était cantonné son bataillon. Ni son adjoint ni les autres officiers qui servaient sous ses ordres ne savaient rien de lui, il les fréquentait peu. Gianni Canioni était apparemment un homme plutôt solitaire, mais tout de même très bien informé. Il connaissait parfaitement l'organigramme de la Résistance. Rien d'étonnant à cela me direz-vous, l'objectif premier des milices n'était-il pas de pourchasser les patriotes, et en particulier les rouges ? Y avait-il une autre raison à l'intérêt qu'il portait depuis sa venue en Corse aux chefs de la Résistance ? Sans doute. En effet, depuis quelque temps déjà il tentait, par le biais d'un intermédiaire, d'entrer en contact avec *il capo dei patrioti,* le chef des patriotes Paul Colonna d'Istria ; l'étonnante requête avait à la fois surpris et hautement intéressé ce dernier. Il est vrai qu'en temps de guerre, tout peut arriver. Quels desseins poursuivait ce Gianni Canioni ? Qu'avait-il donc en tête ? On le saurait bientôt.

L'intermédiaire fit savoir au colonel que la Résistance acceptait l'offre. Le rendez-vous fut fixé, tel jour, telle heure, à tel endroit. En l'absence de Paul Colonna d'Istria retenu à Alger, il rencontrera le responsable politique, Arthur Giovoni.

Au jour dit, le colonel quitta son bureau, franchit la porte Louis XVI de la vieille citadelle et se dirigea à pied vers le boulevard Auguste-Gaudin tout proche. A hauteur du numéro 30, sans aucune hésitation, l'officier poussa la porte du tabac Gambotti. Mis dans le secret de l'entrevue, le patron, un militant communiste, servit à la hâte le dernier client et, sans dire un mot, fit passer Gianni Canioni dans l'arrière-salle. Après avoir pris toutes les précautions, Arthur Giovoni entra à son tour. L'incroyable rencontre allait avoir lieu sans témoins. Assis à la même table, un colonel des Chemises noires et un chef de la Résistance ! Cela ne s'était sans doute produit nulle part ailleurs.

D'un ton calme, sans aucune animosité dans la voix, le professeur Arthur Giovoni lui dit :

– Je vous écoute, mon colonel.

Dans un français presque impeccable, teinté d'un bel accent italien, il raconta son étonnante histoire. En préambule, il affirma que malgré son uniforme, son grade et le corps auquel il appartenait, il était viscéralement antifasciste.

– Pour ses idées libérales, mon père, sénateur républicain, a passé de longues années en prison. Puis mon tour est venu. J'étais alors capitaine dans l'armée de terre. Pour avoir tenu quelques propos antifascistes, on me jeta en prison. Trois années après, des officiers fascistes sont venus me voir et m'ont mis le marché en main. Leur proposition était des plus infamantes et des plus lâches. Si j'acceptais de servir dans les Chemises noires, je serais libéré sur-le-champ et nommé commandant. Si je refusais, je serais exécuté séance tenante. J'avais une demi-heure pour me décider. J'acceptai l'offre, espérant qu'un jour, je pourrais prendre ma revanche. Ce jour est peut-être arrivé. Voilà, je suis prêt à aider la Résistance ! Je peux vous fournir d'ici peu tous les plans stratégiques des armées italienne et allemande en Corse. Je n'ai qu'une parole.

Il livra les noms de quelques collabos et avertit Giovoni que deux patriotes étaient « brûlés » et devaient disparaître au plus vite.

Lorsque Arthur Giovoni me raconta cette étonnante histoire, le temps avait passé. L'école de Lupino et la guerre étaient bien loin. C'était en 1989, je travaillais alors sur un spectacle consacré aux chants de la liberté. L'ancien responsable politique de la Résistance se souvenait combien le témoignage et la forte personnalité du colonel Canioni l'avaient impressionné. Un homme courageux qui, au péril de sa vie, n'avait pas hésité à parler et agir contre un fascisme encore debout, allant même jusqu'à transporter dans sa propre voiture certains responsables de la Résistance.

Au début du mois de septembre 1943, il leur remit un document de trois cent quarante pages revêtant la plus haute importance pour les Alliés. Quelques jours après, Giovoni s'embarquait à bord du sous-marin *Casabianca* à Capo-di-Feno (près d'Ajaccio), venu d'Alger pour récupérer l'inestimable dossier.

A la fin de l'entretien, je demandai :

– Savez-vous ce qu'est devenu Gianni Canioni ?

– Selon certains, les fascistes l'auraient abattu dès son retour en Italie, alors que d'autres prétendent qu'il coule une retraite bienheureuse dans sa Toscane natale, ou qu'il serait mort presque fou dans un asile de la banlieue romaine...

« In tempu di guerra, bucie quant'è terra ! » (En temps de guerre, le mensonge est partout sur terre !)

La Casinca était sous le signe du Lion. Les grandes chaleurs de la fin juillet attisaient un peu plus le feu qui depuis le printemps couvait sous la cendre. Les rafales de Sten et de fusil-mitrailleur crépitaient dans le maquis, accompagnant les chants de travail dans la plaine. La Résistance affûtait ses armes. Presque au nez et à la barbe des Italiens, les jeunes patriotes s'entraînaient au coup de feu, se faisaient la main en vue des prochaines embuscades.

Benito Mussolini, l'homme qui voulait « la cage sans les oiseaux », est à terre, destitué et trahi par les siens. Le terrible mois d'août est là. Du nord au sud, l'OVRA multiplie les arrestations. Les salves du peloton d'exécution viennent d'abattre Denis Griffi et ses camarades. L'aube de l'insurrection est proche.

Dans les cachots de la caserne Marbeuf, Jean Nicoli et ses proches s'apprêtent à affronter les tribunaux fascistes. Nicoli le rebelle sera condamné à mort et enterré en cachette, quelque part dans la région bastiaise, où ses enfants retrouveront son corps, tête tranchée par les poignards des Chemises noires : « Il leur fallait ne plus entendre, faire taire enfin cette voix, égorger ce combattant debout que nous imaginions tel que nous l'avions connu, leur crachant au visage son amour d'une Corse libre et indomptable », dira son compagnon de lutte, Léo Micheli.

La veille de sa mort, il écrivait à ses enfants ces quelques mots griffonnés à la hâte sur l'emballage d'un paquet de « bleues » : « Vous porterez pour tout deuil un œillet rouge et la tête de Maure, je meurs pour notre Corse et pour mon parti. »

9 septembre 1943 ! Au lendemain de la capitulation de l'armée italienne, le matin de la liberté s'est levé. A Ajaccio, le Front national de libération décrète l'insurrection, la Corse se soulève, toutes les cloches carillonnent du Cap à Bonifacio.

Je me revois, tout essoufflé, excité au possible, sur le seuil du presbytère où j'étais allé demander à monsieur le curé la clé de l'église. Vieillissant et un peu dur d'oreille, le saint homme ne semblait pas connaître l'heureuse nouvelle, c'est moi qui la lui appris et il me remit aussitôt la clé avec joie. Fortement agrippés, à deux ou trois, nous tirions de toutes nos forces sur la longue corde pour faire sonner à toute volée la cloche majeure. Entraînés par son poids, nous décollions de terre à chaque battement dans un éclat de rire irrésistible, les oreilles bourdonnantes.

En attendant l'entrée en scène du « bataillon de choc » et des troupes venues d'Afrique, avec l'aide des soldats italiens ralliés, les patriotes s'opposèrent aux troupes hitlériennes, aux blindés, aux SS.

Combattants indissociables, ils formaient l'armée sans uniforme des volontaires de la liberté, c'étaient les maquisards. Tous ces obscurs, ces sans-grade, allaient également, dans cette aurore de septembre 1943, faire retentir très haut, comme un signal prémonitoire de la délivrance, un nom d'espoir. Le nom égaré d'une petite île qui, en fait, allait étonner le monde en décidant, sans demander à personne la permission, de s'insurger et, dans la stupeur générale, venir à bout de la puissance d'un fascisme encore debout et meurtrier.

Venus sournoisement du sud, les blindés allemands déferlaient sur la côte orientale. Chenilles collées à la Nationale, impressionnants à faire peur, les Tigres de la Panzer Division avançaient en colonnes serrées. Dans leur tenue de combat verdâtre, la jugulaire ajustée, le doigt sur la détente, les grenadiers au port hiératique ressemblaient bien à ce qu'ils étaient, des conquérants déterminés, inattaquables, invincibles... et pourtant !

Déjà le bruit de la canonnade nous parvenait, du côté de Casamozza, la bataille devait être engagée. Notre mère pensa qu'il n'était pas prudent de rester ici. A la tombée de la nuit, après nous être occupés des bêtes, nous avons fermé la maison et déguerpi au plus vite. Le sentier muletier nous rassura, le maquis semblait nous protéger. A mi-chemin du village, là où le raccourci surplombe la plaine, l'hallucinant spectacle de la guerre allait nous subjuguer. Une sorte de son et lumière grandiose et diabolique. Du jamais-vu. Des plus légères aux plus lourdes, les armes parlaient toutes à la fois. Parfois, des explosions en chaîne embrasaient le ciel, sans doute des dépôts de munitions ou de carburant qui sautaient. Nous étions tous là, plantés au bord du chemin, comme fascinés, à tel point que notre mère, qui elle ne rêvait pas, avait du mal à nous faire avancer.

A notre arrivée, Venzolasca était en ébullition. Le bruit courait que les Allemands, en représailles aux attaques des patriotes, allaient pilonner certains villages, depuis la plaine.

Nous avons trouvé refuge dans les caves de la maison Cipriani, exposée côté montagne. En prévision d'une longue nuit, les réfugiés d'un soir n'étaient pas venus les mains vides, malgré la pénurie. Ça mangeait, ça buvait, ça discutaillait comme à la veillée. Une vraie soirée de retrouvailles où chacun y allait de ses souvenirs. La guerre était momentanément oubliée. Je me souviens avoir dormi en chien de fusil sur un grand sac de blé.

Finalement, aucun obus ne tomba sur le village. Au matin, les armes s'étaient tues. La plaine avait retrouvé un semblant de calme. En attendant la prochaine bataille, les guerriers pouvaient, de part et d'autre, redevenir de simples hommes. Il nous fallait redescendre au plus tôt, les bêtes nous attendaient.

Mamma avait confié, pour la journée, les plus petits à ma grand-mère Madeleine. Au lever du jour, nous reprîmes le sentier de la plaine. En passant devant la chapelle San-Bastianu, ma mère, comme toujours, se signa. En cette belle matinée de septembre, l'air n'était que douceur. La mer Tyrrhénienne ressemblait à un vaste lac d'argent d'où émergeait, nimbée de brume, l'île d'Elbe. La nature semblait tout à fait indifférente aux turbulences voulues par les hommes.

L'écho d'une longue rafale de mitrailleuse lourde troua le silence du maquis. Etait-ce le signal de la reprise ? Venant du nord, à très haute altitude, une escadrille de bombardiers alliés déclencha la riposte des batteries allemandes disséminées dans la plaine. Une ou deux secondes après chaque tir, tel un jeu vidéo avant l'heure, un petit nuage blanc naissait dans le ciel pur. Apparemment, aucun avion ne fut touché, la puissante escadrille continua sa route comme si de rien n'était.

Au bas du raccourci, une drôle de surprise nous attendait. Des Allemands avaient occupé notre maison. Portes et fenêtres étaient ouvertes, une grande animation régnait. Nous entrâmes par le portail, côté plaine. Un invraisemblable fatras de guerre encombrait la cour : une automitrailleuse, un camion, des caisses de munitions et de grenades, des boîtes de vivres, des couvertures. Eparpillés çà et là, des fusils, des mitraillettes posées sur les paquetages et des soldats partout. Certains nettoyaient leur arme, d'autres se débarbouillaient à la fontaine.

Lorsqu'un officier apparut à la fenêtre de sa chambre, notre mère devint blême et ses yeux se remplirent de larmes. Elle en avait vu d'autres, mais le coup était rude. A première vue, les soldats n'avaient pas pénétré dans la grange. Indifférents, les bœufs et le mulet attendaient patiemment leur brassée de luzerne. Dans un enclos du champ voisin, les brebis guettaient leur berger, en l'occurrence Godefroy. Jusque-là, les occupants n'avaient pas fait cas de notre présence. Un je-ne-sais-quoi différenciait ces soldats allemands de ceux que nous avions vus la veille. Leur tenue était plus sombre, à peu près tous étaient grands et blonds.

Ma mère commençait à se ressaisir, son regard s'était

durci. Voir sa maison ainsi investie, livrée à des étrangers, peut-être saccagée, cela lui faisait mal, mais le pire, je pense, ce qui la choquait le plus c'était de voir toutes ces armes éparpillées dans la cour, ces maudites armes qu'elle avait un jour bannies de chez elle.

Mes deux frères nous avaient rejoints, nous étions à côté de la porte d'une remise où se trouvait la nourriture des bêtes. La clé se trouvait dans la cuisine, accrochée au-dessus du pétrin. A cet instant, l'officier que nous avions vu à la fenêtre traversa la cour et s'approcha de nous. C'était, je crois, un lieutenant, sans doute le chef du détachement. Assez jeune, grand et blond lui aussi, il portait un bel uniforme noir et des bottes de cavalerie. Il salua ma mère et dans un français très approximatif, avec un fort accent, nous dit :

– Nous occuper maison pour dormir, mes hommes beaucoup fatigués, mais nous partir avant midi.

Il tenta ensuite de nous expliquer que si nous avions besoin d'une pièce, il pourrait la faire libérer.

Mamma resta immobile et muette. Son regard semblait ignorer celui qui lui parlait. Il n'était pas question pour elle d'entrer dans la maison tant que les occupants seraient là. Savoir qu'ils déguerpiraient tous rapidement lui suffisait. Elle partit dans la basse-cour et, pendant qu'elle s'occupait de ses poules, moi, je m'occupais en douce des provisions, rien que des petites choses faciles à escamoter, du fromage rose en tube, un saucisson et des paquets de biscuits. A peine aidée par mon pied droit, une grosse boîte de poires au sirop d'au moins trois kilos roula et disparut discrètement dans un massif de marguerites... Ils nous devaient bien ça, les Frisés !

En fin de matinée, des ordres brefs retentirent. Les guerriers blonds levèrent le camp en un temps record. Nos soupirs de soulagement accompagnèrent l'automitrailleuse qui franchissait le portail de la ferme. J'allai aussitôt récupérer la grosse boîte de poires et l'ouvris sur-le-champ ; elles étaient roses et délicieuses. Une manière comme une autre de fêter en famille le départ des indésirables Teutons.

Mis à part le désordre, la maison n'avait souffert d'aucune dégradation. Lorsque ma mère défit son lit, où l'officier à l'uniforme noir avait dormi, elle découvrit, plié en quatre sous le matelas, le drapeau à faucille et marteau qu'elle avait elle-même caché là au lendemain de la mort de mon père et qu'elle avait oublié. Une cantine vide traînait encore dans un coin de la terrasse. En rabattant le couvercle, on put lire : STURMBRIGADE SS REICHSFÜHRER. On ne savait pas très bien ce que cela signifiait. On le sut après !

Débarrassée de l'occupant, la cour se transforma, comme chaque année à pareille époque, en aire de battage, principalement pour le maïs et les haricots. Des alertes plus ou moins longues venaient quelquefois interrompre la ronde des fléaux. Nous étions vers le 20 septembre, et le mauvais temps s'était mis de la partie.

Ce jour-là, c'est moi qui gardais le troupeau. Du côté de Bastia, le canon n'avait pas cessé de tonner, le ciel était gris et bas. En rentrant du pâturage, avant de retrouver le bercail, les brebis avaient besoin de se désaltérer. Le premier point d'eau se trouvait en amont du pont, les bêtes le connaissaient, je n'avais qu'à les suivre. Alors que nous longions la rivière à sec, le troupeau s'arrêta net, refusa d'avancer. J'eus beau l'inciter, donner de la voix, rien à faire. En me portant à l'avant, j'ignorais que j'allais vivre à mon tour cette scène imaginée par Rimbaud. « Le dormeur du val » était un jeune soldat allemand, abattu sans doute par des maquisards. Pour la seconde fois de ma vie d'enfant, je voyais la mort de près. Elle était cette fois-ci sur les traits d'un jeune homme qui aurait pu être mon frère aîné. L'absence de soleil, le grondement d'un orage proche et le bruit des armes au loin accentuaient singulièrement mon angoisse. Je venais de mieux comprendre ce que signifiait la guerre.

Autre image surréaliste et pourtant si réelle que je garde en moi : dans l'allée centrale de l'église de mon village natal, cinq cercueils en bois de châtaignier où reposaient *cinque giuvanotti* (cinq jeunes hommes) « amoureux de vivre à en mourir », comme dira Aragon dans ses plus beaux vers dédiés aux vingt-trois de l'*Affiche Rouge.* Leurs noms allaient venir s'ajouter à d'autres noms au bas d'une stèle.

Partis en repérage, en vue d'une prochaine attaque, les jeunes patriotes avaient trouvé la mort sur cette route familière que leurs ancêtres avaient toujours empruntée à pied ou à dos d'âne. Ce matin-là, à l'avant-dernier virage de la plaine, insidieusement dissimulée dans une touffe de bruyère, une marmite (mine antichar) les attendait.

Je revois l'ahurissant cortège... cinq carrioles couvertes de fleurs, tirées par des mulets, s'acheminant lentement vers des tombes blanches, face au levant. La liberté pouvait être satisfaite ; un petit village de la Casinca venait de payer sa quote-part.

Bardé de blockhaus, ceinturé de fils de fer barbelés, le col de Teghime s'avérait imprenable. Pour arriver à déloger des derniers SS qui y étaient retranchés, il ne pouvait y avoir que les goumiers et eux seuls. L'état-major le savait bien. Depuis toujours, les coups durs et les missions impossibles leur étaient réservés. Comme leur père ou leurs oncles au bas des collines de Verdun, ils avaient cette nuit-là attendu les ordres de pied ferme, sans rechigner. On compte sur vous, avait dû leur dire le commandant. Oui chef, bien chef ! Avant le lever du jour, par vagues successives, les « goums » étaient montés à l'assaut du col. Sandales aux pieds et djellaba, ils avaient dû crapahuter dans la rocaille et les éboulis, presque à découvert tant le maquis est maigre sur ces pentes désertiques. Goumiers marocains contre SS : quel face-à-face ! Cisaillés par les mitrailleuses qui les attendaient à l'abri des fortins, ils tombèrent par dizaines. Seuls le courage et surtout la ruse des guerriers berbères vinrent à bout des irascibles combattants d'une cause perdue.

A l'aube du 4 octobre 1943, la Corse était libre. Premier département français à s'être libéré, pour ainsi dire, par ses propres moyens.

Quelques jours après, à Ajaccio, le général de Gaulle

dira : « Les Corses ont voulu être eux-mêmes des vainqueurs. Chaque fois que la France entame une période nouvelle de sa vie et de sa grandeur, il faut que les Corses en soient les artisans et les témoins. » Dans son interminable quête de la liberté, notre île réunit les héros modestes qui furent parmi les meilleurs artisans des luttes de la résistance. Tués les armes à la main ou massacrés, poussés au suicide ou fusillés.

Baptisé depuis, le « Col des Goumiers », Teghime est aujourd'hui désert. Dernier vestige de la bataille, un canon rouillé semble monter la garde. Les rares passants qui ne sont pas pressés peuvent encore lire, gravée dans le marbre, cette citation d'un auteur inconnu :

> « Remplis du souvenir d'une lumière unique, leurs yeux se sont fermés aux brumes d'Occident. Seigneur ! Permettez que ces durs guerriers de Berbérie, qui ont apporté à nos enfants le réconfort de leur sourire, se tiennent près de nous, épaule contre épaule, et qu'ils sachent, Seigneur, combien nous les avons aimés. »

Tout au bout de la plaine aux vignes nobles, en bordure du golfe de Saint-Florent, un cimetière oublié où seul, le croissant de l'Islam veille sur le dernier sommeil du sergent Abdéraman et de tous ses camarades, venus un jour des djebels marocains. Ils se battaient pour une Corse libre et pour la liberté indivisible.

Aux derniers jours de l'Occupation, des explosions d'une rare violence secouèrent fortement la Casinca. Pour protéger leur fuite, les Allemands firent sauter les ponts. Les blocs en pierre de taille des vieux édifices furent parfois projetés jusqu'à cent mètres à la ronde. L'onde de choc pulvérisa tout sur son passage. Les routes escarpées des villages furent coupées en certains endroits, ce qui laissait apparaître des précipices impressionnants. Les ponts du chemin de fer de la côte orientale subirent le même sort. Autre danger, et non des moindres, les mines ! Des mines de toutes sortes.

La machine de guerre nazie avait tout prévu. Les objets piégés aussi ne manquaient pas, du réveille-matin au stylo en passant par les appareils photographiques. Je revois encore cette paire de bottes toutes neuves, posée bien en évidence sur un tronc de châtaignier. Les gens vivaient dans la hantise de l'objet abandonné qui pouvait donner la mort ou estropier à vie. Mieux valait regarder plutôt deux fois qu'une où l'on mettait les pieds.

En guise de dernier cadeau, l'ennemi avait laissé un peu partout des monceaux d'explosifs en tout genre, grenades, obus et autres engins de mort. Cette marchandise détonante n'était pas perdue pour tout le monde.

Autrement plus dangereuse que la pêche aux moules dans l'étang de Diane, mais sans doute plus lucrative, la pêche à la dynamite allait occuper les journées de certains, devenir un passe-temps, voire un plaisir pour d'autres.

L'interdiction de pêcher pendant l'Occupation avait transformé nos rivières en véritables viviers. Le Golo et le Fium'alto pullulaient de loups et de mulets qui remontaient en bancs de la mer. C'était trop tentant. Le processus était simple comme bonjour : une « savonnette », un détonateur et un bout de mèche lente. Il ne restait plus à l'apprenti artificier qu'à grimper sur un saule ou un aulne surplombant la rivière et à attendre, cigarette au bec. Dès que le banc de poissons se pointait, il lui suffisait d'allumer la mèche et d'envoyer le mortel appât dans l'eau. Les poissons se précipitaient, et boum ! Une gerbe d'eau montait au ciel, l'affaire était dans le sac. Le ramassage subaquatique pouvait commencer. Certaines pêches miraculeuses sont encore dans les mémoires.

Emportés au fil de l'eau par le courant, les poissons blessés s'en allaient mourir à l'embouchure où d'autres prédateurs les attendaient. Certains jours, on aurait pu penser que les hostilités avaient repris tant « ça explosait ». Si toutefois le TNT ou la cheddite venaient à manquer, l'ingéniosité de ces nouveaux ravageurs prenait le relais. Une canette de bière vide ou une boîte en fer bourrée de poudre à canon faisait très bien l'affaire. Quand la déveine s'en mêlait, ce qui arrivait quelquefois, le braconnier y laissait une main ou même un bras. C'était le risque du métier. Quant aux gendarmes, ils n'osaient pas trop s'aventurer sur ces rives inhospitalières.

Les moyens de communication étaient toujours aussi difficiles. Tout à fait par hasard, des nouvelles nous parvinrent de Bassanese qui m'attristèrent infiniment. En l'absence de la famille Dané qui avait dû fuir la maison en toute hâte, l'explosion d'un dépôt de munitions avait soufflé portes et fenêtres. Saccagée, littéralement vidée par les pillards et la soldatesque, cette maison de rêve, où j'avais vécu des moments inoubliables de bonheur et de tendresse, n'était plus que désolation. Pour couronner le tout, les Boches avaient emmené Boubou en otage.

Façonné depuis des siècles par le pas des humains et des bêtes, le sentier abrupt qui mène à la rivière n'avait peut-être jamais été aussi fréquenté que pendant cette période, une procession d'ânes, de mulets chargés l'animait en permanence. Les robustes paysannes au port de reine grimpaient le raidillon, un sac de farine en équilibre sur la tête. De mémoire de meunier, le moulin n'avait pas connu un tel succès. Les meules tournaient nuit et jour.

La barbe enfarinée, l'œil pétillant de malice, sec et nerveux malgré ses soixante-dix ans passés, mon grand-père faisait front comme il pouvait à cette avalanche de grain et de fruits secs. Blé, maïs, orge, châtaignes, tout était bon à moudre et rien ne se perdait. La libération de l'île n'avait pas pour autant atténué la pénurie. Les tickets de rationnement toujours en vigueur en témoignaient. Le système D, le troc et le marché noir avaient encore de l'avenir. Avec leur savoir-faire retrouvé, les retraités avaient patiemment remis en culture les jardins en terrasses. Comme au temps des grandes disettes, les glaneuses de juillet étaient à l'ouvrage. De la montagne à la plaine, l'agriculture et l'élevage bénéficiaient d'un étonnant regain. *U bisognu era à meza casa !* (Le besoin était là.) Les châtaigniers qui avaient échappé au massacre des années trente bénéficiaient d'une attention particulière. L'arbre à pain prenait sa revanche. Savourée avec délices comme un mets de premier choix, la polenta n'était plus le plat du pauvre.

La guerre n'était pas montée jusqu'ici, elle avait épargné cet îlot de verdure et de paix, ce monde à part. Depuis les encombrants Génois, bâtisseurs du pont qui enjambe la rivière, aucun envahisseur n'avait peut-être jamais plus foulé les sentiers de la profonde vallée.

Ma tête est remplie de souvenirs et d'images de ce jardin secret de mon adolescence. Chaque saison avait ses senteurs particulières, en prélude aux beaux jours, le parfum des orangers en fleur annonçait la fin de l'hiver. A l'automne, l'âcre odeur des herbes brûlées se mêlait au musc du cèpe et des girolles qui poussaient à foison dans les sous-bois déjà humides. Le temps des noisettes et des noix revenait. La cour du moulin en était alors tapissée. *Piove nucellule !* (Il pleut des noisettes !) disait le meunier.

Sous la treille aux raisins encore verts, juste à côté du jujubier, une meule à la retraite nous servait de table. J'entends encore l'incessant bavardage de la rivière, mêlé au léger bruissement du vent dans les branches du vieux noyer. Parfois le cri perçant d'un geai, l'oiseau le plus voleur de tous, faisait taire un instant le rossignol et la mésange à tête bleue. Même au plus fort de l'été, il régnait ici une douce fraîcheur, tant la végétation était exubérante et folle. Dans cet univers paisible et réconfortant, vivait une reine au grand cœur, une reine que la manutention des sacs de blé et de maïs avait prématurément voûtée, ma grand-mère Madeleine.

Illuminé par la bonté, son visage me faisait penser aux images saintes. Je me revois assis auprès d'elle, sur le banc de pierre. Elle m'initiait aux secrets de la nature et aux choses de la vie. Pendant ce temps-là, bien plus réaliste qu'elle, *Babbone*, veillait au grain, c'est le cas de le dire ! La besogne était permanente, et pour lui le temps n'était pas à la rêverie. Une bête de somme en chassait une autre. A l'entrée du moulin, la balance romaine ne trichait jamais. Ici, nul besoin de registre ou de livre de comptes, la tête suffisait. La tradition de l'échange avait depuis longtemps défini le pourcentage de farine qui revenait au meunier. La confiance était réciproque. Mon grand-père avait toujours à portée de main une corne de bouc équipée d'une mèche et remplie d'une mixture rougeâtre dont il avait le secret. Chaque sac de grains ou de châtaignes qui entrait dans le moulin était marqué d'un signe cabalistique dont lui seul connaissait la signification. Sans le savoir, grand-père avait inventé le « Stabilo » avant l'heure ! Le nom du propriétaire était ainsi préservé.

Une ou deux fois par mois, selon la saison, le meunier, haut comme trois pommes, attaquait ses travaux d'Hercule en solitaire. Les meules, dont le poids variait entre deux et trois cents kilogrammes, avaient besoin d'être nettoyées. A l'aide de bouts de bois, de leviers, de poussoirs réservés à cet usage, il arrivait, tel un bâtisseur de la haute Antiquité, à soulever et à retourner comme une crêpe la lourde pierre ! Il chaussait alors de vieilles lunettes d'aviateur qui le protégeaient des escarbilles, empoignait son petit marteau de tailleur de pierre et, sous le regard de ses deux chats, piquetait pendant des heures les débris de mouture secs et collés.

Le soir venu, la lueur d'une lampe à acétylène et la flamme du foyer mettaient en relief les toiles d'araignées blanchies par la fleur de farine qui tapissaient les poutres du vieux moulin. Toute la magie d'un théâtre au décor de songe, et dont le magicien n'était autre que mon grand-père, s'installait pour la nuit.

Sbarcanu l'Americani ! La nouvelle s'était vite répandue. Cette fois-ci, les « Ricains » ne nous avaient pas fait faux bond. L'épopée corso-américaine allait entrer de plain-pied dans l'histoire de l'Ile. Au grand jamais nous n'aurions pu penser qu'elle nous apporterait autant de surprises et d'émotions fortes, à commencer par l'impressionnant arsenal de guerre « made in USA ». La venue des « Yankees » ne pouvait que bouleverser de façon inédite notre microcosme. Nous allions être à nouveau les témoins d'une actualité sans pareille.

« Sò cose di un altru mondu ! » (Ce sont des choses d'un autre monde !) s'écria un vieux muletier, voyant passer un engin énorme aux roues géantes. En effet, les Américains donnaient vraiment l'impression de débarquer d'une autre planète tant ils étaient en avance sur nous. Leurs méthodes et leurs moyens dépassaient largement tout ce que nous pouvions imaginer et tout ce que nous avions vu jusque-là.

L'épopée en question débuta de façon inattendue. Mes frères aînés, qui ce jour-là travaillaient au fond de la plaine, en furent les témoins. Tout au long de la journée, et sans trop se préoccuper de qui était au-dessous, une escadrille de petits coucous marqués de l'étoile blanche aspergea copieusement au DTT les basses terres, là où naissait et se développait à foison l'anophèle, *a zinzala*, vecteur de l'antique calamité, la malaria. En quelques jours, vite fait bien fait, les « Amerlos » avaient définitivement réglé leur compte aux miasmes maudits. La plaine était assainie, les *boys* pouvaient rappliquer sans aucun risque.

Nouvelle plate-forme stratégique, de Borgo à Solenzara, la côte orientale allait connaître une animation des plus turbulentes. Arriver à implanter en quelques mois à peine une dizaine de bases aériennes avec piste d'envol pour gros-porteurs, c'est-à-dire forteresses volantes et Libérator, là où il n'y avait que des champs, relevait de l'exploit. Ce pari insensé, seuls les Américains pouvaient se permettre de le gagner. Mais à quel prix ! Aux dernières nouvelles, un terrain d'aviation serait implanté à deux pas de chez nous. Si nous ne savions pas très bien ce que cela voulait dire, nous n'allions pas tarder à le savoir !

Une armée de bulldozers monstrueux, d'engins de terrassement, de rouleaux compacteurs, de scrapers déments, de camions à benne démesurés et autres engins inconnus allaient mettre à sac la plaine, la transformer en un gigantesque chantier. Murs de pierres, vignes, arbres fruitiers, fossés de drainage, haies et bocages, vieux paillés, tout fut rasé, nivelé. Des chênes-lièges bi ou tricentenaires, qui faisaient l'orgueil de la Casinca, furent arrachés comme des poireaux, mis en pièce, amoncelés, brûlés. Devant ce saccage, les anciens serraient les dents. Certains ont bien failli décrocher le « percussion ». Les Yankees ne faisaient pas dans la dentelle : *It's the war !* C'est la guerre, disaient-ils.

Etonnante planification de l'US Army ! La piste d'envol sera entièrement recouverte de tôles d'acier, imaginée et conçue dans le cadre d'une stratégie réussie, avec une logistique d'avant-garde. Les mastodontes gris foncé de l'US Air Force et les Spitfire de la Royal

Air Force n'allaient pas tarder à atterrir, bientôt rejoint par les pilotes de l'escadrille Normandie-Niemen.

Les villages de toile se multipliaient, des marabouts vert bronze poussaient comme des champignons. Il ne restait plus aux bergers qu'à anticiper la transhumance ! Parfois, en quelques heures, les pâturages se transformaient en immenses camps de base où rien ne faisait défaut, intendance, carburant, infirmerie... Une agitation sans précédent encombrait nuit et jour la Nationale et les routes de la plaine bien trop étroites. Jeep, 4 × 4 Dodge, GMC, semi-remorques et puissantes Harley Davidson de la Military Police. On se serait cru aux arrière-postes d'un champ de bataille. Tout excités par ce remue-ménage, nous ne savions plus où donner de la tête. Ils étaient nos voisins les plus proches, on les avait pour ainsi dire presque à la maison... Pour nous, tout était surprenant chez ces « Amerlos ». A commencer par ceux qui étaient noirs, nous n'avions jamais vu d'hommes de couleur ! Et puis leur dégaine, la coupe de leur tenue. Ici, la gabardine remplaçait le tissu grossier des uniformes mal taillés de nos fantassins : treillis aux larges poches sur les côtés, canadiennes, blousons de popeline, vestes en mouton et casquettes en laine ou en toile à longue visière, encore à la mode aujourd'hui. Ici, pas de lourds godillots, chaussés de rangers ou de mocassins en box, les *boys* ne manquaient point d'allure et ne déplaisaient pas à certaines jeunes villageoises, toutes frétillantes à la vue d'un Johnny Palmer.

La surabondance et l'originalité de leur nourriture nous épataient. Lait et œufs en poudre ! corned-beef, aliments sous vide, boissons en boîte métallique ! bonbons, sucreries en tout genre, chocolats, biscuits gaufrés, crèmes à tous les parfums. C'était le temps du chewing-gum, mâché à toute vitesse, recraché en l'air aussitôt la douceur disparue. Au détriment de la chique, le masticage de la gomme venue d'outre-Atlantique se propageait parfois jusque dans les villages. Les vieux s'y mettaient aussi !

Après les rations de pain noir, les longues miches briochées, d'une blancheur étonnante, étaient un vrai régal, venues à point dilater les estomacs. Je n'ai pas oublié le regard incrédule et l'émotion de ce vieux colporteur au ventre creux à qui ma mère offrit quelques tranches de ce pain américain.

En dehors de l'échange anodin de petites choses comme une bouteille de rosé contre un morceau de savon, ou bien quelques œufs du jour pour un paquet de café, un marché parallèle, beaucoup plus conséquent, se développa. En la matière, les « Ricains » nous donnèrent l'impression d'être experts. *« Si vinderianu ancu a camisgia »* (ils vendraient même leur chemise) ! s'exclamait Carlotti, avec son accent du Sud. Tout pouvait se négocier. Habits, chaussures, carburants, whisky et autres alcools. Vedette du trafic, la cigarette blonde, Pall Mall, Camel, Lucky Strike, à l'odeur de pain d'épices, sous emballages de luxe, était au premier rang de la demande. Parfois, un camion bourré de marchandise se volatilisait, vendu ou volé ? Sur la côte orientale, les bistrots faisaient fortune et les tripots se multipliaient. Ça jouait dans les endroits les plus inattendus. À Padulella, on battait paraît-il les cartes dans une grande cuve à vin. En quelques heures, de fortes sommes changeaient de mains. Entre Corses et Italo-Américains, les parties de poker se terminaient quelquefois en western, avec pour solde de tout compte un mort ou deux sur le carreau. Ce genre d'incident ne semblait pas pour autant troubler les bonnes relations avec nos sauveurs.

Les choses avaient pourtant failli mal tourner lorsqu'un jour la MP fit une vaste descente à travers la plaine. Habillés de pied en cap à l'américaine, au point d'être confondus avec les GI, des bergers, des agriculteurs furent braqués et sommés de restituer sur-le-champ les biens mal acquis à l'US Army. Devant cet affront impardonnable, les « spoliés » voulurent à tout prix en découdre avec les colosses aux casques blancs. Finalement, comme il arrive souvent chez nous, tout s'arrangea... et le trafic reprit de plus belle.

Cette fois-ci, notre maison était on ne peut mieux gardée et bien éclairée. Dans le champ voisin, les Américains venaient d'installer une batterie de projecteurs antiaériens, des « gamelles » au diamètre impressionnant. Souvent, le soir, nous avions le spectacle à domicile. A la moindre alerte, de puissants faisceaux trouaient la nuit, fouillaient minutieusement le ciel d'un bout à l'autre, à la recherche d'avions ennemis. Quand la DCA se prenait au jeu, l'étonnant ballet des rayons lumineux devenait encore plus captivant.

C'est ici qu'un beau jour apparut « Touché Sucre », un retraité qui habitait le village. Il était descendu à dos d'âne, voir les soldats, espérant échanger du vin ou des œufs contre du sucre. La sentinelle, qui baragouinait le français, répondit, sans doute pour se débarrasser de lui, que le sucre, ils ne l'avaient pas encore « touché ». Alors, tous les deux ou trois jours, il reposait la question à l'entrée du camp : « Touché sucre ? » Et voilà comment nous l'avions baptisé, sans trop nous casser la tête.

L'époque se prêtait encore aux surnoms. Celui que nous avions donné à un éleveur de cochons était beaucoup moins poétique, *« Porta caca »*. Il faisait partie de ces gens inventifs et courageux qui n'hésitent pas à se salir les mains. Il avait transformé une vieille Celtaquatre en camionnette et partait tous les jours récupérer dans les popotes des camps militaires tout ce que les boys avaient oublié de manger et de boire. Les quatre fûts de deux cents litres, amarrés sur sa guimbarde, n'avaient pas de couvercle et, pendant le trajet, leur contenu projetait des éclaboussures. La voiture en était couverte. Le soleil aidant, on peut imaginer la senteur qu'elle dégageait. A chaque arrêt, une nuée de mouches s'abattait sur l'attelage. Porta caca n'avait que faire des mouches et de la puanteur. Lui, il fonçait nourrir ses bêtes.

La descente des MP nous avait mis la puce à l'oreille. Désormais, il fallait employer la ruse, y mettre de la malice. Avec leur manie de tout laisser traîner, les Ricains nous incitaient, pour ainsi dire, à nous servir. Quoi de plus normal ? Ils étaient dans l'opulence, et nous dans le besoin. En un rien de temps, nous étions devenus des « pickpockets » très habiles. Tout véhicule qui stationnait sans personne à bord, ne fût-ce qu'un court moment, avait droit à notre visite. Pendant que l'un de nous faisait le guet, les autres s'occupaient. Nous nous étions spécialisés dans les vide-poches et les boîtes à gants qui renfermaient toujours des tas de petites choses bonnes à manger, à échanger ou même à jeter sitôt après. Jamais nous ne fûmes surpris en flagrant délit.

La facilité que nous avions à apprivoiser leur langage m'étonnera toujours. Nous n'avions plus besoin d'interprète. Les insanités qu'ils nous envoyaient parfois à la figure étaient captées, enregistrées, mises en mémoire séance tenante. S'ils nous traitaient de *Son of a bitch*, la réponse fusait avant de détaler à toute vitesse : *Fuck you !* On « causait » l'américain à tout va.

Malgré le drame qui avait coûté la vie à notre père, les armes nous fascinaient. Du pistolet-mitrailleur Thomson au Colt 45 et au fusil Garant, en passant par la carabine Winchester, nous connaissions par cœur leur calibre, leurs caractéristiques et, si besoin était, leur maniement. Offensives ou défensives, les grenades nous étaient familières, tels des jouets hautement dangereux. Les explosions stimulaient notre audace. Quel démon pouvait bien nous inciter à procéder de la sorte ? Etait-ce par simple envie de jouer à la guerre, par goût du risque, par inconscience du danger, ou tout simplement par une sorte d'aptitude à la violence ancrée en chacun de nous ?

« Sò miraculi ! » (Ce sont des miracles !) Cette expression populaire est assez courante dans le langage quotidien. Ce matin de mars 1944, un miracle eut bien lieu chez nous, un vrai de vrai même. Si toutefois les témoins de cette incroyable aventure sont encore de ce monde, je suis sûr qu'ils ne l'ont pas oublié. Chargé à bloc de bombes, de munitions et de carburant, le lourd quadrimoteur en partance pour le ciel d'Allemagne n'avait pas réussi à prendre son envol. Labourant sur quelques centaines de mètres la vigne de Moracchini, emportant piquets et fils de fer, il avait fini sa course dans le lit de la rivière. Miracle ! le Libérator n'avait pas explosé. Fortement choqué mais indemne, l'équipage ne fut sans doute pas avare de signes de croix et de remerciements à Dieu.

Telle une fourmilière géante, la base de Seraggia tournait à plein rendement. Incessantes rondes des Tunderbolt et des Mosquitos, les missions succédaient aux exercices en vol et les pilotes ne chômaient pas. Certains appareils rentraient à la base très amochés, se posaient en catastrophe. Toutes sirènes hurlantes, les ambulances fonçaient vers la piste dans un nuage de poussière. Le spectacle était permanent.

Un faciès à faire peur. Jamais je n'avais lu autant de méchanceté et de hargne dans le regard d'un être humain. Percussion à l'épaule, double cartouchière garnie et casquette à boutons au ras des yeux. Le tatoué crânait dur, faisait le fier-à-bras. La charge de garde champêtre semblait lui donner tous les droits. Bien plus qu'il ne représentait la loi, il dictait la sienne, surtout aux faibles. Entièrement recouvert de signes et de dessins en arabesques noires, pas un seul centimètre carré de son visage n'avait échappé aux aiguilles des tatoueurs. *U Mascatu* (le Masqué) portait bien son surnom.

Pourquoi cet homme nous en voulait-il autant. Que lui avions-nous donc fait ? Avait-il eu des mots avec notre père ? Jusqu'à sa disparition, il avait toujours battu au large, et jamais il n'avait dressé le moindre procès-verbal. Après, les choses changèrent. A la moindre incartade, quelques brebis dans la vigne d'un voisin bien intentionné, l'âne ou le mulet qui piétinait un tant soit peu le verger d'un autre mal vissé amateur de procès, et ma mère avait droit à une convocation devant le juge de paix à Vescovato.

Souvent, face à l'insignifiance des dégâts causés, celui-ci annulait tout bonnement la plainte et *Mamma* s'en tirait avec un simple avertissement. La clémence du magistrat avait toujours pour effet d'inciter le « gardien de la loi » à sanctionner à nouveau pour la moindre peccadille. Le Masqué nous avait à l'œil. On avait tout intérêt à entraver nos bêtes et à surveiller les brebis. Un jour, je ne sais pour quelle raison, il osa franchir le portail de la ferme. Ma mère, qui se trouvait alors dans la cour, lui barra le chemin et lui intima l'ordre de sortir de chez elle. Le ton monta, la discussion s'envenima. Imbu de son pouvoir, offusqué d'être ainsi mis à la porte, le garde champêtre décrocha son fusil de l'épaule. Ce geste suffit à faire dire à ma mère, livide : *« Tira s'è tù sì un omu ! »* (Tire, si tu es un homme !) Décontenancé par la réplique inattendue et cinglante, mis au pied du mur par une femme, et pensant peut-être qu'il venait d'outrepasser ses droits par ce geste provocateur, le Masqué tourna les talons et sortit de la cour sans dire un mot. Ma mère aurait pu porter plainte ; elle ne le fit pas. Se référer à l'autorité n'était pas dans sa vocation ; elle avait plutôt l'habitude de régler seule ce genre de problème. Quant à l'incident, il n'avait pas dû avoir pour elle une si grande importance. Lorsqu'elle nous le raconta, le Masqué était mort et enterré depuis belle lurette.

Après le certificat d'études, je n'avais pas chômé à la plaine avec mes frères ou « aux brebis ». Entre-temps, j'avais même travaillé à la journée. Au printemps, je m'étais « tué » le dos à semer des haricots et du maïs. Un travail d'une ingratitude sans pareille. *« A terra hè bassa. »* (La terre est vraiment trop basse), disait un journalier en se massant le bas des reins. Heureusement, les Ricains étaient là pour nous distraire.

Au mois de septembre 1944, ma mère me nomma berger « ès sciences », à plein temps. Elle me confia l'entière responsabilité du troupeau. Une soixantaine de brebis noires et blanches, presque toutes bonnes laitières. J'allais pouvoir mieux me familiariser avec le monde ovin, la vie pastorale et ses odeurs. Un rude métier que j'acceptai de bon cœur. Je n'avais pas pour l'instant d'autres ambitions. J'étais bien dans ma peau. Mes premiers agneaux naquirent en octobre. En une quinzaine de jours, la plupart des brebis avaient agnelé. Au soleil couchant, l'air du pâturage était rempli de bêlements. La vitalité des nouveau-nés me ravissait à chaque fois. Moins d'une heure après leur naissance, ils trottinaient aux côtés de leur mère. S'ils venaient au monde en fin de journée, je les portais au bras comme des bébés jusqu'à l'enclos.

Le jeu des agneaux aux robes parfois bariolées ou gris bleuté enchantait mes après-midi d'automne. Adossé à un vieux mur ou à un tronc d'arbre, tranquille comme Baptiste, je ne me lassais jamais de leurs cabrioles, leurs poursuites, leurs facéties. Dissipés, délurés, ils détalaient comme pour faire une course et, subitement, bondissaient les quatre pattes à la fois, burlesques et attendrissants avec leurs mimiques et leurs bêlements immatures. Parfois, l'un d'eux quittait le groupe, fonçait à la rencontre de sa mère dont il cherchait avidement les mamelles, tétait une bonne rasade en donnant de petits coups de tête et repartait aussitôt, bondissant d'un talus à l'autre, appelant la bande pour une nouvelle bataille ludique.

Mon frère Godefroy m'apprit la traite, un drôle d'exercice à vous muscler les avant-bras. Il me mit en garde contre les manies de certaines brebis. Une telle qui, chaque fois, attendait le moment le plus opportun pour se soulager. Mieux valait la tenir à l'œil si l'on ne voulait pas voir atterrir un chapelet de crottes noires et luisantes dans le seau plein de lait. Cela n'était pas bien grave, mais enfin... Ou bien cette autre, voleuse incorrigible et rusée, qui s'arrangeait toujours pour fausser compagnie au troupeau et aller grappiller dans une vigne, ou ravager des plans de haricots, de choux-fleurs dans le potager du voisin qui, aussitôt, prévenait le garde champêtre. Le Masqué n'attendait que ça.

Les courtes journées d'hiver, souvent rudes, engendraient la mélancolie. La solitude n'est pas facile à vivre, mais avec le printemps, parfois précoce et toujours généreux, revenait la joie. Les prés se couvraient de coquelicots et de boutons-d'or. Vers la fin du mois d'avril, le coucou annonçait les grandes fêtes des bergers. *E tundere* (la tonte des brebis) donnait lieu, même pendant la guerre, à des repas pantagruéliques. Plus le troupeau était important, plus les tondailles étaient renommées et hautes en couleur. Munis de leur force fraîchement affûtée, tous les tondeurs de la plaine étaient présents. Experts en la matière et amis de longue date du berger certains venaient quelquefois de loin. Pour rien au monde, personne n'aurait voulu manquer cette journée pas comme les autres.

En prévision du festin champêtre, des bancs furent installés et de longues tables dressées, à l'ombre d'un grand chêne vert. La tonte s'acheva sur le coup de midi. Le dernier à être rasé fut un bélier noir. Allégé de son lourd manteau de chef, il avait perdu sa superbe. Tout gauche, frisant le ridicule avec ses cornes qui maintenant paraissaient démesurées, il rejoignit tête basse le troupeau sous les moqueries des tondeurs. On allait pouvoir passer aux choses sérieuses.

Pour se remettre de la bénédiction du troupeau, monsieur le curé présidait la tablée. Mains jointes, regard levé vers le ciel, il fit une courte prière et ainsi délivra l'assemblée de l'un des sept péchés capitaux. Il donna le signal des agapes en enfournant coup sur coup deux beignets au fromage. En prévision d'un service prolongé, les femmes, restées debout, s'octroyèrent un petit acompte de nourriture, histoire de goûter ce qu'elles avaient préparé avant que tout ne soit englouti. Après les beignets au fromage, commença la ronde des plats, des marmites et des soupières. Des tranches de *lonzu* (filet de porc fumé) fondaient dans les bouches, puis de succulents ragoûts de viande aux champignons parfumés à la marjolaine, les lasagnes fraîches en sauce tomate, sans compter les rôtis dorés. Un débordement de victuailles, et rien que du premier choix... Pas moins de trois jeunes agnelles avaient été sacrifiées pour ces ripailles. Tout d'abord, une phase de mastication appliquée installa un silence relatif. Puis, au fil du repas, les libations aidèrent les langues à se délier, échauffèrent les esprits. Amateurs de bonne chère, deux ou trois politiciens du cru, fraîchement élus, « s'activaient ». Leurs divergences politiques ne les séparaient plus, ils s'entendaient comme larrons en foire. Parmi les convives, on distinguait aussi quelques propriétaires pansus à l'appétit féroce, le marchand de laine et bien des invités de marque... Autre bonne fourchette, légèrement guindé dans son costume trois-pièces en prince-de-galles, un vieux souteneur à quenottes dorées et sa « régulière tout embijoutée ». Juste avant le fromage, on sortit encore quelques bouteilles de derrière les fagots.

Histoire de s'assurer que tout allait bien sous le grand chêne, les gendarmes, qui remontaient de la plaine, se mêlèrent un instant à la fête.

– Vous prendrez bien quelque chose, leur dit la femme du berger. (Les voyant réticents, elle ajouta :) Un petit verre de muscat, ça n'a jamais fait de mal à personne, allez !

– Un beignet de riz non plus, ajouta malicieusement son mari, en leur présentant un plat de *panzarotti*...

L'ambiance n'était pas triste. Avec le café, le pousse-café à l'eau-de-vie pour certains, arriva l'apogée de la fête, l'inévitable *Chjama è Rispondi* (l'un appelle, l'autre répond), une joute oratoire sous forme d'improvisations chantées ou selon la formule consacrée : « s'attaquer en poésie ». Jamais à cours d'arguments, capables de faire des rimes des heures durant sur n'importe quel sujet, les bardes les plus en vue de la région, et même de plus loin, s'affrontèrent dans un assaut de vers. En guise de remerciements et de vœux de prospérité, les premiers quatrains furent, comme toujours, dédiés aux hôtes de la bergerie, qui les acceptèrent, confus et ravis. Après cela, le jeu prit une autre tournure, devint plus animé, plus incisif et surtout plus caustique. De temps à autre, les ténors de la rime marquaient la pause. Juste le temps de se rincer la glotte, de se concentrer en dégustant un petit gâteau sec, de s'éclaircir la voix, pour repartir de plus belle sous les vivats de la tablée.

A l'heure où le soleil en déclin multipliait l'ombre du grand chêne, s'achevait la traditionnelle fête des bergers. Tout avait été boulotté. Sur la longue table en désordre, il restait seulement quelques fonds de bouteilles.

Les longues et belles journées de mai étaient propices aux premières saillies. Mes béliers s'apprêtaient à en découdre. Face à face, les deux mâles en rut se jaugèrent, testèrent leur force à petits coups de cornes, puis s'immobilisèrent à courte distance, se défiant à nouveau et, d'un accord tacite, reculèrent en droite ligne, de dix à quinze mètres, et au même moment, s'élancèrent tête baissée l'un vers l'autre, à toute vitesse. Le choc frontal fut d'une violence inouïe. Mélangé à la morve, le sang n'allait pas tarder à couler des naseaux. Au fil des heurts, d'autres blessures apparurent, rien ne put arrêter les violents séducteurs. Le combat sauvage pour la suprématie des futures conquêtes ovines pouvait durer des heures.

Fidèle compagnon du berger, l'âne. Il y en avait ici pour tous les goûts, des grands, des petits, ânesses noires ou grises, ânons à longs poils fauves. La mauvaise réputation de stupidité a toujours poursuivi cet animal aux yeux pleins de malice et si doux. Légende, ou calomnie, qui suggérait aux maîtres d'école d'autrefois de le ridiculiser en coiffant certains cancres d'un bonnet à longues oreilles. Attelé à tant de besognes, il trottinait tête basse, patient et résigné. Un exemple qui illustre bien l'étonnante endurance de nos bêtes de somme, toujours soumises à rude épreuve.

A soixante-dix ans passés, le vieil homme descendait chaque jour à la plaine, un long trajet aller et retour. Le seul bien qu'il possédait, c'était une ânesse. Tant lui était grand et plutôt solide, tant la brave bête était petite et maigrichonne. Pour s'installer à califourchon, sans rien sous les fesses, il lui suffisait de lever à peine la jambe droite. Le poids de l'homme incurvait singulièrement le dos de la bête, ce qui l'obligeait, dès que celle-ci se mettait en route, à replier les genoux s'il ne voulait pas que ses chaussures à clous traînent par terre.

Très croyants, nos anciens voulaient que l'âne fût placé sous le signe de la Croix. Non seulement parce qu'avec le bœuf il réchauffa de son haleine l'Enfant Jésus, et que le Christ entra dans Jérusalem à dos d'âne, mais encore parce qu'il porte à la base du cou le dessin d'une croix. Le nôtre, magnifique âne gris de haute taille et non castré, n'avait pas de nom. C'était tout simplement : *u sumere.* Les ânesses des environs en raffolaient, une vraie coqueluche. Il fallait le voir à l'œuvre à l'époque des saillies, il était d'une vaillance inouïe. Chevauchées, enserrées dans les pattes avant, saisies à la base de l'encolure par les longues dents de l'étalon gris, possédées avec vigueur, les petites bourriques en chaleur mâchouillaient de plaisir. Le généreux reproducteur dispensait, il est vrai, une semence d'une qualité sans pareille. Sa progéniture croissait d'une année sur l'autre, se multipliait, une floraison d'ânons copies conformes assurait la postérité de l'ardent géniteur. Dans sa fougue printanière, le mâle savait aussi apprécier les juments de tout poil. Certains propriétaires, amateurs de mulets racés, avaient toujours sa préférence. Possessif et agissant, on le voyait alors s'arc-bouter en vainqueur sur la croupe haute des poulinières. On aurait dû faire payer la dîme tant il était demandé et apprécié... dommage !

C'est le mois de Marie, c'est le mois le plus beau ! Au cantique chanté par les femmes, le dicton répondait : *« O Signore cumu feste à fà maghju tuttu feste ? »* (Ô Seigneur comment as-tu fait pour donner tant de fêtes en mai ?) Après les tondailles venait la Saint-Pancrace, première foire du printemps. Plus ou moins interrompue pendant l'Occupation, elle commençait à retrouver son animation, sa vocation coutumière. A la fois religieuse et profane, San-Brancaziù attirait chaque année des milliers de fidèles. Les villages de la Casinca se vidaient. Personne ne voulait manquer l'occasion de festoyer après l'hiver, les femmes dans leurs plus beaux atours, les hommes costumés de neuf. Les moyens de locomotion manquaient et chacun se déplaçait comme il le pouvait, à dos d'âne, en cabriolet et surtout à pied. On voyait ce matin-là des cohortes de villageoises endimanchées et heureuses emprunter les sentiers muletiers qui menaient à la foire. Quand le jour de la fête votive tombait dans la semaine, une tolérance locale dispensait les enfants d'aller en classe. C'est dire combien les écoliers aimaient la Saint-Pancrace.

L'artisanat local avait ici une place prépondérante. Les villageois venaient faire leurs emplettes chez l'étameur, le chaudronnier, le sculpteur sur bois pour les ustensiles de cuisine ou les pipes d'Orezza, ils trouvaient les formes à fromage de joncs tressés, les cordes en poil de chèvre, des bâts et des sonnailles, des tamis à farine ou à grains et autres objets utilitaires.

La dévotion au saint voulait, je crois me souvenir, que pendant la procession, toute activité cessât sur le champ de foire. Porté par quatre solides jeunes gens, saint Pancrace prenait son bain de foule annuel dans l'enthousiasme des cantiques chantés par les femmes. Echelonnés le long du parcours, les hommes, silencieux, se tenaient debout leur coiffe à la main. Ainsi découvert, leur front diaphane contrastait avec leur visage buriné.

Les voix tonitruantes des joueurs de *mora* pouvaient s'entendre à travers le champ de foire, autotamponneuses, baraques de tir et autres manèges sonores, clignotants, n'existaient pas encore. Des jeux moins sophistiqués, loteries, grues Picsou, bras de fer, lancer de balles attiraient en masse les enfants et les jeunes gens qui, ce jour-là, dépensaient sans compter, y laissaient tout l'argent patiemment économisé depuis le premier de l'an. Le stand le plus couru était celui où opérait Gugusse, une sorte d'automate à figure grimaçante. Contre une pièce ou un petit billet, il allait pêcher dans le lot un jouet de pacotille ou un objet à trois sous. Aucune baraque en contreplaqué ou en dur n'existait alors. Faites de branchages et de fougères fraîchement coupés qui sentaient fort, les buvettes s'alignaient au bord de la route. La plus fréquentée, véritable tripot champêtre, accueillait les mordus de la roulette, et Dieu sait qu'il n'en manquait pas. Les parties de chemin de fer à gros budget, elles, se tenaient à l'abri de la foule et des regards indiscrets, dans une maison proche. Là opéraient les professionnels, les spécialistes du banco, prêts à plumer le pigeon de passage.

Au son de l'accordéon, la guinguette en feuillages faisait le plein. Ici en fin de soirée, à l'heure où le champ de foire était désert, autour du comptoir en planches, l'ambiance commençait à chauffer pour de bon. Les derniers pastis libéraient un chant aux résonances venues d'un lointain passé, un chant en voie de disparition, la *paghjella*. Ces hommes, jeunes pour la plupart, ne pouvaient se résoudre à l'oublier et le gardaient caché en eux. Quand les circonstances s'y prêtaient, comme ce soir-là, ils osaient braver leur peur d'être ridicules, tant ce chant paraissait arriéré, alors, ça sortait, ça débordait tel un fleuve en crue, *cumè una piena*.

Apres, puissantes et généreuses, trois voix s'épousaient, s'entremêlaient, oscillaient sans cesse entre mode majeur et mineur sur des harmonies étranges. Lorsque la voix en tierce surgissait, chevauchait les deux autres, une émotion intense vous saisissait.

Ceux-là, qui chantaient presque honteux, auraient été bien surpris, bien incrédules si on leur avait dit que, cinquante ans plus tard, ce chant né dans la solitude de nos montagnes franchirait la mer en conquérant.

L'ouverture des jeux Olympiques d'hiver à Albertville allait révéler presque au monde entier « Les Nouvelles Polyphonies corses ». Surprise agréable pour certains, et déception pour d'autres. Le groupe était mixte. Pour la toute première fois des femmes osaient s'investir dans ce chant réservé jusque-là aux hommes. Depuis lors, d'autres groupes, avec un talent certain, une passion ardente et renouvelée, se sont engouffrés dans la brèche ouverte par Patrizia Poli et ses camarades. L'heureuse conquête n'a pas fini de soulever l'enthousiasme d'un vaste public, et de séduire les musicologues. L'antique *paghjella,* devenue polyphonie, s'offre une belle revanche. A ce chant d'une grande beauté, d'une puissance émotionnelle qui peut toucher n'importe quel être humain, on reconnaît aujourd'hui une dimension universelle.

Il est regrettable cependant que le nom de Félix Quilicci, cet homme qui déjà en 1948 avait sonné l'alarme et entrepris le sauvetage du chant profond, tombe dans l'oubli. La mémoire insulaire, réputée pourtant si fidèle, a aussi ses lacunes.

A la Saint-Pancrace, les cerises étaient mûres. Chaque printemps réveillait mes anciennes lubies de chapardeur. Les premiers bigarreaux étaient avalés goulûment, sans même en cracher le noyau. La douceur de l'air, le soleil déjà chaud, la nature en fête, les odeurs et le mois de mai me comblaient d'aise, me procuraient une sensation de bien-être, de bonheur infini.

Pastore (berger) était pour moi, surtout au printemps, le plus beau métier du monde. Satisfaites et repues, ruminant sans arrêt, mes brebis nageaient dans le foin encore tendre et ne me causaient aucun tracas. Tout à ma contemplation bucolique, bercé par les légers tintements de leurs sonnailles, je passais de longs moments allongé sur un lit d'herbe verte, à rêver de je ne sais quoi.

Depuis ma plus tendre enfance, le monde des oiseaux me passionnait. Je commençais à connaître leur chant par cœur. Dès avril, de légers ballets aériens annonçaient leurs parades nuptiales. Dans les haies qui bordaient mes pâturages, nichaient fauvettes, mésanges à tête noire, merles et rouges-gorges. Les buses, les faucons, de petits rapaces planaient au-dessus, j'avais l'impression que tous les oiseaux de la terre s'étaient donné rendez-vous ici.

J'aimais l'imagination dont ils faisaient preuve pour élaborer leurs nids ; de vrais petits ouvrages d'art, dont la perfection révélait l'adresse et la patience de ces constructeurs ailés, constitués de brindilles solidement enchevêtrées les unes aux autres, de fils d'herbe tissés, de mousse et de crin, avec à l'intérieur un duvet plus doux, souvent de la laine de brebis dérobée aux ronces. Les chardonnerets, dont les œufs sont de petites merveilles, préfèrent bâtir leur nid dans les arbres bas et touffus, souvent à côté des habitations, alors que les cailles nichent à même le sol dans les champs de céréales. Parfois, il m'arrivait de découvrir accrochée dans un roncier une grosse boule de feuilles mortes, un nid de rats des champs. Si j'avais des allumettes sur moi, mon plaisir était d'y mettre le feu pour voir la nichée de rongeurs se sauver dans tous les sens.

Dans sa lutte permanente pour la vie, le monde de

l'herbe retenait aussi mon attention, coccinelles à carapace rouge vif tachetée de noir et autres petits insectes parés de couleurs vives : grillons champêtres, criquets sauteurs qui bondissaient prodigieusement, papillons de toute sorte aux teintes chatoyantes butinant à longueur de journée, et bousiers herculéens. Somnolant sur un pétale blanc, le hanneton vert doré n'enviait pas le sort des abeilles ouvrières, ni l'ondoyante chenille verte toujours en mouvement. A l'approche de la saison sèche, de minuscules moissonneuses affûtaient leurs mandibules et, prévoyantes, s'apprêtaient à engranger les réserves de l'hiver. Les fourmis, toujours laborieuses, crochetaient leur charge impressionnante pour mieux la tirer ou la pousser. Les plus enragées de toutes étaient rouges, de vraies petites furies. Sitôt arrivées sur la peau, elles attaquaient.

Il y a quelque temps, me penchant sur une fourmilière, du côté de Corbara, au milieu de l'interminable procession, je vis passer le chargement le plus incroyable : une sorte de fourmi véliplanchiste, avec pour voile, vent debout, l'aile bariolée d'un papillon.

Vers la fin mai, aux premières chaleurs, venait pour nous autres bergers, ainsi que pour nos bêtes, la saison la plus calme, la plus attendue. Le temps de gestation mettait fin à la corvée de la traite. Quelle aubaine pour moi qui rêvais déjà de baignades à la rivière, de longues siestes, et aussi de conter fleurette, et même un peu plus, à la fille de l'épicier qui me plaisait bien malgré ses jambes arquées.

Même débarrassées de leur manteau de laine, les brebis craignaient la chaleur. Bien avant que le soleil ne soit au zénith, le troupeau recherchait l'ombre. Il y avait toujours un arbre où les bêtes pouvaient s'agglutiner, se serrer tête baissée, les unes contre les autres, comme si elles avaient froid. Le sens de cette curieuse position m'intriguait. Avaient-elles soif ? En effet, dès mon premier signe, les tondues comprenaient et s'acheminaient d'elles-mêmes. Le nuage de poussière soulevé par leurs petits sabots noirs m'indiquait à distance que le troupeau se dirigeait bien vers la rivière. Je pouvais alors emprunter le raccourci.

Aucun rayon de soleil ne transperçait l'épaisse frondaison des vieux châtaigniers, même aux heures les plus chaudes, il y régnait une fraîcheur vivifiante. Ici, à l'orée d'une vallée lumineuse et profonde qui se perdait dans la montagne, murmurait la plus belle des rivières. Les grands troupeaux de la plaine ne montaient jamais jusque-là, et c'était bien. Nous n'avions pas très envie qu'ils viennent envahir notre domaine, ou ce que nous considérions comme tel. Nous étions quatre ou cinq bergers, tous jeunes, et on s'entendait bien. Après s'être désaltéré, chaque troupeau rejoignait sans se tromper son arbre habituel. Là, pour de longues heures de repos, les brebis s'agglutinaient à nouveau. Depuis toujours le même châtaignier abritait les bergers. C'était un arbre colossal, vieux comme Hérode, au tronc couvert d'énormes boursouflures. Il avait la réputation de donner les plus belles châtaignes de la contrée. Au début de la saison, chacun de nous installait sous ses branches un lit de fougères. Avant d'ouvrir nos musettes, c'était la baignade à l'eau douce. Nus comme des vers, on s'en donnait à cœur joie : ablutions, barbotages, plongeons, brasse ou « nage du chien », le tout accompagné d'éclats de voix et de rigolades. Aucun risque de gêner les riverains, à cette heure-là le coin était désert. Ceinte d'énormes rochers couverts de lichens colorés, de grands aulnes, de touffes de menthe sauvage odorante, de pierres rondes et lisses, notre onde préférée était de couleur vert sombre.

Un vieux braconnier nous avait transmis le secret de la pêche à la main. Je me revois à demi immergé, glissant le bras sous une grosse pierre où se cachait une truite. Au contact du poisson, ma main remonta doucement, légère comme une caresse, jusqu'aux ouïes. A ce stade de l'opération, rien n'était encore sûr, la truite n'avait pas dit son dernier mot. La pression du pouce et de l'index sur les ouïes ne fut pas assez précise, ni assez rapide et forte, la prise m'échappa. Il ne me resta plus qu'à recommencer.

Après un bain de soleil sur les pierres chaudes et lisses, la faim nous tenaillait ! Le contenu des musettes ou des besaces, du pain, du fromage, des sardines en boîte ou du saucisson et parfois un oignon rouge, s'étalait sur des serviettes à petits carreaux bleus. Tout était partagé et « expédié » en un temps record. Une bonne rasade d'eau fraîche puisée à la source voisine par-dessus, et le tour était joué. Rassasiés et sereins, contents de notre sort, on « siestait » comme des bienheureux, bercés par le chant des cigales. Quand le soleil avait largement entamé sa course descendante, on levait le camp. Tintinnabulant, les troupeaux regagnaient la plaine. Intuitives et loin d'être sottes comme certains le prétendent, les brebis devaient bien se douter que le grand voyage à travers la montagne, la transhumance, approchait.

Connaissant bien le parcours et les nécessaires raccourcis, mon frère Godefroy les mènerait jusqu'au cœur de la Castagniccia, là-haut sur les pentes du San-Petrone, paradis des bergers.

Le grand soleil de juillet finissait de mûrir les blés. Au milieu d'une mer d'épis blonds, qui déjà s'inclinaient, les derniers coquelicots apportaient à ce tableau grandeur nature une note impressionniste. Depuis quelques années, la machine venait au secours de l'homme. L'une après l'autre, les minces faucilles, finement dentelées, à manche court, s'en allaient se perdre dans les remises. Tractée souvent par des bœufs, la moissonneuse-lieuse avait changé le cours des choses. En une matinée, notre champ fut coupé et mis en gerbes.

Un peu par souci d'économie, et surtout par goût de la tradition, nous avions choisi de continuer à battre notre blé selon l'usage antique. La batteuse nous paraissait bruyante et bien trop poussiéreuse. Toujours bien exposée, en poupe à tous les vents, souffle indispensable pour séparer le grain de la paille, *l'aghja,* l'aire de battage, soigneusement balayée, attendait les gerbes. En Casinca, elles étaient vastes, un cercle de quinze à vingt pas de diamètre sur un sol en terre battue, alors que celles d'autres régions comme l'Alta Rocca ou la Balagne, étaient plus petites et empierrées. Celles-là sont encore aussi belles de nos jours.

Le battage du blé, *a tribiera,* ce n'était pas une mince affaire ! La récolte représentait le pain de toute une année, et mieux valait prendre toutes les précautions pour la réussir. Ici, le temps était compté. Toujours possible, même en plein juillet, un orage, aux conséquences catastrophiques, devait être évité à tout prix. Pour mener à bien l'opération, il fallait des bras, surtout du savoir, et le savoir seuls les anciens le détenaient. L'aide des hommes et des bêtes était primordiale. Cinq chevaux étaient parfois nécessaires. Afin qu'un minimum de grains se perde, il était indispensable de manipuler les gerbes de blé le matin très tôt ; l'humidité de la nuit empêchait le grain sec de tomber. La première gerbe était toujours placée debout au centre de l'aire. Au fil des charretées ramenées du champ, le cercle s'agrandissait jusqu'à ce que l'aire fût pleine. Ce premier travail était souvent l'œuvre des enfants. La fête du blé pouvait commencer, une fête du cœur et de la solidarité, sans repas copieux, ni *Chjama è Rispondi.*

Les premiers rayons de soleil avaient vite absorbé la rosée de la nuit. Traînant une lourde et très ancienne pierre ovale, *u tribbiu,* sur laquelle était souvent gravée la croix de l'abondance, les bœufs entamaient alors l'interminable ronde, scène campagnarde, inchangée depuis des temps immémoriaux. Coiffés de larges chapeaux en feutre ou en paille, mouchoir paysan noué autour du cou, longues chemises en toile écrue portées par-dessus le pantalon de velours côtelé, deux ou trois hommes d'âge mûr, fourche de bois en main, secondaient le travail des ruminants. Ils retournaient les gerbes déjà rompues par la marchc pcsante des bœufs et la lourde pierre. La mélopée du meneur de bœufs montait sous le soleil méditerranéen. Un chant de labeur presque semblable à celui d'autres terres latines et aussi ancien.

Dans l'après-midi, quand les premières couches de paille furent enlevées et mises en tas, les chevaux prirent le relais. Attachés l'un à l'autre par une corde souple autour du cou, reliée à une longe tenue par un homme au centre de l'aire, les cinq chevaux entamèrent à leur tour une ronde au petit trot, tête haute, crinière au vent, et c'était beau.

Si tout allait de ce pas, le battage s'achèverait le lendemain soir. La récolte s'annonçait belle, les grains étaient superbes. Raison de plus pour ne pas laisser l'aire sans surveillance la nuit ! Des ânes ou d'autres bêtes en quête de provende pouvaient venir planter leur museau dans le tas de blé encore mélangé à l'ivraie et à la paille. Je pris mon courage à deux mains et me proposai de veiller sur le « trésor ». Pour la première fois, j'allais dormir à la belle étoile. La présence de l'un des successeurs de Madrid me rassura. Avant de quitter le champ, Ziù Matteo, le plus ancien et aussi le plus précieux de nos aides, observa le ciel, sembla humer l'air, m'assura que la nuit serait des plus douces et que la journée du lendemain bénéficierait, selon lui, d'une légère tramontane. Puis, à mon grand étonnement, il me conseilla de ne pas m'endormir tête nue sous la lune qui n'allait pas tarder à se lever. Je n'avais pas connaissance de cette croyance, et le « coup de lune » de Pirandello m'était encore inconnu. Je savais, par contre, qu'il ne fallait pas s'amuser à compter les étoiles sous peine, disait-on, de voir des verrues fleurir sur son épiderme, et en particulier sur les mains.

Je sortis du panier le repas que m'avait préparé ma mère et le partageai avec mon compagnon le chien. La pleine lune s'était levée. J'étendis une couverture sur la paille et m'allongeai le nez au ciel. J'avais à portée de main un gourdin destiné à caresser l'échine d'éventuels maraudeurs à longues oreilles. Je tins compte tout de même du conseil de l'ancien à propos de la toute ronde qui brillait là-haut. J'étendis ma veste sur ma poitrine de façon à la remonter aisément sur la tête lorsque le sommeil me gagnerait. Je m'embarquai à bord du Grand Chariot, me perdis un moment dans la Voie lactée, et tombai dans les bras de Morphée à l'approche de Vénus, oubliant à la fois la lune, les maraudeurs et tout le reste... A l'heure où les dernières étoiles s'éteignirent, la fraîcheur du petit matin me réveilla. L'aube déjà embrasait le levant.

J'avais dormi d'un seul trait et me sentais en pleine forme. Le chien avait disparu et la lune s'était éclipsée. Dans sa hâte, elle avait dû oublier de me taper sur la tête.

La ronde des chevaux reprit dès le matin. Leurs sabots tranchants hachaient minutieusement la paille et faisaient plonger le grain. Comme prévu, le meilleur des vents s'installa. L'ancien ne s'était pas trompé. Au fil des pelletées lancées en l'air avec adresse, l'ivraie et les brins de paille s'envolaient, s'en allaient recouvrir l'herbe sèche et les chardons du champ, alors que, dans un léger bruit de grêle, les grains de blé retombaient sur l'aire. Les femmes s'activaient, repoussaient à l'aide de légers balais, faits de branches de genêt effeuillées, les morceaux de paille que le vent ne pouvait emporter. Elles amassaient le blé déjà propre et chassaient les fourmis voleuses. Sous le soleil, sans répit, chacun répétait inlassablement les mêmes gestes, et ne s'arrêtait que pour se désaltérer à larges rasades d'une eau fraîche qu'un enfant venait offrir.

Au centre de l'aire, se dressait maintenant une montagne de grains dorés. Les grands sacs en toile de jute et le décalitre, objet indispensable pour un partage équitable, étaient prêts. Pour remercier le ciel de cette abondance, l'homme le plus âgé, un ancien poilu de Verdun, se signa puis s'agenouilla au pied du tas de blé et prononça la phrase rituelle : *« A nome di Diu, è di tutti i santi. »* (Au nom de Dieu et de tous les saints.) Il repoussa alors son large chapeau vers l'arrière, s'essuya le front d'un revers de main, et commença posément à mesurer.

Trois décalitres dans notre sac, un dans celui du propriétaire du champ où avait poussé le blé. Ainsi le voulait l'antique tradition du fermage, *di u terràticu*

[Si la récolte était particulièrement abondante, il laissait échapper ce dicton : *« Cù l'annate di à divizia, pensa à quelle di à dicetta. »* (Dans les années d'abondance, pense à celles de la disette.)]

J'admirais ces hommes dont la sagesse et le savoir conduisaient la vie rurale. Ces hommes qui parlaient peu mais dont le regard exprimait toujours tant de choses.

Le souvenir de cette fin de journée, bénie des dieux en dépit de la guerre, m'est resté. L'abondante récolte mettait du baume au cœur de chacun. Torses nus et hâlés, à l'encontre des anciens qui jamais n'exposaient leurs corps aux brûlures du soleil, des jeunes gens solides et adroits saisissaient les grands sacs de grain pour les hisser prestement sur la charrette à bœufs qui attendait tout près.

Pour finir en beauté cette fête du blé, l'aire de battage se transforma en aire de combat, en arène de lutte à mains nues : *I vinci,* un jeu venu d'un lointain passé, débuta. Sourire aux lèvres et lueur de victoire dans les yeux, les deux lutteurs s'empoignèrent à bras-le-corps. Collés l'un à l'autre, ils se dandinèrent de droite à gauche, essayant mutuellement de se déséquilibrer par la force d'inertie, tournoyant lentement comme une toupie déréglée, jusqu'au moment où le plus habile réussit à faire toucher terre à son adversaire. Pour conforter sa victoire, il le maintint quelques secondes plaqué au sol, sous les regards amusés de l'assistance.

Avant que les grillons n'appellent le crépuscule, une lumière blonde s'attarda sur ces paysages de mon enfance, qui toujours brûlent en moi.

La fin de la guerre approchait. L'Allemagne nazie n'avait que trop vécu. A coups de notes lentes et tristes, le glas annonçant la mort de Charles Bonafedi endeuilla en ce jour de printemps Petreto-Bicchisano et ses hameaux alentour. La dernière volonté du jeune combattant de la liberté pouvait maintenant être exaucée. On planta une croix à côté du mausolée de Jules Mondoloni.

La croix est encore là et la sépulture toujours vide. Charles Bonafedi avait dix-neuf ans. Il était normalien. Evadé du camp de Wolfsberg en Autriche, il avait rejoint les patriotes de Tito en Yougoslavie. Il mourut en combattant les fascistes, le 2 mars 1945 à Prinskovo près de Ljubljana. Après de longues et minutieuses recherches animées par le devoir de mémoire, Ketty Arrii, fille d'un résistant déporté, m'apprit que la dépouille du jeune Bonafedi reposait, anonyme parmi les anonymes, à l'orée d'une forêt de pins, juste au-dessus de la ville de Lasce en Slovénie.

La destinée de Charles Bonafedi me laisse un profond sentiment d'injustice. La liberté n'a pas de prix, c'est vrai, on peut mourir pour elle, « mais il est vrai aussi que le corps ne lui appartient pas, l'enveloppe charnelle doit retourner à la terre natale », dit Rinatu Coti.

Je garderai toujours le portrait d'un beau jeune homme brun aux yeux rieurs qu'une vieille dame, sa tante, m'offrit un jour à Ajaccio, pour me remercier de m'être souvenu.

La dernière forteresse volante du camp de Seraggia prit son envol et disparut dans le ciel en direction de l'Italie. La mission de l'US Air Force in Corsica prenait fin. Les Ricains déménageaient. Dans les soutes de l'immense oiseau gris, de nombreuses caisses avaient pris la place des bombes. Entassés dans la carlingue, des aviateurs et leur paquetage. Le matériel lourd, l'armement et les autres engins de guerre s'étaient progressivement engouffrés dans le ventre des liberty ships amarrés au nouveau port de Bastia. La majeure partie des infrastructures de la base avait été démontée et enlevée. Beaucoup de choses restaient encore sur le terrain, plus ou moins bien gardées par quelques GI qui faisaient acte de présence épisodiquement et n'avaient que faire de tout ce fatras. L'énorme gaspillage dont les Américains avaient toujours fait preuve allait naturellement inciter la population à « ramasser » ce qui semblait abandonné. Les commentaires allaient bon train : « Que vont-ils faire de tout ça, riches comme ils sont ! Après tout, ils ont tout de même ravagé la plaine et “boucané” nos oreilles avec leurs avions ! Cela mérite bien quelques petites compensations ? »

Les plus acharnés à se servir furent souvent ceux qui n'avaient subi aucun dommage. Certains s'étaient spécialisés dans le démontage rapide des marabouts. D'autres dans la récupération des canalisations du pipeline qui alimentèrent le terrain d'aviation. La Military Police avait bien fait de s'en aller.

On vit alors remonter du camp des cabriolets, et même parfois des chars à bœufs, encombrés de planches de contreplaqué, de gros rouleaux de papier goudronné, de nourrices vides, boîtes à outils, pelles, pioches, grandes bobines de fil téléphonique presque pleines, sans oublier le mobilier de campagne : bancs, tables, chaises pliantes et lits de camp. Les ânes, comme toujours, furent mis à contribution. On les voyait trimbaler d'énormes écheveaux de cordage ou de gros câbles électriques... Du coup, nous, on s'y est mis aussi !

Tout ce qui pouvait avoir une quelconque utilité fut récupéré, transporté et emmagasiné aussitôt. C'est fou ce que les périodes de crise et le besoin font travailler les méninges ! De vieux pneus furent morcelés, découpés en bandes et habilement transformés en sandalettes. Débités au chalumeau, dans la largeur ou la hauteur, les grands fûts de gazole devinrent abreuvoirs, mangeoires ou auges.

Les capuchons carrés en ferraille qui protégeaient le système de mise à feu des bombes firent, une fois soudés et peints, de solides tabourets et même des fauteuils ! Les douilles d'obus en cuivre se transformèrent en objets de décoration très recherchés.

Les gens rivalisaient d'imagination et d'ingéniosité. Pour habiller les balcons ou faire des portails, les tôles en acier ajouré de couleur verte qui recouvraient la piste d'envol étaient très prisées. Des matériaux vraiment inusables ! Derniers vestiges de l'épopée américaine, les fameuses tôles bordent encore, après plus d'un demi-siècle, certains enclos à cochons du côté de la vallée d'Orezza ou de Perelli-d'Alesani.

Voilà pour le « côté jardin » si l'on peut dire, mais les Amerlos ne s'étaient pas contentés de faire des dégâts dans la plaine, « côté cœur », ils avaient fait aussi quelques ravages. Flirts, amours passagères ou passions enflammées avaient émaillé leur séjour, avec, en point d'orgue, des adieux qui allaient parfois jusqu'aux larmes : *« Don't worry baby, I will come back soon... »* Tu parles ! « Loin des yeux loin du cœur », soupiraient « les promises ». La plupart ne croyaient plus au Père Noël depuis longtemps.

Plus chanceuse que toutes les autres, peut-être parce que plus pauvre, une belle brunette avait bien raison d'espérer secrètement. Son rêve américain allait devenir réalité. Peu de temps après l'Armistice, au grand étonnement des sceptiques et aussi des mauvaises langues, le très fortuné boy revint au village, l'épousa et l'emmena vers sa merveilleuse Floride où elle vit encore.

Des pétarades à n'en plus finir saluèrent la victoire du 8 mai 1945. Chacun voulut montrer qu'il avait au moins une arme, et qu'il savait s'en servir. Ce soir-là, mieux valait ne pas trop se pencher aux fenêtres. Après l'euphorie, la fin de la guerre annonça le déclin de l'antique grenier à blé de Rome : la Casinca, un déclin qui allait entraîner dans son sillage repères, traditions et autres valeurs. Les basses terres, pourtant si riches, furent les premières à retourner en friche, et ce n'était qu'un début. Les bœufs de labour prirent le chemin des abattoirs, les troupeaux et les fermes aussi modestes que la nôtre s'amenuisèrent et disparurent lentement.

Face à l'incertitude des lendemains, *Mamma,* pourtant si courageuse jusque-là, commença à baisser les bras. Elle avait peut-être deviné qu'aucun de ses enfants n'était ni ne serait jamais attiré par le travail de la terre, et décelé nos ambitions de futurs émigrants. Il nous aurait peut-être fallu les moyens de repartir sur des bases plus modernes et plus ambitieuses, mais ces moyens nous faisaient totalement défaut. D'autre part, nous n'avions, je crois, ni la force de caractère, ni le tempérament, ni même l'étonnante volonté de l'homme à la ceinture rouge, *Babbu.*

La plupart des terres que nous avions en fermage

furent restituées à leurs propriétaires. Nous gardâmes seulement quelques parcelles, juste de quoi survivre. A l'heure où d'autres, avec une décennie de retard, suivaient l'exemple du visionnaire en s'installant dans plaine, nous nous apprêtions à remonter au village, à Venzolasca, ainsi en avait décidé notre mère. Nous retournions en somme à la case départ ! Nous quittâmes cette maison que notre père avait bâtie de ses mains, devenue pour nous la maison du malheur, *a casa di a disgrazia.* Nous allions retrouver les mêmes pertes de temps, les mêmes tracas liés au fameux « monter et descendre », à pied ou à dos d'âne, que notre père avait refusé de subir.

Tout compte fait, ce retour involontaire aux sources nous arrangeait bien ! Après le départ des Américains, la plaine dévastée, morcelée, nous sembla entrer en léthargie. Nous avions grandi et la Nationale ne nous passionnait plus. Pour les adolescents que nous étions devenus, le village nous paraissait bien plus animé, plein de vie et d'agréments. L'air y était meilleur, les étés moins chauds, et la maison des ancêtres maternels plus spacieuse et mieux agencée.

A Venzulasca ! Un beau village de quelque six cents âmes, aux maisons solidement ancrées sur la ligne de crête, les îles Toscanes à l'horizon. Trois ou quatre grandes familles se partageaient la quasi-totalité des terres et des biens de la commune. Un village où le chiffre trois témoignait, coïncidence amusante, de sa vitalité : trois cafés, trois épiceries, trois menuisiers-ébénistes et trois moulins. Un village à part...

Dans les années trente, se souvient ma mère, il vit défiler les photographes les plus en vue de l'époque, Catani, Moretti, Tomasi, et j'en passe. Tous venus mettre en boîte l'étonnante curiosité ! Une femme habillée en homme et en plus armée d'un fusil de chasse !

A une époque où les qualités de la femme corse étaient plutôt la discrétion, l'effacement et surtout le sens de l'obéissance à l'homme, « La Bergère de Venzolasca », dite *a Mora,* la basanée, entra grâce à la carte postale dans la légende des insoumises. Je revois encore une photo qui la représentait debout, dans une clairière, altière et belle, les deux mains appuyées sur le canon de son fusil. Bottes de cuir, pantalon de velours serré, ceinturon, chemise à col ouvert, abondante chevelure lâchée sur les épaules et regard sombre, telle Maria Casarès dans certains de ses rôles.

Au sein d'une société étriquée, rigide et archaïque, la bergère avait eu le courage de revendiquer clairement sa liberté, sans tenir compte des règles établies depuis toujours, et d'afficher sans crainte son homosexualité. Selon ma mère, toujours, à aucun moment les autres femmes du village ne perçurent dans l'attitude de la rebelle un appel à la liberté et à l'égalité des sexes, alors qu'en Europe les mouvements féministes s'organisaient.

Bien avant l'épisode de la bergère en pantalon, le village de ma mère eut le triste privilège d'abriter l'une des plus durables et des plus sanglantes vendettas que la Corse ait connues. Vendetta qui débuta bien avant la fin du siècle dernier et eut pour origine un banal désaccord entre deux familles à propos de la possession d'un arbre ! Avec des périodes d'accalmie, les familles Sanguinetti et Paoli s'entretuèrent pendant près de quarante années. A la suite de ces événements, les habitants de Venzolasca héritèrent d'une réputation de gens belliqueux, peu commodes. Le temps, il est vrai, arrange souvent les choses. *A Venzulasca* retrouva sa sérénité, ou presque, et son goût de l'hospitalité.

A chaque guerre succède une période d'insouciance et de défoulement à la fois du corps et de l'esprit, un peu comme si les gens voulaient rattraper le temps perdu. D'autres, inquiets sur leur futur, recherchent des dérivatifs ludiques et superficiels.

Mis à part les joueurs de belote ou de rami, et quelques piliers de comptoir, la Villa Merveille et son vieux piano mécanique n'attiraient plus grand-monde. Les temps avaient changé, la guerre y était peut-être pour quelque chose.

Dès l'ouverture du dancing, la fièvre du dimanche après-midi et des jours de fête s'empara de Venzolasca ! En un rien de temps, *a ghinghetta,* comme disaient les vieux, devint le centre du monde, l'incontournable rendez-vous de toute la jeunesse, le temple de la danse ! Elle occupait tout le rez-de-chaussée d'une maison ancienne, à la sortie du village. Une grande salle à voûtes très hautes, passées à la chaux ocre, meublée de tables en bois et de chaises rustiques. Ici, pas de piste cirée, de décorations rococo, ni de boule tango au plafond. Ce n'était certes pas Le Florida, mais bon, faute de mieux...

Au bout du grand comptoir en dur, trônait la nouveauté, un pick-up flambant neuf et une pile de soixante-dix-huit tours, pas de vieilleries, rien que des « tubes ». Comme bien d'autres, je m'y étais précipité dès l'ouverture. N'ayant jamais esquissé le moindre pas de danse, je me contentai d'observer le manège, d'écouter les nouveautés en sirotant une menthe à l'eau. Je sentis que je n'allais pas tarder à me lancer, *à lanciami !* A entrer dans la danse.

Ce fut plus difficile que je ne l'imaginais : l'appréhension d'être ridicule, de marcher sur les pieds de ma partenaire... Finalement, je décidai de reporter ma grande première au dimanche suivant.

Le jour dit, je me fis propre comme un sou neuf, astiquai ma seule paire de chaussures « fines », m'appliquai soigneusement sur le pli de mon pantalon gris en flanelle et passai mon premier polo vert bouteille, celui des grandes occasions. Les cheveux « brillantinés » à la Roja, j'étais fin près pour l'épreuve du jour. La guinguette était déjà bondée.

Tant mieux, pensai-je, on me remarquera moins. Plus d'hésitation possible ! Ma première tentative se solda par un échec. La chipie devait attendre une autre invitation que la mienne. Ça ne s'annonçait pas très bien ! Tout penaud, presque vexé, mais fermement décidé à tenter à nouveau ma chance, j'allai m'accouder au comptoir.

Aux premiers accords d'une nouvelle danse, je fonçai vers Marie-Ange, une mignonne brunette à peu près de ma taille. Cette fois-ci, c'était dans la poche. Toute pimpante, ma première cavalière m'ouvrit les bras et m'entraîna sur la piste, « en avant et en arrière, c'est vraiment facile à faire », chantait une demi-vedette du disque dans une samba au rythme trépidant. Je ne m'en étais pas trop mal tiré. Sans devenir un accro de la gambille, j'avais tout de même mordu à l'hameçon.

On dansait alors au son des castagnettes et des *Olé !* A certains moments, on se serait cru à Séville ou à Valence ! Sans pouvoir prétendre dégommer nos « espagnolades » préférées, genre *Espanà Cani, Rosio, Besame mucho* et autres *Adios muchachos,* sans oublier l'inusable *Cumparsita,* la *Brésilienne* faisait fureur :

« Joseph est au Brésil, il danse la samba, et va de ville en ville pour en apprendre tous les pas. » Quelle trouvaille ! « Monté sur un cheval, coiffé d'un sombrero, il va dans tous les bals de Bahia jusqu'à Rio. » Ce n'était certes pas du Prévert et Kosma, je vous l'accorde, mais ça bougeait, ça remuait, ça aidait à se trémousser sur fond de bongo, de maracas et de batterie débridée ! Une vraie folie. Les haut-parleurs du Philips en étaient tout vibrants.

Dans le sillage de Glenn Miller qui, avec son célèbre *In the Mood,* avait lancé le mouvement, déclenché la frénésie de la danse à travers l'Hexagone, les précurseurs du show-biz prirent le train en marche. Ils rivalisèrent de trouvailles dansantes, avec des noms à vous faire tomber à la renverse : la raspa, le spirou, et j'en passe. Il y eut aussi, chose à peine croyable : la danse atomique, peut-être en souvenir d'Hiroshima !

Même Tino mit son talent à contribution, se lança dans la bataille des danses chantées avec une bluette sautillante, *La Marchina* : « La danse qui vient de Paris à jolis pas » n'avait pas déchaîné les passions. Avec *Bohémienne aux grands yeux noirs, Les Pêcheurs de perles* et tant d'autres belles chansons, notre illustre Ajaccien nous avait tout de même habitués à mieux.

Par soixante-dix-huit tours interposés, l'industrie phonographique renaissante nous abreuvait régulièrement de nouvelles danses, de nouveaux refrains pseudo-exotiques. L'Amérique latine inspirait les faiseurs de chansonnettes : « Aïe, aïe, aïe, Maria, Maria de Bahia, elle avait le teint comme du satin la belle Maria, et tous les cœurs cabriolaient quand elle montrait ses mollets couleur de café au lait... »

Une autre petite « cuculterie » à la mode cubaine nous révéla que « de Miami jusqu'aux Antilles, par calme plat c'est à deux pas », que le « ciel sentait bon la vanille dans ces coins-là ». Et enfin, quand Georges Guétary faisait danser tout Mexico, « Chiquito, le plus fier et le plus beau, poursuivait l'amour au grand galop ». Du coup, nous baptisâmes notre cheval Chiquito.

Avec des refrains à la sauce brésilienne via Buenos Aire, l'Argentine alimentait mes rêves. Refrains à deux sous, remplis de Chiquita et de Pedro, de Paquita aux yeux si beaux, de pampas et de ranchos, de sierras et de gauchos, la voix de Carlos Gardel m'est restée.

La guinguette tournait à plein régime. Les amateurs arrivaient de partout, même de Bastia. Le patron, tout désolé, se voyait parfois dans l'obligation de refuser du monde. Certains dimanches de printemps, les abords du Bal de l'Union prenaient des allures de place Saint-Nicolas à l'heure de la promenade. Attirées par les flonflons de la fête, des bordées de jeunes filles bras dessus, bras dessous, des enfants de tous âges, des retraités et autres curieux encombraient la route de Vescovato. Les rares automobiles qui y circulaient se frayaient le passage à coups de klaxon intempestifs.

Considérant *a ghinghetta* comme un lieu de perdition, certaines grands-mères conseillaient à leurs petites-filles aux formes déjà avantageuses de ne jamais y mettre les pieds. Ces suspicieuses de nature ignoraient que celles-là s'y précipitaient plutôt deux fois qu'une. D'autres *Mammone* encore plus exigeantes, et encore plus soucieuses de la réputation de leurs jeunettes, leur recommandaient de tourner la tête lorsqu'elles passaient devant cet endroit si peu convenable.

Ce fut un beau mariage, *un bellu matrimoniu*, comme on n'en fait plus beaucoup, avec un très beau sermon du vieux chanoine Saggesi entouré pour la circonstance d'au moins trois prêtres, avec une longue messe chantée par les anciens, l'occasion de voir, au lendemain de la guerre, un village tout en fête et en bonheur retrouvé. Les hautes maisons grises au toit en lauzes n'en revenaient pas. Elles avaient beau écarquiller leurs persiennes vertes, jamais elles n'avaient vu un aussi long cortège, avec autant d'aussi belles robes, qui accompagnait la mariée, et une aussi abondante pluie de riz porte-bonheur.

Depuis le matin, à maintes et maintes reprises, *a ciccona*, annonçant les épousailles, avait sonné à la volée. Toute parée, illuminée et fleurie, la maison de Dieu dédiée à sainte Lucie accueillait ce jour-là Madeleine et André unis par l'amour et l'espoir.

A l'extérieur, assis sur les marches de l'église, presque sages, tous les enfants du village attendaient patiemment. Ils étaient là pour une tout autre raison et la messe leur sembla sans doute un peu longuette.

Après un pieux *Ave Maria* de Gounod, chanté *a capella* par le ténor local, la cérémonie s'acheva. Le cortège se reforma au son de l'harmonium et des cantiques. A la sortie, les jeunes mariés s'arrêtèrent sur le parvis. Les enfants se levèrent aussitôt. *I soldi*, les pièces de monnaie, unique objet de leur attente, n'allaient pas tarder à tomber du ciel. Une demoiselle d'honneur remit au marié un petit sac en toile de jute qui contenait à coup sûr le pactole destiné à la marmaille.

Heureux comme on peut l'imaginer, André Massoni lança et relança à pleines mains, le plus haut possible au-dessus de la place, la manne attendue par les enfants tout excités. Il s'ensuivit une bousculade inouïe, ponctuée de cris et d'éclats de voix enfantines, qui amusa tout le monde. Les pièces trouées de cinq sous furent ramassées, empochées aussi vite qu'elles étaient tombées. Cueillies au vol par de petites mains habiles, certaines n'eurent même pas le temps de toucher terre. Les plus prompts, qui n'étaient pas forcément les plus âgés, empochèrent la part du lion. Pour les moins futés, les lourdauds, la recette fut plutôt maigre, juste de quoi s'offrir une pochette-surprise et quelques caramels mous chez la mère Sanguinetti.

Animées par le devoir de paraître, et aussi pour conjurer la pénurie qui sévissait encore, les deux familles avaient placé ce mariage sous le sceau de la générosité et de l'abondance. Tout le village était attendu. Durant les jours qui précédèrent la fête, les spécialistes de la pâtisserie les plus réputées des environs mirent, c'est le cas de le dire, la main à la pâte ! et leur savoir à contribution.

De vieux fours à pain mis en sommeil par la guerre furent nettoyés et rallumés. Pendant des jours d'alléchantes odeurs embaumèrent les ruelles de Venzolasca. Des dizaines de kilos de farine passée au tamis de soie, des centaines et des centaines d'œufs, sans compter le sucre, pourtant toujours rationné, et bien d'autres denrées recherchées, furent nécessaires à la fabrication de toute la gamme des délices locales : *Fis-*

culi Mario, blancs comme neige, croquants aux amandes, *canistrelli,* à pleines panières, *frappe* dorées, choux à la crème et tartes à la mode corse (immenses, de forme carrée ou circulaire, constituées d'une génoise très haute et légère, nappée d'une mince couche de chocolat noir, et décorée de sucre glace aux prénoms des mariés).

Une orgie de gâteaux s'étala sur les tables habillées de blanc. Abondamment arrosée de mousseux, de vin du Cap, de muscat et de cédratine, la fête battait son plein. Puis les nouveaux époux ouvrirent le bal. Plus tard, toute façonnée en nougatine bastiaise, la pièce montée, *u trionfu,* fit une entrée très remarquée, presque solennelle. Les invités entourèrent aussitôt les mariés qui commencèrent à la découper cérémonieusement. Chacun tendit son assiette pour être sûr d'avoir un morceau de ce bonheur.

Un autre moment très attendu arriva, celui des refrains. A cette époque, Venzolasca ne manquait pas de chanteurs. La renommée de certains amateurs franchissait largement les limites cantonales ! Il y avait aussi les admirables voix des chantres qui tentaient, contre vents et marées, de maintenir vivante la tradition des polyphonies sacrées, *a messa in paghjella,* menacées de disparition. En guise de sérénade avant l'heure, la première prestation fut, courtoisie oblige, dédiée à la mariée, puis on continua de plus belle, et chacun y alla de son petit couplet, en français le plus souvent.

En chemise blanche à col ouvert, veston bleu acquis pour la circonstance et pantalon gris, j'avais applaudi les uns et les autres. Persuadé que chacun ici ignorait que j'avais une voix, je fus surpris que l'on me demande de chanter à mon tour ! J'avais oublié sans doute que dans nos villages, souvent, les oreilles « traînent » partout... Celui qui avait « vendu la mèche » m'avait peut-être entendu ténoriser en cachette sous les noisetiers du moulin. Je me sentis visé, des regards se tournèrent vers moi et un ban ne tarda pas à s'ouvrir. Pris au dépourvu, je fus à la fois flatté et terriblement intimidé. Une sorte d'angoisse irraisonnée, dont j'ignorais encore l'existence et le nom, s'empara de moi. Le ban s'accentua : *« Aiò, canta ! O Ui Ui. »* Je sentis bien que je n'avais aucune chance de passer au travers, d'éviter l'épreuve... tout en la souhaitant.

Le petit verre de vin du Cap, que j'avalai avant de m'éclaircir la voix, sembla m'apporter un peu de réconfort. Assez gauche, je me levai et entonnai la complainte Corse : *In casa à mè...* Après les premiers mots, mon angoisse disparut comme par enchantement. L'attention de l'auditoire me donna du cœur, me permit de croire que je maîtrisais à ma guise cette première apparition en public, la chanson était tellement belle et je la ressentais si bien. Enrichie d'une petite fioriture née de mon imagination, la note finale, *in falsetto*, déclencha à ma grande surprise un tonnerre d'applaudissements. *« Un'altra, cantacine un'altra ! »* (Chante-nous-en une autre !) réclamaient certains en tapant dans leurs mains. J'étais bien embarrassé et bien trop ému pour oser renouveler l'aventure. Finalement, je trouvai l'excuse que je n'en connaissais pas d'autres, et me rassis rouge comme un coquelicot, apparemment désolé et, quelque part, assez fier de moi. Etais-je déjà un peu cabotin sans le savoir ?

Précédée d'une passion qui m'animait depuis mon plus jeune âge, cette première allait faire naître en moi l'idée de monter un jour sur les planches, de jouer à l'artiste, comme l'on dit.

Le créateur de *La Complainte corse,* Tino Rossi, pour qui j'avais une véritable admiration, n'était certes pas étranger à cet amour du chant qui frémissait en moi. Il avait le physique et la voix dont rêvaient tous les Latins. Cet homme à la fabuleuse carrière symbolisait à mes yeux tous les espoirs de réussite d'un jeune Corse de famille modeste.

La première fois que je le vis au cinéma, c'était au Régent à Bastia, pendant la guerre. *In casa à mè*, une des chansons du film *L'Ile d'amour*, la seule que Tino chantait en langue corse, bouleversa la salle. A l'époque, j'étais bien trop jeune pour deviner d'emblée comment une simple chanson pouvait émouvoir à ce point. Je compris vite que rien n'était dû au hasard.

Il y avait la magnifique musique de Roger Luchesi, originaire d'Olmeto, considéré à l'époque comme l'un des compositeurs les plus en vue de la variété française, le texte d'un grand poète : Carulu Giovoni et un interprète à la voix exceptionnelle, sans compter la qualité de l'enregistrement... mais il y avait autre chose, la surprise d'entendre au milieu d'un flot de chansons en français, Tino chanter corse dans un film à succès. Une sorte d'émerveillement à écouter « parler d'amour et dire des choses tendres » dans notre langue de tous les jours, celle qui était encore à l'époque, au sens propre, notre langue maternelle.

Découvrir combien ce « patois » interdit sur les bancs de l'école était riche, coloré, et qu'il ne pouvait ni ne devait disparaître. Enfin, l'évocation de la communauté d'origine, le village. *U Paese*, un mot magique qui pour nous tous est le point fixe auquel on se raccroche, le lieu inoubliable de l'enfance, de la famille réunie et solidaire.

Grâce à la notoriété et au talent d'un enfant d'Ajaccio devenu célèbre, *La Complainte corse* allait s'installer dans les mémoires insulaires, à commencer par la mienne, et traverser le temps sans prendre de rides.

Au village les nouvelles vont vite ! Après ma prestation lors du grand mariage, en quelques jours, je devins le nouveau Tino de Venzolasca. Je dis le nouveau car ici il en existait déjà un, et doué d'une voix identique à celle de notre idole ! C'était Filippu « Tino » !

Désormais, ma renommée *intra muros* était bel et bien acquise. Je donnais de la glotte à la moindre occasion et sans me faire prier. Le soir sur les placettes et le dimanche à l'église, où les dévotes se pâmaient en écoutant mon *Ave Maria* de Schubert chanté en demi-teinte.

L'été, quand débarquaient les cousines de Fontenay-aux-Roses ou du Maurillon, venait le temps des sérénades. Même sans guitare, ma voix devenait le sésame qui faisait ouvrir pour une fête improvisée les portes des maisons qui abritaient les objets de notre admiration. Lorsque l'ambiance s'y prêtait, une nouvelle roucoulade finissait d'apprivoiser les belles citadines que les vacances et la fin de la guerre ramenaient à nouveau au village.

Mon répertoire s'étoffait au point de faire des infidélités au grand Tino. Chaque nouveauté qui sortait de la TSF était captée et mise en mémoire, des bluettes de toutes sortes : « Y a des zazous dans mon quartier », la rengaine du « Gros Bill qui passait au petit trot tout le long de li le long de l'eau », ou bien « Quand allons-nous nous marier mon cow-boy adoré » que chantait Georges Ulmer, et plein d'autres ritournelles à trois sous. Tout était bon à mettre en voix. J'avais en permanence un refrain au bord des lèvres.

Sans aller jusqu'à penser me voir un jour en haut de l'affiche, l'idée de monter sur scène suivait son petit bonhomme de chemin.

Tel un phare, la radio, *u postu,* nous reliait à ce Continent dont nous rêvions et que chacun imaginait toujours en le regardant par le petit bout de la lorgnette. Comme un Roi-Soleil, Paris régnait en maître et nous éblouissait de loin. La boîte magique en faux merisier, au cadran lumineux, distillait chaque soir les dernières nouvelles de la capitale et du monde. Luis Mariano triomphait au casino Montparnasse dans *La Belle de Cadix*, une voix irrésistible affirmait le commentateur. A Cannes, le premier festival du cinéma venait d'ouvrir ses portes. Sans dopage, Robic remportait le tour de France, alors qu'on s'apprêtait à célébrer le mariage de la princesse Elisabeth d'Angleterre. Edith Piaf annonçait sa rentrée prochaine à l'ABC avec à ses côtés un jeune Italo-Marseillais dont on saura plus tard qu'il avait un immense talent, alors que Marcel Cerdan devenait champion du monde en battant Tony Zale à New York.

Les radiocrochets aux récompenses prometteuses captaient toute mon attention. Sous les réclames revenues en force, perçait déjà le succès de la publicité : « Bio Dop, dop dop dop », une trouvaille géniale : « La pile Wonder ne s'use que si l'on s'en sert »... Paris, toujours Paris ! « Soir de Paris parfumé, Soir de Paris mois de mai », chantait Tino. Le miroir aux alouettes était en place.

Au printemps 1947 ou 48, la surprise vint de Marseille. La radio commença à diffuser à partir de sa station provençale, « La Voix de la Corse », une émission en langue maternelle, conçue et présentée avec spontanéité et talent par les frères Ambrosi, Jean et Dominique, originaires de Castello-di-Rostino, et par Frédien Santini. Cette première créa l'événement. Chaque lundi, à dix-neuf heures quinze, personne n'aurait voulu manquer *A voce di a Corsica*. Ceux qui n'avaient pas encore la TSF se précipitaient chez le voisin pour « écouter les Corses », comme l'on disait.

Etait-ce là une première réaction de « corsitude » face à une perte d'identité déjà bien installée ? Un tel, dont je tairai le nom, écoutait avec bonheur l'émission, puis, édifiant paradoxe de l'époque, conseillait ou interdisait à ses enfants, selon l'humeur du moment, de parler corse pendant le repas !

Le vieux moulin, où se cachent les souvenirs les plus marquants de ma jeunesse, vit en moi. Les êtres et les choses qui peuplaient ce lieu enchanté me parlent encore, me guident. Bien que le travail n'ait pas manqué durant ces années de l'après-guerre, mon grand-père savait que le temps des moulins à eau n'allait pas tarder à être révolu. Malgré tout, il avait tenu à transmettre son savoir-faire à ses petits-fils, pour la beauté du geste, pour l'art, par passion et pour ne pas rompre le lien du passé. Il nous fit meuniers d'honneur.

Sur ses conseils, je mis en terre autour du moulin des dizaines de jeunes noisetiers. Aujourd'hui, les meules au repos sont constellées de lichens. Témoins de sa quête de continuité, les noisetiers dressent fièrement leurs branches au-dessus de la rivière et, quand vient l'automne, il pleut toujours autant de noisettes sur la place du moulin désert.

Cette année-là, l'hiver avait l'intention de s'installer plus tôt que prévu. Le *Libecciu* emporta les dernières feuilles des châtaigniers. La neige n'allait pas tarder à blanchir les cimes. Dès que le soleil disparaissait derrière le mont Sant'Anghjuli, le froid se faisait plus mordant. Déjà emmitouflés, les gens se hâtaient de rentrer chez eux. La récolte des châtaignes ne fut pas des meilleures, les séchoirs étaient à demi pleins. Comme chaque année à l'approche des froidures, le claquement des haches et le léger sifflement des passe-partout animèrent la vallée. Ployant sous d'impressionnantes charges de bois sec, les ânes, toujours fidèles et besogneux, avaient approvisionné chaque maison. Les femmes rangèrent près des fours les grands fagots de bruyères et d'arbousiers qu'elles avaient rapportés sur leur tête.

L'hiver et les longues veillées autour du feu pouvaient commencer.

Fate, streghe, gnugni e maghi, fées, sorcières, croquemitaines et ogres géants qui dévoraient crus les petits enfants, tout l'imaginaire qui avait peuplé notre petite enfance était déjà bien loin. Les veillées à l'ancienne commençaient à décliner, à passer de mode. Les prémices de la vie moderne et leurs conséquences s'annonçaient.

Certes, les gens ressentaient encore le besoin de se retrouver le soir pour parler de choses et d'autres, pour tuer le temps en bonne compagnie. La veillée permettait aussi aux femmes de reprendre tout en bavardant l'ouvrage laissé de côté pour d'autres tâches quotidiennes, le chandail, une paire de chaussettes, une brassière pour le prochain nouveau-né. Certaines faisaient preuve d'une habileté étonnante. Elles crochetaient la laine à petits gestes rapides et précis, sans jeter le moindre coup d'œil à leurs mains.

J'aime évoquer les soirées aux châtaignes grillées à plein brûloir en terre ou en métal, *l'arrustite,* qui noircissaient les doigts, régalaient petits et grands. Roulées encore toutes chaudes dans la paume pour mieux les décortiquer, aplaties sur la table d'un léger coup de poing, les châtaignes disparaissaient aussitôt dans les bouches gourmandes. Soirées toujours accompagnées de vin chaud, faites de bonne humeur et de joie de vivre, elles ne laissaient aucune place à la morosité.

Très prisées aussi, les « soirées polenta » nécessitaient, si l'on voulait que le « pain des ancêtres » soit cuit à point, la présence d'un spécialiste.

La polenta de châtaignes est cuite dans un chaudron et remuée constamment avec un court bâton de bois sec, *u pulendaghju*. Lorsqu'elle est cuite, après une heure, on la renverse sur un linge saupoudré de farine posé sur la table, puis elle est découpée en tranches à l'aide d'un fil ou d'une branchette de bruyère.

Dans la plupart des maisons, la cheminée devait suffire à chauffer toutes les pièces. Les vieilles fenêtres à espagnolette cédaient le passage à des filets d'air glacé qui vous transperçaient comme de fins couteaux. La toilette du soir passait souvent « à l'as », et autant vous dire qu'au moment d'aller au dodo on ne traînait guère dans les chambres. Sitôt à demi déshabillés, nous disparaissions sous les couvertures, dans les vieux draps de lin, si rêches et si froids. En attendant le lent réchauffement de la « niche », la position en chien de fusil s'imposait avant de déplier nos jambes. Les soirs de grande froidure, maman nous faisait la grâce d'une briquette chaude enveloppée dans du papier journal.

Tricot à manches longues en flanelle, caleçon molletonné, bonnet de nuit enfoncé jusqu'aux oreilles, l'accoutrement nocturne de grand-papa meunier, frileux comme pas un, nous faisait pouffer de rire ! On le soupçonnait même de garder ses chaussettes de laine.

Bercé par le léger bruissement des fontaines publiques, le village s'endormait tôt. Pour les distraits et les durs d'oreille, le clocher redisait les heures.

Au fond de la vallée, en plein maquis, dans une cabane au toit de tôle ondulée, recouverte chaque matin de gelée blanche, vivait un charbonnier. Depuis qu'un sanglier avait égorgé son chien, l'homme des bois était encore plus seul. Les nuits d'hivers du Sarde, *u Sardignolu* comme disaient les gens, étaient autrement plus rudes que les nôtres ! Pas très jeune, plutôt maigre, il avait un visage en lame de couteau et ne souriait jamais. A croire qu'il était en deuil.

Eté comme hiver, il coupait du bois pour alimenter la charbonnière, à proximité de sa cabane. Quand le charbon était fin prêt, un marchand venu de la ville lui achetait sa production. Par ici, les visiteurs étaient plutôt rares. De temps à autre, un braconnier ou un chevrier de passage échangeait avec lui quelques mots, et c'est tout. L'homme était peu loquace. On le sentait constamment sur ses gardes. Une fois par semaine, il montait s'approvisionner à l'épicerie du village. Il remplissait sa besace de nourriture, de boissons et payait toujours comptant.

Je le revois traversant la grand-rue, épaules courbées. Il saluait du bout des lèvres ou d'un simple hochement de tête les quelques personnes qu'il connaissait de vue puis, à pas lents, redescendait vers son repaire de solitude. Qui était cet homme, qu'avait-il donc fait pour vivre ainsi en paria ?

Certains bruits laissaient entendre qu'il avait fui la Sardaigne après avoir abattu deux personnes de sa famille. Une histoire d'héritage, disait-on. A deux ou trois reprises, l'un de ses fils avait franchi les bouches de Bonifacio avec l'espoir de le ramener au pays. Rien à faire ! Le maquis l'avait pris et le gardait. Puis un beau jour, un berger à qui il avait demandé de lui procurer un nouveau chien le trouva étendu en travers du sentier, à quelques pas de la charbonnière encore fumante, face contre terre, raide comme un passe-lacet, et lardé de dix-sept coups de couteau.

Au cours de l'enquête, les gendarmes n'eurent aucun

mal à découvrir ses économies cachées dans une boîte en fer, sous sa paillasse. Le vol n'était donc pas le mobile de l'assassinat. En Sardaigne comme en Corse, la vengeance est un plat qui peut se consommer froid !

Cette fois, le fils du charbonnier ne viendrait pas pour rien.

Souvent, jusqu'à Pâques, chaque pièce de la maison gardait cette odeur de bois brûlé qui s'insinuait jusqu'au fond des armoires. Le nettoyage de printemps ouvrait grandes jalousies et fenêtres.

Les fêtes pascales annonçaient les beaux jours. Le village sortait ses atours. La Fête-Dieu était aussi la fête des boutons-d'or. Certains champs de la plaine en étaient couverts. Enfants et jeunes filles les ramassaient à pleins paniers pour en faire de longs colliers qu'ils suspendaient aux fenêtres pour le passage de la procession. Conduisant la cérémonie chantée, monsieur le curé, en chasuble blanche richement brodée, avançait dignement à l'abri d'un baldaquin porté par quatre jeunes gens en aube blanche. Ces colliers jaune d'or, qui semblaient vernis, allaient ensuite fleurir les images saintes qui ornaient chambres et alcôves.

L'innocent du village, *Lou Ravi*, comme on dit du côté de Manosque, habitait une petite maison proche de l'église Sainte-Lucie. A la naissance, sa mère lui donna le plus doux des prénoms, Ange.

Dans sa folie douce, Anghjulu Botacci, dit Sciccodè, avait deux passions, il ne rêvait que de chansons et de femmes. Pas mal charpenté, non dépourvu d'un certain charme, brave et tendre comme du pain frais, serviable, honnête, il avait à cinquante ans passés gardé une âme d'enfant. N'étant jamais allé à l'école, la langue de

Molière lui était tout à fait inconnue ! Cependant, il n'aimait chanter qu'en français, c'était la mode. Sa romance préférée, son succès : *Sérénade près de Mexico.* Notre Angelot avait dû faire bien des efforts pour en apprendre phonétiquement les paroles... mais cela n'avait pas dû marcher ! Alors il inventait chaque fois des mots incompréhensibles, il improvisait à sa façon. A la rigueur, le titre de la chanson, même pas mal estropié, nous arrivions à le décoder, mais pour le reste ! Dès qu'il commençait à bramer, il avait le don de déclencher l'hilarité. C'était notre bouffon. Nos rires et nos moqueries souvent excessifs ne le gênaient nullement. Les yeux levés au ciel, il donnait de la voix sans se préoccuper du reste. Sa crédulité n'avait d'égale que sa faiblesse d'esprit. Nous lui faisions gober n'importe quoi, surtout au sujet des femmes. Parfois, en essayant de garder notre sérieux, nous lui disions :

– *O Anghjulu, hè ghjunta una bella femina, una maestra !* (Une belle fille est arrivée, une maîtresse d'école !)

Aussitôt, il dressait l'oreille, s'émoustillait. Généralement, lorsque nous lui tenions ce genre de propos, nous avions à coup sûr une idée derrière la tête, une de ces blagues douteuses dont l'invention n'était pas toujours à notre honneur.

Une fois nous décidâmes que cette beauté (imaginaire) logeait chez une vieille mégère dont les fenêtres ouvraient sur telle placette. Une sérénade s'imposait !

Le soir, à l'heure où les lampadaires s'éteignirent, nous fûmes à pied d'œuvre. Après avoir recommandé à notre Arlequin de bien se placer sous la fenêtre, nous nous assîmes un peu à l'écart pour ne rien perdre de la scène qui allait suivre. Passionnée, vibrante, la voix de l'Ange résonna sur la placette :

– *La sérinadiiii, prés de Messicou, la la la...*

Ce qui devait arriver arriva au début du deuxième couplet. Le contenu d'une bassine d'eau stoppa net son envolée lyrique et le trempa comme une soupe. A l'instant même où nous prîmes le large, le répertoire changea. Une bordée d'injures à réveiller le quartier monta vers la fenêtre aux persiennes déjà closes.

Pauvre Sciccodè ! Nous avions une façon bien cruelle de tuer le temps. Il ne fut pas dupe de notre manigance, mais le lendemain, l'innocent avait tout oublié.

Une foule de personnages atypiques, burlesques ou loufoques, reviennent de temps à autres peupler le décor de mes dernières années passées au village.

En fin de journée, on était sûr de trouver du côté de Piazzetta, tranquillement assis sur sa murette préférée, Nicodème B. Une trogne d'enfer, une vraie « vedette ». Cet ancien charretier possédait un don rarissime. Certains bruits incongrus n'avaient plus de secret pour lui. Têtu comme ses mules, bourru, et pas toujours disposé à faire plaisir, d'où l'obligation de lui demander s'il voulait bien... avec tous les égards dus à son âge. Comme tous les « artistes », il aimait peut-être aussi se faire un peu prier, conscient de la valeur et de l'originalité de sa spécialité. En effet, les pétomanes, ça ne court pas les rues ! Ce bruiteur insolite, virtuose des courants d'air, était capable de vous envoyer un chapelet de pets à toute heure.

Après bien des refus, notre insistance finissait toujours par le convaincre :

– *Quantu nè vulete ?* (Combien en voulez-vous ?)

– *Fatecinè una bella duzzina.* (Faites-nous-en une bonne douzaine !)

Il dépliait alors son mètre cinquante-cinq, écartait légèrement les jambes, bloquait son diaphragme après avoir inspiré très fort et, d'une simple pression de l'index au bas du ventre, toujours côté droit, déclenchait la pétarade ! Ça partait aussi bien en rafale qu'au coup par coup. C'était à ne pas y croire. Ce champion du pet sur commande modulait à sa guise une drôle de musique. Au milieu de nos rires à gorge déployée, une dernière petite salve mettait fin à la séance de tir. « *Torna, aiò torna !* » Un petit supplément nous aurait ravis. Rien à faire, nous avions beau le supplier, lui taper gentiment sur l'épaule, le bruiteur demeurait intraitable. « *Dumane, dumane* » (demain), disait-il pour se débarrasser de nous. Le vieux Nicodème enfournait alors une dernière chique dans sa bouche et semblait retourner à ses rêves de charretier.

En ces années de l'après-guerre, la vie était dure, et « l'aide sociale » plutôt timide. Les laissés-pour-compte, *i disgraziati*, n'avaient qu'un seul choix : pratiquer l'imagination et la débrouillardise pour essayer de tromper la misère.

Au croisement de Venzolasca, le premier autobus venant de Bastia déposait le dimanche matin un passager peu ordinaire que nous avions baptisé « Mivoilà ». Les bras encombrés par deux gros cartons, l'homme avait bien du mal à franchir la porte à soufflet. Maintenu par des bretelles fantaisie, un pantalon bien trop large en toile, qui avait dû être bleue, tombait sur de drôles de chaussures à lanières. De sa redingote écrue dépassait un tricot marin. Un chapeau rigolo en paille complétait l'accoutrement clownesque du petit homme.

En un tour de main, il reliait les deux cartons avec une cordelette sortie prestement de sa poche, se penchait en avant, la passait derrière son cou et se redressait, flanqué de ses deux colis appuyés sur la poitrine. Tout guilleret, l'air décidé, Mivoilà prenait la direction du village, *attippava* !

Afin d'éviter le ballant de la charge, il avançait à petits pas glissés et rapides qui lui donnaient une allure de porteur annamite. Après avoir franchi le pont Saint-Antoine, il attaquait avec vaillance l'étroit et malaisé raccourci qui grimpait jusqu'au village.

A l'approche des premières maisons, le colporteur du dimanche lançait avec son accent espagnol et une voix de crécelle qui portait loin le slogan devenu familier aux villageois : « Mi voilà, mi voilà, panettes et pains chocolat. » Si la placette où il venait d'installer ses cartons tardait à s'animer, l'ambulant, tout à son aise, y allait d'un nouvel appel. Déboulant des ruelles, les enfants reprenaient à tue-tête le fameux « mi voilà, mi voilà... ». Fidélisés par la saveur des viennoiseries bastiaises, et surtout par l'envie de consommer dans une période où rien n'était abondant, les clients affluaient. En colporteur avisé, Mivoilà faisait front avec bonheur. Il fournissait, encaissait, remerciait, serrait des mains, avait l'œil à tout ! Si la vente baissait un tant soit peu, il lançait à nouveau son cri de guerre et elle repartait de plus belle.

En moins d'une heure, les cartons étaient vidés, et l'escarcelle du petit homme au chapeau rigolo juste un peu plus lourde.

A l'heure où Mivoilà, non mécontent de sa recette matinale, reprenait en sifflotant le raccourci menant à la plaine et grappillait au passage quelques fruits de saison, le clan des anciens coloniaux s'acheminait *pian pianinu* vers la place de l'Annonciade.

Le gosier légèrement desséché, à mi-chemin, certains s'accordaient déjà une halte à l'« abreuvoir ». Passée de mode, détrônée par la guinguette qui à son tour donnait des signes de désertion, la Villa Merveille n'ouvrait ses portes que pour le troisième âge. En attendant l'heure de la grand-messe, la première absinthe dominicale était dégustée à toutes petites gorgées, avec de légers bruits de succion, comme pour faire durer le plaisir.

D'autres, moins assoiffés, ou qui avaient peut-être,

comme l'on dit, « des oursins dans les fouilles », continuaient tout doucettement la montée, sans accorder le moindre regard au troquet condamné, sans même une pensée pour le piano mécanique qui devait commencer à trouver le temps long et les lendemains de guerre bien ingrats. Pensez ! des jours entiers et parfois des semaines sans pouvoir laisser échapper le moindre son, sans pouvoir se dégourdir le mécanisme à coups de charleston et de castagnettes. Quelle misère ! devait penser la boîte à musique qui n'allait pas tarder à débarrasser le plancher et se retrouver au fond de la remise d'un faux brocanteur sans état d'âme pour les vieux objets inanimés.

A écouter leurs propos, seul le passé semblait compter pour eux, ça discutaillait à haute voix, ça radotait à n'en plus finir, ça se rappelait le bon vieux temps de la « colo ». Madagascar, le Maroc, les négresses à plateau, le capitaine Tartempion, l'adjudant Machin, la Cochinchine, Saigon où, à une certaine époque, les Corses tenaient, soi-disant, le haut du pavé. L'empire colonial tout entier était passé en revue.

Parfois, un mot en français, que certains d'entre eux ne pouvaient s'empêcher de glisser à tout propos dans la conversation, se substituait à leur prénom, devenant ainsi un surnom qu'ils gardaient jusqu'au dernier voyage. « Mon cher », « N'est-ce pas », « Enfin »... Outre les multiples surnoms, les diminutifs foisonnaient.

De ce côté la tradition s'est maintenue. Les femmes s'appellent encore d'une fenêtre à l'autre « O Ninni », « O Nounnou ». Les hommes s'interpellent autant par des, « O Ceccè », « O Memmè ». Puis viennent tous les « Zézé » les « Zizi », sans oublier les « Ririne », et tous les « Fonfon » de la création. De quoi en faire une chanson sur un air de Boston.

On peut aussi couper la poire en deux, donner un diminutif en français et le surnom en corse ! « José u Ricchettu » (le petit riche). Parfois, on inverse, « Filippu

Pétain », « Francescu Stop ». Souvent, pour préciser l'appartenance des membres d'une famille à une autre, on utilise volontiers la préposition *de* ou *di.* « Louis de Maman », ou « Jojo di Jambon ». Des prénoms tout en « in » me reviennent. Pépin, Chérubin. Une flopée d'Ours remonte le temps, Ours-Paul, Ours-André, sans oublier Ours-Dieu, dont le visage m'est encore présent. Enfin, au hasard de ma mémoire, quelques Barbe-Marie qui, toutes, me sont chères.

Située à l'entrée du village, la place de l'Annonciade était le passage obligé, un lieu de rencontre.

Mis à part les platanes qui grandissaient à vue d'œil, rien ici ne semblait changer. On aurait dit que le temps s'était arrêté. La fontaine distillait nuit et jour sa chanson de l'eau vive, l'antique lavoir ne s'ennuyait jamais. Les propos et les rires des lavandières le maintenaient en éveil jusqu'au soir. Un calvaire dédié à saint Joseph gardait l'entrée de la rue et une chapelle blanche se dressait face au soleil.

Côté montagne, accrochés au raidillon, immuables, les grands oliviers de Bagharaccia se contentaient d'offrir chaque année leurs fruits gorgés d'huile. A la belle saison, ils abritaient les amateurs de loto. Ici, mes souvenirs sont faits de cartons de couleur, numérotés, aux cases plus ou moins couvertes de petits cailloux, de lupins ou de cocos roses. Pour agrémenter le jeu, la plupart des numéros cédaient la place à d'amusantes métaphores, résultat de l'imagination des joueurs et de la variété du langage quotidien. 33 : *l'eta di u nostru Signore* (l'âge de Notre Seigneur Jésus-Christ) ; 77 : *E zappette* (les petites pioches) ; 88 : *i cuglioni di u Papa* (les couilles du Pape) ; 90 : *u più vechju* (le plus vieux) ou *Babbone.*

Prolongement nécessaire de la place alors en terre battue, une buvette à l'ancienne, tenue depuis des lustres par l'imperturbable et imposante Zia Maria Falculella, une matrone à la poigne de fer, qui ne s'en laissait pas conter et que personne n'intimidait. Chez elle, pas de chahut ni d'éclats de voix et encore moins de disputes. Ici, le client n'était pas roi, loin s'en faut. Chacun savait se tenir tranquille. On entrait, on buvait, assis ou debout, on payait et *basta* !

Pour le calcul mental, Zia Maria n'avait pas sa pareille, tout dans la tête. Les résultats de ses additions étaient quelquefois très approximatifs et pas toujours à son avantage... ils passaient du double au simple, en alternance, et les clients s'en accommodaient.

Je ne me souviens pas de l'avoir vue autrement que vêtue de noir, la tête couverte, en permanence. Cette façon qu'elle avait de se mouvoir lui donnait une apparence monolithique qui en imposait. *« Ch'a ate da piglià ? »* (Que prenez-vous ?) Elle parlait du nez. Mieux valait savoir à l'instant même ce que l'on voulait boire, sans tergiverser. La patience n'était pas son fort.

Pour la seconder dans le service, un souffre-douleur : Louisa, sa fille. Elle aussi tout en noir, et qui déjà n'avait plus d'âge. Boulotte, effacée, totalement sous influence, résignée, la « bonne » Louise se contentait d'obéir sans moufter. La matrone régentait tout de A jusqu'à Z.

Si, parfois, un client, jeune au demeurant, avait la malencontreuse idée de commander un verre d'eau, il était sûr d'être expédié séance tenante à la fontaine.

Les dimanches et jours de fête, l'Annonciade s'animait plus tôt que d'habitude. Les vieux et les retraités étaient toujours les premiers à tenir forum. D'entrée de jeu, les conditions météo semblaient retenir toute leur attention. Revenaient alors, selon la saison, les sempiternelles expressions inchangées depuis la nuit des temps : *« Piuverà ? Face u frischettu ! »* (Va-t-il pleuvoir ?

Il fait frisquet !) Le temps est orageux... il fait chaud... Lorsque la tramontane tenait la barre, on entendait immanquablement : « *Oghje soffia.* » Avant de se lancer à bâtons rompus dans l'actualité du jour, de refaire le monde en un rien de temps, certains s'octroyaient une première chique. Les jets de salive couleur chocolat arrosaient copieusement les abords de la chapelle Saint-Antoine. L'odeur de l'herbe à tabac, que chacun d'eux cultivait amoureusement, imprégnait les costumes de velours côtelé. Après un « point de presse », d'une manière ou d'une autre, la conversation glissait invariablement vers le passé. On remontait alors le temps à coups d'histoires vieillottes, de lieux communs et de souvenirs ultrarabâchés... Le torpillage du *Balkan,* le bandit Sanguinetti qui à une certaine époque terrorisait le village, telle tradition disparue. Les taxis de la Marne et les tranchées de Verdun revenaient pour la énième fois sur le tapis. Le programme de la matinée semblait réglé d'avance.

Après une courte pause mise à profit pour bourrer les pipes, d'autres sujets tout aussi usés alimentaient à nouveau les palabres, faisaient grimper le ton. On se chamaillait comme des enfants, on se contredisait gestes à l'appui, on s'apostrophait : « *Ma ch'ai da parlà tù ? – Allora parlà tù, o imbecillò.* » (Mais qu'est-ce que tu as à parler, toi ? – Alors parle toi-même, grand imbécile.) La réponse de l'oncle Antoine, dit *Sciuala,* ancien adjudant-chef, ne variait jamais. Elle fusait tel un commandement : « Eh ! con, va ! »

« *Chì dicenu ?* » (Que disent-ils ?) demandait à chaque instant Ziù Carl'Antone, sourd comme un pot, à son voisin de gauche. « *Chì dicenu ? Chì dicenu...* » Quand celui-ci en avait assez de jouer les perroquets, il se levait, excédé, et allait s'asseoir un peu plus loin en ronchonnant.

Dans la foulée, on se rappelait volontiers la voracité

de certains villageois. Un tel, connu pour son appétit d'ogre et qui, chaque soir, enfournait une marmite de soupe bien épaisse. Tel autre qui, lors d'un pari, avait englouti une « bombe » de polenta accompagnée d'un fromage frais. Il est vrai que ces deux-là, je m'en souviens, n'étaient pas des demi-portions.

Les paris de toutes sortes étaient chose courante. On prenait du plaisir à montrer sa force. La virilité de certains anciens était devenue légendaire, des hommes à la carrure impressionnante, et dotés d'une force quasi herculéenne. Orsu-Petrone (Ours Pierre le Grand) était, selon les dires, de cette trempe-là, une vraie force de la nature. Tout imbu de sa puissance et plutôt fort en gueule, ce Primo Carnera [1] venzolasquais semblait toujours prêt à défier qui que ce soit. Sans être méchant ni trop désagréable, le « Grand » intimidait tout de même et fanfaronnait pas mal.

Depuis quelque temps, à la suite sans doute d'une dispute, il s'en prenait régulièrement à l'un de ses voisins, qui était, disait-on, parmi les plus chétifs du village. Il n'hésitait pas à le rabaisser, à l'humilier devant tout le monde pour un oui pour un non, à le ridiculiser du haut de son mètre quatre-vingt-quinze.

Un beau jour, la coupe déborda. Debout sur le pas de sa porte, une cigarette éteinte au coin des lèvres, Orsu-Petrone demanda, ou plutôt intima au gringalet, qui se trouvait au bout de la placette :

– *Veni à dammi u focu !* (Viens me donner du feu !)

Celui-ci l'observa quelques secondes puis, sans dire un mot, s'approcha à pas lents, la main droite dans la

1. L'Italien Primo Carnera, géant de deux mètres zéro cinq pour cent vingt-deux kilos, devint champion du monde de boxe, le 23 octobre 1933, à Rome, en battant l'Espagnol Polino Uzcudan au poing, en treize reprises, devant Mussolini et soixante mille spectateurs.

poche de sa veste en velours. Il s'arrêta à courte distance de « l'Ours », et lui dit calmement de sa voix fluette :

– *Voli u focu ? Tè !* (Tu veux du feu ? Tiens, en voilà !) – et, joignant aussitôt le geste à la parole, il sortit son revolver et vida posément le barillet sur son persécuteur.

Le canon long aboya six fois. Avant de s'écrouler comme une masse au pied de sa maison, l'hercule avait tenté de faire face. Même truffé de plomb, il trouva la force de faire quelques pas, bras tendus, mains ouvertes pour tenter de saisir cet avorton qui lui donnait la mort.

Lorsque les cris des femmes retentirent sur la petite place, le gringalet meurtrier dit à la sienne : « Prépare ma musette, je prends le maquis ! » Puis il dévala rapidement le raccourci en direction de « l'asile inviolable » !...

Ce fait divers fit grand bruit. Malgré la crainte qu'il inspirait et ses fanfaronnades, Ours-Pierre le Grand était bien vu dans le village. Les pleureuses se succédèrent et les persiennes de la place restèrent closes durant trois jours. *U sangue chjama u sangue* (le sang appelle le sang), a-t-on coutume de dire ici. Une nouvelle inimitié était née à Venzolasca, une de plus. En Corse, ces choses-là, on sait toujours quand elles commencent, et bien malin qui peut savoir quand elles s'achèveront.

Avec le temps, *a nimicizia* s'installa dans les mémoires.

Sur la place de l'Annonciade, ou le soir à la veillée, les vieux se chargèrent de lui faire traverser le temps. Ainsi, le nom d'Orsu-Petrone entra dans la légende des hommes hors du commun qui, d'une façon ou d'une autre, marquèrent la vie du village.

Autre « vedette », et non des moindres, Toto Canesi. Sa passion pour la pétanque lui avait valu le surnom de « Triplette ». Cet ancien traminot coulait au village une retraite peuplée de boulodromes et de cochonnets.

Quarante-cinq années de Marseille, ça laisse forcément des traces, à commencer par le langage. Même lorsqu'il parlait corse, on décelait dans sa voix une pointe d'accent de la Canebière. De Castellane à la Pointe-Rouge, de la Joliette à l'Estaque en passant par Saint-Antoine, il avait opéré sur toutes les grandes lignes de la cité phocéenne. En 1939, Simon Sabiani, maire de Marseille, épingla sur sa poitrine la médaille des grands traminots.

Il en avait connu du monde, notre Toto ! et du beau, croyez-moi ! A commencer par le grand Marcel Pagnol. Sans parler de carrière cinématographique, c'est tout de même lui que l'auteur de *La Gloire de mon père* choisit entre tous les wattmen pour conduire le tram lors du tournage d'une scène de la trilogie.

C'est vrai, dans sa tenue bleue de traminot, avec sa casquette à galon doré aux insignes de la RATVM, il avait tout de même pas mal d'allure ! C'était un personnage ! Aussi apte à fréquenter les gens de « la haute » que les voyous. Jeunes loups aux dents longues, les frères Guerrini lui serraient la main, l'invitaient « au pastis ». Il racontait aussi que bien des fois il avait bu du champagne dans des boîtes de nuit, à la table de Spirito et Carbone, les grands caïds de l'époque. Il s'extasiait sur ces personnages, nous les décrivait avec force détails dithyrambiques. Sur ses « multiples » conquêtes féminines non plus, il n'était pas avare de confidences, il en disait, il en disait... ça n'en finissait plus.

Quand il n'était pas en service, sa tenue préférée, été comme hiver, c'était le bleu de Chine, « importé » directement de Shanghai par un de ses cousins, navigateur aux Messageries maritimes. Casquette blanche à boutons, chaussures à triple semelle, ceinture en croco, chemise blanche et foulard en soie. La classe, quoi ! Dans le quartier du Panier, où il venait quelquefois s'encanailler, les « filles » lui donnaient volontiers du monsieur Toto. S'intégrer de cette façon à la vie marseillaise n'était pas à la portée de tout le monde.

La triplette Toto Canesi, Tchoi le Blond et Loulou Mangiapani avait eu son heure de gloire. Le redoutable trio ne comptait plus les trophées de toutes sortes et de toutes tailles. Grand prix des commerçants de La Bedoule, de Pépin, de Saint-Barnabé, prix de la ville de La Ciotat en 1938, sans compter les grandes finales du parc Borelli.

Unique vestige des substantiels gains ramassés à la pétanque, la grosse chevalière avec ses initiales savamment entrelacées, créée par un orfèvre de la rue Paradis. Il était fier de son bijou qu'il s'ingéniait à exhiber, et nous, exprès, nous posions avec ostentation nos regards sur l'objet, rien que pour l'entendre dire, comme il le faisait à chaque fois avec son accent : « Elle m'a coûté bonbon ! »

Volubile et inspiré, en représentation quasi permanente, il n'avait pas son pareil pour raconter des blagues. Marius par ci, Olive par là, et tant d'autres. Parfois, le dimanche soir, lorsqu'il avait un petit coup dans l'aile, il n'hésitait pas à se lancer dans la chansonnette. Son répertoire était plutôt du style comique troupier, emprunté à Fernandel, dans le genre : « Hier soir sur la plate-forme, je rencontre une femme énorme. Elle me dit : Môssieur Julien, bè ce soir y a pas moyen. »

Ou bien : « Barnabé, Titin et moi, on est tous trois de Marseille. Quand on est ensemble tous trois, nous vidons bien les bouteilles. »

Il savait vraiment tout faire.

A l'heure de la retraite, il n'eut aucun mal à faire embaucher ses deux neveux dans les trams. En un rien de temps, ils s'étaient à leur tour intégrés à la vie marseillaise, l'accent y compris. Restés fidèles au village eux aussi, les vacances les ramenaient chaque été. Lorsqu'en fin de journée, sur la place de l'église, les Corso-Marseillais, oncle et neveux réunis, occupaient la scène, là, ça payait. Il s'installait alors une ambiance pagnolesque, tout en « fan de pied », « peuchère », en « pute borgne » et « bonne mère ». On se serait vraiment cru dans un bistrot de la Belle de Mai, à l'heure du pastis.

Ces « marseillaiseries », ces « putaing de Manon » n'avaient assurément rien de commun avec nos jurons préférés, jurons dispensés sous l'emprise de la colère, *a priori* par les hommes, avec des regards levés vers les cieux. Les plus outrageants visaient toujours certains symboles de la religion. La gamme des blasphèmes était bien à l'image de la riche diversité du langage quotidien.

Le plus visé était, sans doute à cause de sa popularité, Notre Seigneur Jésus-Christ ! Copieusement insulté depuis sa naissance. Mis plus bas que terre, traité de tous les noms, suffixes péjoratifs à l'appui, *Cristacciu* (sale Christ). Rendu responsable de tous les maux de la terre, on l'affublait d'un désobligeant *Cristacciu negru* (Sale Christ noir – noir comme la misère). Transformé en bouchon de tonneau par un mécréant à l'imagination délirante : *Ch'ellu falghi una botte d'anghjuli è Ghjesù Cristu pè stupinu* (que descende un tonneau d'anges avec Jésus-Christ pour bouchon).

Sainte patronne de l'Ile depuis bientôt trois siècles, adulée par tout un peuple, la Vierge Marie récoltait l'injure suprême, et au demeurant fort mal appropriée : *Putanaccia Madona.*

Dieu lui-même n'était pas épargné !

Ce cornu de Satan, par contre, n'avait droit en tout et pour tout qu'à une simple exclamation, en passant : *Chì Diavule !* Il s'en tirait plutôt bien, que diable ! J'avais remarqué aussi que les dimanches et jours de fête les gens ne blasphémaient pratiquement pas. Il se pourrait que les choses aient changé. Le blasphème fait-il encore partie des mœurs ? Je ne puis l'affirmer.

« Cette outrance blasphématoire inouïe est le fait d'hommes appartenant à un peuple au caractère à la fois trempé et digne, beau comme la nature qui l'entoure, tourmenté et excessif comme elle.

Ainsi, certaines berceuses, chantées par de prévenantes aïeules, s'achevaient-elles par de rageuses imprécations où fusaient des appels à la vengeance. Car, en Corse, tout est extrême. L'amour s'y exprime comme la haine, avec la même passion intense. La ferveur pour le sacré est aussi près du blasphème ignominieux que l'est l'amitié de l'inimitié.

C'est l'expression insulaire de l'immémorial fonds tragique méditerranéen qui porte à vénérer la personne, humaine ou divine, autant qu'à la nier, par l'injure proférée ou le coup porté. Cette attitude traduit à un degré égal la sacralisation autant que la profanation du même objet ou sujet tour à tour adulé et abhorré. Comme si à toute "substance" s'opposait immanquablement une "contre-substance" ; l'une tentant de nier l'autre, mais ne pouvant exister sans l'autre », nous dit Rinatu Coti.

Quelque chose était en train de changer, un je-ne-sais-quoi d'insidieux, à peine perceptible, qui ne me disait rien qui vaille. Pour beaucoup, le village cessait d'être un point d'ancrage. Le principe de la famille unie et solidaire n'était plus dans l'ordre des choses. La désertification de la montagne, elle par contre, était dans l'air du temps, et personne n'aurait pu alors imaginer quelles en seraient les conséquences.

Venzolasca commença à se dépeupler tout doucement, sans que l'on s'en aperçoive, comme ça, dans l'indifférence. Une sorte d'appel de la destinée résonnait insensiblement dans les ruelles. Comme en d'autres périodes critiques, le besoin, lié à un certain esprit d'aventure, stimulait les départs. Pour les plus mal lotis, l'Emploi, avec un grand E, apparaissait comme une priorité ou une échappatoire.

Pressés d'aller se faire trouer la peau dans les rizières indochinoises, des jeunes s'engagèrent, d'autres devancèrent l'appel. Les plus patients attendirent la feuille de route qui leur permettrait de franchir enfin la mer. J'étais de ceux-là.

« A Corsica hè troppu povera ! » (La Corse est trop pauvre !), rabâchaient les uns. « Elle ne peut nourrir tous ses enfants », affirmaient les retraités, en prenant

soin de bien accentuer le « nourrir ses enfants ». *« Ch'avete da fà quì ? »* (Qu'allez-vous faire ici ?) était devenu une formule consacrée, une mise en garde, un solennel avertissement. On eût dit que ce *quì* désignait une terre désertique qu'il valait mieux quitter au plus vite. Alors, on partait ! On l'abandonnait, à la fois pleins de regrets et d'espoir, pour aller tenter sa chance ailleurs.

D'autres villageois, que l'exode n'avait pas séduits, se laissèrent tenter par l'aventure citadine. *« Ci ne falemu à stà in Bastia ! »* (Nous nous installons à Bastia !) s'exclama, toute fière, une parente, comme si elle allait résider à Saint-Jean-Cap-Ferrat ou sur la promenade des Anglais, alors qu'en réalité, la pauvrette occupera longtemps un sixième sans ascenseur dans le quartier de la gare.

L'attrait de la plaine et ses commodités contribuèrent à vider progressivement les hautes maisons coiffées de lauzes. En bordure de la Nationale, là où mûrissaient jadis mandarines et pamplemousses, une annexe du village vit le jour. Un embryon de « cité moderne » à l'architecture cubique, des « résidences » posées comme un cheveu sur la soupe dans ce décor champêtre. Une enfilade de clapiers superposés, aux couleurs plutôt criardes, avec vue plongeante sur la grande route, bruits et gaz d'échappement garantis. Culottes, combinaisons, bleus de travail, chaussettes, tabliers noirs et chemises de nuit imprimées fleurissaient les loggias ensoleillées. On aurait dit que les ménagères de la cité nouvelle passaient leur temps à faire des lessives ! Astucieuses, certaines avaient installé tout un réseau de cordelettes munies de petites poulies qui instaurait une sorte de va-et-vient d'un immeuble à l'autre. Un nouveau moyen de communication ! Autant, dans les ruelles du vieux port ou de la citadelle bordées de maisons vétustes, du linge qui sèche a son charme, autant ici cet étalage paraissait saugrenu. Mais enfin, du moment que cela ne gênait personne, pourquoi pas ?

Les braiments se raréfiaient dans les vallées. La disparition des ânes semblait programmée. Les charcutiers de mon village natal prirent les choses en main. Chargés de baudets apeurés, oreilles dressées, des camions à hautes ridelles transitèrent par Venzolasca. La bouteille de butagaz, livrée à domicile, mit fin aux corvées de bois.

Par ici, on se voulait progressiste, moderne. On « se cultivait » à coups de mots stéréotypés venus d'ailleurs. Des mots cueillis au vol et emmagasinés aussitôt pour ne pas risquer de les perdre : station-service, super et supérette, des sigles inconnus jusque-là : HLM. « J'habite un F3 », disait avec fierté Séraphin Z. J'entends ce vieux berger, aux yeux pétillants de malice, me dire de sa voix rauque, avec ce bel accent de notre Casinca : *« Sò falatu à fà e mo spese à u Prisu... »* (Je suis descendu faire mes achats au Prisunic...)

Avant que ne viennent les marchands de soleil, il existait ici un paysage à la beauté originelle, les marines. Laissant la nature évoluer comme elle le voulait, l'homme n'avait fait que passer, il n'avait laissé aucune trace, un peu comme s'il existait une sorte de pacte mutuel de non-agression.

Il me suffit de fermer les yeux pour qu'à la seconde même m'apparaissent des dunes ensoleillées, parsemées de pins parasols, de genévriers, et pour que monte en moi l'odeur du sable trop chaud qui parfois me brûlait la plante des pieds, me faisant sautiller comme un cabri.

Vers la mi-juillet, juste après les moissons, le village se vidait. La majeure partie des familles s'offrait un séjour à la mer, des vacances à la Robinson Crusoé que tout le monde attendait.

Avant le déménagement, un jour ou deux suffisaient amplement pour édifier l'habitat estival. Planté sur le sable, là où venaient mourir les vagues, à quelques mètres à peine, se dressait un long convoi de cabanes recouvertes de fins roseaux, habillées de branches d'aulne et de fougères, *i frascati.* Plus ou moins spacieuses, selon l'importance de la famille, elles chantaient au vent léger de l'Italie voisine. Pour ne rien perdre du panorama, un des côtés était laissé ouvert jusqu'à mi-hauteur. A l'entrée, posé sur des pieux croisés enfoncés dans le sable, un tonnelet d'eau muni d'un robinet, prêt à désaltérer le visiteur, semblait monter la garde.

Tables et bancs de fortune, étagères des plus rustiques, encombrées de vaisselle et d'ustensiles divers, habits et chapeaux de paille, une lampe à carbure, des bougies, un miroir fendu et, accroché à un semblant de poutre, un jambon vieux, sérieusement entamé et qui aiguisait les appétits, parachevait la décoration du château de feuilles. Il régnait là une ambiance de quartier, faite de choses simples et de services réciproques.

– Venez boire le café, disait ma mère à ses voisins.

En retour, elle était sûre de recevoir la visite des petits qui apportaient quelques fruits ou des légumes fraîchement cueillis.

Pour les enfants, c'étaient des vacances de rêve, ça barbotait à longueur de journée, ça criaillait sous les regards amusés d'une grand-mère qui, timidement, troussait sa jupe pour goûter, elle aussi, les bienfaits de l'eau salée.

Derrière les cabanes, s'alignaient les dortoirs, de grands draps de lin astucieusement transformés en guitounes blanches. Ici, les amateurs de grasse matinée étaient refaits. Dès que le soleil entamait sa course, il régnait à l'intérieur une température tropicale qui vous forçait à décaniller au plus vite.

Même en bord de mer, les femmes maintenaient leurs habitudes culinaires. Sur de hauts trépieds installés en plein air, la soupe corse mijotait, surveillée avec bonheur.

Après la naissance des premières étoiles, l'éternelle chanson de la mer accompagnait nos veillées. Dans un autre cadre, leur ambiance était semblable à celles de l'hiver. Nous passions de longs moments allongés sur le sable encore tiède, à la lueur du feu de joie. Les soirs de pleine lune s'éclairaient d'une lumière étrange. Parfois, les ronflements d'un « pionceur » précoce semblaient vouloir s'accorder avec le rythme de la vague. Il en résultait un genre de duo inattendu et drôle qui retenait notre attention et lançait au bout d'un moment nos rires étouffés. Sous le signe du Lion, la nuit de juillet finissait d'envelopper les êtres et les choses d'une grande paix.

Quand le jour se levait, la plupart des vacanciers dormaient encore profondément. Les premières lueurs de l'aube blanchissaient la mer, lui donnaient un aspect métallique. Comme le rideau d'un immense théâtre, le ciel rose et bleu s'ouvrait sur la Tyrrhénienne. A l'instant où l'île de Monte-Cristo, chère à Alexandre Dumas, semblait sortir des flots, le surgissement du soleil embrasait une frange de cumulus qui barrait l'horizon.

Sur la gauche, là-bas, tout au bout de la plage, vers l'embouchure du Golo, se détachait une silhouette connue, celle d'un pêcheur pas tout à fait comme les autres. Un pêcheur sans moulinet ni longue canne en bambou. L'homme était matinal. Difficile de lui coller cette locution proverbiale : *A chì dorme ùn piglia pesci* (celui qui dort n'arrive à rien). Pieds nus, le bleu de chauffe remonté jusqu'aux genoux, il faisait les cent pas au bord de l'eau, observant attentivement la mer en connaisseur. Les levers de soleil flamboyants ne le captivaient plus, il en avait vu tellement. « A mon âge on ne rêve plus, disait-il, on trime. »

L'engin qu'il tenait dans sa main et la cigarette allumée ne laissaient aucun doute sur son peu recommandable gagne-pain qui lui permettait à peine de vivre. *Passa e veni,* le va-et-vient sur le sable continuait et le banc de poissons tardait. Les temps devenaient difficiles et, pour tout arranger, depuis la Libération, un requin bleu écumait en permanence les abords de l'embouchure, chassait sur « ses terres », venait, comme on dit, lui enlever le pain de la bouche. A maintes reprises, le « torpilleur » avait bien essayé de lui faire sauter les nageoires à l'aide d'un bâton de dynamite enveloppé dans un morceau de viande avariée. Rien à faire, cette saloperie de bestiau à ventre jaune avait failli un jour lui sectionner un bras.

Le mangeur d'hommes était bien plus coriace et rusé que ces imbéciles de mulets et de loups qui se précipitaient dès que le moindre appât tombait dans l'eau. Lui, au contraire, attendait le moment propice, juste après la détonation. La gerbe d'eau à peine retombée, il filait comme une flèche, se servait avant le pêcheur et disparaissait dans les profondeurs sous-marines, à la recherche d'autres proies. Sa chasse terminée, le prédateur regagnait son repaire, la carcasse d'un navire de guerre américain échoué à quelques encablures du rivage.

Une nuit de février 1944, alors qu'il faisait route vers Bastia, une mine magnétique avait stoppé la course du transport de troupes. Depuis, il gisait là, sous la garde du requin bleu. La mer avait rejeté les débris du naufrage, elle n'avait gardé que les corps.

« *Oghje, u battellu pienghje !* » L'histoire de ce bateau qui pleurait, tous ceux, comme nous, qui travaillaient à l'époque aux environs de l'embouchure, s'en souviennent. Aux tempêtes d'équinoxe, lorsque les vagues venaient se fracasser contre les lourdes portes rouillées du liberty ship, celles-ci émettaient de longs grincements sinistres qui faisaient penser à des pleurs. Zia Pasquina, qui malgré son grand âge venait encore travailler ici, donnait un autre sens aux grincements : *« Sò l'anime di i marinari spariti chì si lagnanu »* (Ce sont les âmes des marins engloutis qui gémissent), disait-elle en se signant.

Il aurait campé un superbe Don José dans *Carmen.*

Raphaël Albertini avait tous les atouts dans son jeu, le physique, la prestance, une passion innée pour la scène, une diction parfaite et, surtout, une voix peu commune. Une voix de ténor qui lui aurait permis d'aborder, si sa bonne étoile ne l'avait pas trahi, certains grands rôles du répertoire lyrique, de *La Tosca* à *Werther,* du *Trouvère* à *Othello,* ouvrages qu'il connaissait déjà sur le bout des doigts. Après de solides études de chant à Paris, le Conservatoire national avait décerné à l'ancien berger de Venzolasca un premier prix pour son interprétation d'un extrait de *Sigurd.* Le grand José Luccioni, qui triomphait alors à l'opéra Garnier, l'avait encouragé et lui avait prédit une belle carrière. Suprême récompense de son talent, la direction de la salle Favart s'apprêtait à l'engager. Un contrat était en préparation.

La déveine, qui n'a que faire du bonheur des gens, vient parfois sans crier gare anéantir rêves et projets. La carrière du jeune ténor fut stoppée net avant même d'avoir commencé. Après une longue hospitalisation, Raphaël subit l'ablation d'un rein. Des complications cardiaques vinrent s'ajouter. Juste avant la guerre, il dut s'en retourner au village. Fallait-il avoir du caractère et de la sagesse pour ne pas sombrer dans la déprime après ce mauvais coup du sort ! Seules les âmes fortes peuvent dans certains cas éviter le pire et croire encore à la vie. L'ancien berger faisait sans doute partie de ces êtres qui savent garder la face, sauver les apparences. Jamais il ne se plaignit.

Après avoir épousé Elisabeth, une fille de la montagne, il devint épicier au village. Sa passion du chant était demeurée intacte et spontanée, sa voix n'avait pas changé. Les *si* naturels et les *contre-ut,* que bien des ténors appréhendent, sortaient naturellement, sans effort apparent ni grimaces faciales. Raphaël chantait à l'italienne *con molta grazia.* « Ma gaieté pour compagne, je chante nuit et jour mon hymne aux dieux de l'amour, vers mes châteaux d'Espagne. » Dans certains passages de *La Vie de bohème,* sa voix avait quelque chose de fascinant.

Raphaël Albertini était né pour chanter. Certes les séquelles de sa maladie ne lui auraient pas permis de faire face à un récital, ni à un ouvrage complet. « Dieu a bien voulu me laisser ma voix », disait-il, sans aucune amertume. La mauvaise passe n'avait en rien terni son étonnante mémoire. Parfois à la veillée, si l'auditoire était attentif, il pouvait restituer dans le détail certaines œuvres qu'il avait entendues à l'Opéra. L'abonné du « poulailler » se souvenait de tout. Le nom de certaines *prime donne,* leur physique, leur voix, leur jeu de scène, les entrées, les sorties, les duos avec tel baryton ou tel ténor, les quatuors les plus célèbres. Sa tête fourmillait de *coloratures,* de *soprani* légers, dramatiques ou lyriques, de contraltos et de mezzo-sopranos, de barytons Verdi et de ténors toutes catégories.

Le souvenir le plus marquant de sa vie parisienne : Fédor Chaliapine dans le rôle de Boris Godounov à l'Opéra en 1937. La voix et le jeu de scène de la célèbre basse noble l'avaient proprement estomaqué. S'extérioriser ainsi à la veillée était peut-être pour lui la seule façon d'assouvir, de maintenir vivant et chaud cet amour du chant qu'il nourrissait malgré tout. Ses récits enflammaient mon imagination d'adolescent, dynamisaient ma propre passion, semblable à la sienne.

Une coïncidence heureuse l'avait mis sur mon chemin. J'aurais voulu être ténor, et je ne fus que baryton. *« L'ora è fuggita, e muoio addisperato, è non ho amato mai tanto la vita. »* Le rôle de Mario Cavaradossi dans *La Tosca* me fascine encore.

En peu de temps, guidé par les conseils et l'enthousiasme de Raphaël, l'idée de chanter l'opérette naquit en moi. Ma bonne étoile serait-elle un jour plus fidèle que ne l'avait été la sienne ?

« Comme la flamme qui vacille, les dernières polyphonies sacrées hésitent avant de mourir », écrivait Félix Quilicci. Miroir d'un peuple, témoin permanent d'une civilisation, le chant qui accompagnait la vie, traduisant si bien le fondement de l'âme corse, se sclérosait doucement dans une certaine passivité, un laisser-aller typiquement insulaire.

C'est sans doute vers 1920 que s'amorça le lent dépérissement du chant traditionnel. Bien des années plus tard, quelques artistes corses commencèrent timidement et occasionnellement à s'y intéresser. En 1934, Tino Rossi, qui débutait alors au Casino de Paris, fut le premier à donner le ton en enregistrant sur son premier disque deux chansons en langue corse. Il fut suivi par la cantatrice Martha Angelici qui enregistra une série de *nanne*. Il y eut aussi la création de quelques groupes folkloriques dont I Macchjaghjoli à Bastia. En 1937, pour la première fois une polyphonie était gravée sur disque grâce à Isabelle Casanova, animatrice du groupe A Paghjella créé à Paris. Gaston Micheletti et César Vezzani, deux ténors corses de grande renommée, enregistrèrent quelques disques très appréciés.

Ces initiatives n'étaient assurément pas de taille à pouvoir endiguer l'inexorable déclin d'une riche expression poétique, *l'estru pueticu nustrale.* Comme des objets hors d'usage que l'on remise au fond d'un grenier, bien rangés afin qu'ils prennent le minimum de place, airs connus, pamphlets et comptines allaient se perdre au fin fond des mémoires, antiques berceuses, chansons d'amour, sérénades aux paroles simples et belles, sombres complaintes de bandits, d'exilés, chants de soldats nés dans la douleur des « partir », satires de toute sorte au ton vif et caustique. Plaintifs et longs *voceri* que les femmes improvisaient autour des cercueils, victimes de notre désaffection, à croire que nous voulions délibérément oublier que nous avions une âme.

Le temps d'un folklore à bon marché était là. En prélude à l'indécrottable boudeuse, une série de « ringardises » vint aux lèvres. Une sorte de chanson corse francisée à faire pâlir bien des auteurs s'imposa. Des refrains vieux jeu, empreints parfois d'une forme de fierté exacerbée, à l'exemple de la redoutable rengaine : « Je suis corse, Madonaccia et puis voilà ! » Chanté et rechanté dans les cabarets, repris en chœur dans des soirées d'amicales sur le Continent, gravé sur disque, le « tube » des années cinquante entamait une belle carrière.

D'entrée de jeu, l'auteur, qui avait préféré garder l'anonymat, et on le comprend, annonce clairement son état d'esprit : « Je suis du pays qui a vu naître celui qui n'eut jamais de maître... » Les Anglais, Sainte-Hélène, il n'avait pas su ? Au troisième et dernier couplet, le « maître d'œuvre » met carrément le paquet, se surpasse : « Chez nous, on n'est pas trop féroces, la vendetta, c'est notre force. Parfois sans explication, les fusils entrent en action. Après, on s'en va dans la brousse où les gendarmes ont tant la frousse, où les bandits chassent les magistrats, nous sommes corses, Madonaccia et puis voilà ! »

Quelques années plus tard, un autre rimailleur nous fit don d'une trouvaille, ponctuée à chaque refrain de judicieux « pom, pom, pom, pom ! ».

Après quarante-cinq jours de mer, avec escale à Djibouti, *Le Navigateur* s'installa à son tour dans nos accueillantes et fidèles mémoires :

J'arrive du Tonkin, voilà que j'ai fini,
brûlant de te revoir, ô ma chérie.

Le ton se voulait sautillant, allègre, dans le vent :

Tes yeux noirs qui me donnent la frousse,
tes dents blanches comme la brousse
et ton air qui fait chavirer les cœurs...

Les rimes à bon marché se succédaient gaiement :

Allons, ne rougis pas et n'aie pas honte,
si tu ne descends pas, alors je monte.
J'en ai assez de tout ce riz bouilli,
ça vaut pas la polenta du pays,
pom, pom, pom, pom...

Chanté à tue-tête, *Le rêve passe* ne faisait rêver personne ! Tout juste bon à réveiller en sursaut les riverains de la place Sainte-Lucie. Certains jours de fête, les après-boire appelaient volontiers quelques refrains tonitruants de soûlographes.

La culture du mélo se propageait à coups de beuglantes aux titres reptiliens : *La Vipère du trottoir* nous fascinait avec ses yeux noirs : « Cobra, serpent fatal, entraînait son esclave dans les bouges la nuit, de Montmartre à Grenelle. » Je me suis encanaillé quelquefois avec ces refrains de bas-fonds.

Après avoir traversé la mer, quelques romances d'une meilleure tenue s'installèrent dans les mémoires : *J'avais vingt ans,* chère à Jean Tavera, *Martha,* ou *Un songe avant l'aurore.* Elles côtoyèrent d'autres titres à l'eau de rose, tout en clichés : *O Corsica bella,* notre *Ile d'amour,* notre *Ile de Beauté,* avec ses frais rivages et son maquis sauvage. Images aseptisées, pleines de joyeux bandits, tous d'honneur. Le folklo rétro semblait promis à un bel avenir.

Refusant la fatalité, trop conscients qu'un patrimoine s'en allait à la dérive, quelques poètes, musiciens ou insulaires éclairés s'ingénièrent résolument à maintenir vivante la flamme de la créativité et de la conviction qui brûlait en eux. Ceux-là étaient peut-être les seuls à croire encore à la capacité de rebond d'un peuple dont l'identité même paraissait bien compromise.

Le petit « bolide » était, je m'en souviens de couleur bleu ciel et flambant neuf. Jantes spéciales, intérieur en cuir beige, pare-chocs chromés et autres accessoires fantaisie, du vrai haut de gamme ! Lorsqu'elle déboula sur la place de l'Annonciade, la dernière-née des usines Renault la 4CV, ne passa pas inaperçue. A peine arrêté, l'engin fut aussitôt entouré de curieux ; même les vieux, que rien pourtant ne semblait surprendre, s'approchèrent à pas lents, pour admirer de près la belle auto. L'attroupement étonna quelque peu l'heureux conducteur. La cinquantaine, un embonpoint légèrement prononcé, cheveux ondulés, souriant, très *fair play* et « lingé » à la riche, Jean-Laurent Demeyer se vit contraint de faire l'article sur sa nouvelle acquisition. Après avoir donné force détails sur les qualités de l'engin, il créa la surprise en soulevant le capot du moteur : du jamais-vu, il était à l'arrière ! Oh, oh, ça alors !

Absolument rien ne laissait prévoir alors que, quelques jours plus tard, j'allais, tout intimidé, voyager aux côtés de cet homme riche et comblé, qui semblait profiter pleinement de la vie. Cet homme, qui vivait sans doute dans un monde si éloigné du mien, allait s'intéresser, d'une certaine façon, au sort du jeune paysan que j'étais.

Une heureuse coïncidence nous mit en présence l'un de l'autre, le soir même, chez son cousin Raphaël. Les présentations faites, l'épicier « Bel Canto » s'empressa de faire au visiteur mille compliments sur le timbre de ma voix, ma passion du chant, et tout et tout... Très intéressé, cet amateur de belles voix, introduit dans le milieu artistique, voulut écouter sans tarder la « révélation ». Il ne me restait plus qu'à m'exécuter sur-le-champ, à en pousser une. Sans trop me faire prier, je me levai. Ne sachant que faire de mes mains, je les glissai machinalement dans mes poches, me raclai discrètement le gosier, et entonnai ma préférée, *In casa a me.* Comme toujours, ma vocalise finale impressionna l'assistance. J'avais déjà mes petites ficelles ! L'homme à la 4CV ne me quitta pas des yeux, à deux ou trois reprises, il se tourna vers le cousin Raphaël, hochant la tête d'un air entendu. Sur un ton frisant le solennel, M. Demeyer me dit, ce furent ses propres mots : « Jeune homme, avec la voix que vous avez, vous ne devez pas rester ici ! » C'était bien la première fois que j'entendais ce genre de propos.

Ne pas rester ici ? Il en a de bonnes, le monsieur, pensai-je... Partir ! pour aller où d'abord ? Avec quels moyens ? par quels chemins ? J'avais dix-huit ans pour tout bagage, et ne connaissais pas grand-chose de la vie. D'autre part, l'idée d'abandonner ma mère avant le service militaire ne m'avait jamais effleuré. Avec l'espoir d'être affecté dans une grande ville – Paris, pourquoi pas ? –, la feuille de route serait mon unique laissez-passer. Mais pour cela j'avais encore un peu de temps.

Homme aux décisions rapides, M. Demeyer me proposa le soir même de m'emmener à Bastia dans quelques jours. Quelle idée avait-il donc dans la tête ? Je n'osai pas le lui demander. Le voyage me tentait, et je n'avais pas grand-chose à perdre, alors...

La petite voiture bleu ciel nous conduisit d'un seul trait de Venzolasca jusqu'au parking de L'Ile de Beauté, juste à côté de la gare. Chemin faisant, me voyant légèrement tendu, Jean-Laurent Demeyer me mit pour ainsi dire dans la confidence et aussi devant le fait accompli : si j'étais d'accord, je chanterais le soir même sur la place Saint-Nicolas. Rien que ça ! Autant dire que je n'en menais pas large. « Tout ira bien, dit-il, comme pour me rassurer. J'ai tout prévu. »

Le hall du trois-étoiles ne pouvait que m'impressionner. Tout ici respirait le luxe, le raffinement : lustres en cristal de Bohême, tableaux de maîtres, meubles d'époque, tapis d'Orient, immenses miroirs biseautés, compositions florales... Toujours courtois et très à l'aise, M. Demeyer semblait avoir ici table ouverte. Les généreux pourboires qu'il distribuait toujours très discrètement devaient, quelque part, inciter le personnel à un maximum de déférence à son égard. Jamais je n'avais mis les pieds dans ce genre de lieu. J'essayais tant bien que mal de ne pas paraître trop dépaysé, trop emprunté, mais j'avoue que je n'étais pas très à l'aise. Me voyant si peu loquace, Jean-Laurent Demeyer me demanda si tout allait bien. Je répondis par l'affirmative, tout en pensant à l'épreuve qui m'attendait le soir, sur la grand-place.

Garnie de tables rondes richement dressées, la grande salle à manger aux éclairages tamisés accueillait les dîneurs « habillés chic ». Les bonnes fourchettes bastiaises se donnaient ici des airs. Le maître d'hôtel nous installa. La mise de table m'étonna, m'intrigua même : Pourquoi trois verres à pied de tailles différentes ? Deux assiettes aussi vastes, et toute une flopée de couverts en argent ?

Avant de poser mes mains sur la table, de toucher à quoi que ce soit, j'observai attentivement la façon de faire de mon hôte. Comment tenait-il son couteau, sa fourchette, comment saisissait-il son verre pour boire du bout des lèvres en rentrant le coude ? En somme, je me donnai, sans en avoir l'air, ma première leçon de maintien à table.

Dès son ouverture, L'Empire devint le lieu à la mode, le rendez-vous obligé des fils à papa, des nouveaux friqués et aussi d'une certaine « bourgeoisie » bastiaise. Mythe napoléonien aidant, le succès fut immédiat. Sans doute par admiration pour « notre génie », les heureux propriétaires virent grand, sélect, et ne lésinèrent pas sur la déco. Un vrai musée de l'Empereur, de quoi faire pâlir d'envie tout Ajaccien de naissance ! Peintures et fresques ornaient les murs : rien que des victoires. Prête à l'envol, l'aigle impériale était présente jusque dans les toilettes. Toujours aimable et très smart, Jean-Laurent Demeyer évoluait comme chez lui. Dès qu'il me présentait à quelqu'un, il ne manquait jamais d'en rajouter une petite louche sur « ma belle voix ». A chaque serrement de main, mon visage n'en finissait plus de s'empourprer.

Tout encombrée de fauteuils en rotin, de parasols dernier cri, la terrasse du grand café était déjà bondée. Sur le podium, décoré lui aussi « à l'ajaccienne », l'un des quintettes les plus réputés de la variété française, et même européenne, avec à sa tête, engagé à prix d'or, un prestigieux guitariste d'origine corse, Marcel Bianchi, spécialiste de la guitare hawaïenne. Les affiches mentionnaient, je crois me souvenir, qu'il venait de se produire à la cour du roi Farouk... alors pensez !

A l'idée de me voir aux côtés du virtuose, ténorisant devant tout ce monde, je commençai à transpirer pas mal... J'avais beau essayer de me raisonner, de me dire « tiens bon, ce n'est qu'un début » ! Rien n'y faisait, pas même les petits verres de remontant ! Surtout que le plus dur restait tout de même à faire, ouf ! Quels soucis, quelle embuscade et quelle idée de vouloir ainsi s'exhiber sur les podiums ! Plus ou moins interrompu durant les années de guerre, le traditionnel *colla e fala,* le « monter et descendre » à l'italienne, avait repris de plus belle sur la place Saint-Nicolas.

Liée au besoin de défoulement, la renommée de Marcel Bianchi et son orchestre attirait chaque soir la foule. Le grand guitariste fit indiscutablement école, stimula la passion pour l'instrument à six cordes.

Comme fasciné par ces musiciens de haute volée, et surtout par l'homme à la guitare hawaïenne, un tout jeune Bastiais, fou de musique, n'en perdait pas une : chaque soir sans exception, il était là, au pied de l'estrade, rêvant déjà de guitares électriques ou espagnoles, de music-hall et de tournées aux côtés des plus grandes vedettes de la chanson.

L'heure fatidique approchait. La direction avait dû avertir l'orchestre qu'un jeune chanteur se produirait dans la soirée. Profitant d'une pause, Marcel Bianchi vint nous rejoindre dans un petit salon réservé aux intimes. Accompagner les débutants n'était pas sa tasse de thé, cela se voyait.

« Avez-vous vos partitions ? » Des partitions ? Cela se complique, me dis-je. Je ne pouvais tout de même pas lui avouer que j'en avais tout juste entendu parler, des partitions... « On va se débrouiller », dit-il.

Il prit une guitare accrochée au mur du salon, l'accorda vite fait, et me demanda de lui fredonner ma chanson. Espérant viser juste, mon choix s'était porté depuis quelques instants sur une de ces vieilles mélodies napolitaines, comme *Diceti in celo vui,* toujours très appréciées, langoureuses et vocales à souhait, un brin mélo. Un genre qui faisait se pâmer les femmes, à condition bien sûr de « sortir l'aria » en beauté, fioritures à l'appui et trémolos dans la voix ! De ce côté-là, pas de problème, on pouvait me faire confiance.

La meilleure tonalité fut trouvée en trois secondes.

« Tout va bien se passer », me dit M. Demeyer, en me tapotant l'épaule. Un nouveau petit remontant me fit du bien, me fit reprendre du poil de la bête. J'en avais besoin. Juste le temps de me faire une petite beauté, et me voilà fin prêt à affronter la foule bastiaise !

La musique du film d'Orson Welles *Le Troisième Homme* était alors en pleine vogue. Avec sa drôle de guitare posée à plat sur les genoux, M. Bianchi la restituait à merveille. À la fin du morceau, j'allais pouvoir passer à l'acte ! Cette attente au pied du podium me parut interminable. Mon cœur battait la chamade, comme s'il voulait s'évader de ma poitrine. Ça cognait jusque dans mes oreilles.

Sans nuance aucune, ni circonstances atténuantes à mon égard, l'un des musiciens m'annonça. Après un rapide signe de croix, je gravis les quelques marches et me retrouvai en pleine lumière, totalement aveuglé par les projecteurs. J'eus l'impression d'être pris au piège, mis à nu. Ma main droite en guise de visière, je me dirigeai tel un automate vers le micro que l'on m'avait indiqué, placé en bord de scène. Pas moyen de maîtriser ces battements de cœur, ce bon Dieu de trac qui vous paralyse ! Aucune possibilité d'esquisser le moindre petit sourire, le moindre geste. J'étais là, planté devant mon micro, raide comme un pieu, la gorge nouée.

Me voyant aussi troublé et si peu sûr de moi, le public, qui jusque-là ne s'était pas manifesté, vint heureusement à mon secours. Il se mit à applaudir. Je crus même entendre à deux ou trois reprises le curieux diminutif de l'un de mes prénoms : *« O ! Ui Ui ! »* Cela signifiait à coup sûr la présence dans la foule de quelques supporters venzolasquais. Au fil de l'intro musicale, un rien d'apaisement et de décontraction commença à s'insinuer en moi. L'indispensable contact avec le public sembla s'établir. Bien avant le premier refrain, mon angoisse disparut comme par enchantement.

Soutenue pour la première fois par des instruments appropriés et discrets, ma voix, amplifiée par la sonorisation, inonda la grand-place. « *Te voglio bene, te voglio bene assai.* » La mélodie napolitaine produisit son effet magique. Au fil des mots, mon assurance et ma passion retrouvées me donnèrent des ailes ; j'avais l'impression que les paroles étaient de moi tant je les vivais. Quelque chose de nouveau, d'imprévu, que je ne saurais décrire, m'habita soudain. Je maîtrisais à ma guise notes aiguës et fioritures. Le geste, même un peu gauche, venait naturellement, presque sans y penser. J'aurais voulu que ma chanson puisse durer des heures tant mon plaisir était grand.

C'est peut-être ce soir-là qu'une certaine notion du partage naquit en moi, ne pas chanter que pour soi-même, pouvoir partager ces quelques instants de bonheur avec ce public qui m'écoutait, me soutenait. Pouvoir l'entraîner dans ma passion fut pour moi une révélation, et aussi la plus belle des récompenses. Je n'entendis pas les applaudissements, mais j'étais sûr que les gens avaient vibré à l'unisson avec moi.

Devant ce succès inattendu, les musiciens furent les premiers à m'inciter à bisser ; cette fois, le timoré se fit conquérant. Mon choix se porta d'emblée sur mon cheval de bataille : *La Complainte corse* popularisée par Tino. A ce sujet, certains, toujours prêts à vouloir comparer l'incomparable, affirmaient volontiers que je la chantais mieux que son créateur. J'avais beau leur dire : « Tino c'est Tino », ils n'en démordaient pas ! Insistaient, argumentaient en ma faveur. Alors, je ne pouvais tout de même pas me disputer pour une chanson...

L'homme à la guitare fit une « intro » à rendre jaloux tout arrangeur, et je repartis de plus belle sur les applaudissements. La note finale, donnée pour la circonstance à plein gosier, produisit l'effet attendu. Ravi et tout fier de son poulain, Jean-Laurent Demeyer m'attendait au pied de l'estrade. « Bravo, me dit-il en me serrant la main, formidable ! » Du coup, je fus soudain très entouré. J'eus même droit aux remerciements de la direction du Grand Café.

Coco Molinelli, le play-boy au grand cœur, personnage très en vue de la « bonne société » bastiaise et homme d'affaires averti, vint vers moi, levant les bras, et m'embrassa comme s'il m'avait toujours connu ! Pancho Negroni, plutôt bourru, se contenta de m'adresser un petit signe de la main sans quitter sa caisse enregistreuse.

Cette nouvelle audition publique plutôt encourageante allait, si besoin était, me conforter dans l'idée d'être chanteur. Mon rêve prenait son essor.

Le rêve permet aussi quelquefois de se dépasser. Il peut être un but, un objectif. Je ferai de mon rêve ce but vers lequel de toutes mes forces je tendrai. Je ne ferai pas n'importe quoi pour le réaliser, mais je saurai souffrir pour l'atteindre. J'ignorais cependant que ce métier, auquel je me destinais corps et âme, pouvait être si encombré, parfois même de nombreux talents.

Le succès du Grand Café de l'Empire et de son prestigieux quintette suscita des jalousies féroces. La guerre des podiums enflamma la place Saint-Nicolas tout entière. Chaque brasserie, chaque bar, souvent voisins, voulut avoir « son » orchestre. Une façon de montrer que l'on existait, et que l'on avait aussi « les moyens ». Éternels sentiments d'envie à l'égard de son prochain. Pourquoi lui et pas moi ? Quitte à y laisser quelques plumes en fin de saison. On imagine aisément la cacophonie produite. Un débordement de sons et de voix stimulés par les amplis Bouyer, à vous tuer les oreilles. La grande esplanade gagnée jadis sur la mer n'avait jamais connu une telle animation. Tout Bastia venait ici se soûler de musique et de chansons, une vraie folie !

Délaissé, presque à l'abandon, sans même une loupiote, livré à des enfants dissipés, le vieux kiosque aux ferronneries tarabiscotées, qui avait accueilli tant de fanfares, de musiciens et de saltimbanques, se morfondait à longueur de soirée. Jamais les majestueux platanes de la grand-place n'avaient subi autant d'outrages. Jamais leur tronc n'avait reçu autant de clous et de pitons, supporté autant de prises, de tableaux électriques, de fils, de câbles et de guirlandes bardées d'ampoules multicolores.

Bastia se défoulait, s'en donnait à cœur joie, rattrapait le temps perdu. Il est vrai que la guerre ne l'avait pas épargnée.

Les premières enseignes au néon s'affichèrent aux frontons de nouveaux lieux de plaisir aux noms ronflants.

On guinchait à l'Hollywood, rue Miot, au Pigalle, rue de l'Opéra. Plus excentrés, Le Beau Rivage, Le Lido et Le Bois de Boulogne attiraient la jeunesse, alors que La Tremblante, une guinguette un peu mal famée, posée sur la mer juste à côté de l'abattoir municipal, attendait plutôt les entre deux âges et les paumés.

L'ouverture d'une boîte à strip-tease en plein centre-ville ne passa pas inaperçue. Le Florida occupait une partie du rez-de-chaussée d'un immeuble de standing, vers le bas du boulevard Paoli. Ce nouveau lieu de « débauche » alimenta les conversations. Ça jasait dur ! Il paraît qu'il s'en passe de bien belles, chuchotaient entre elles les bigotes du quartier en lorgnant la devanture... *« Ma induve andemu ? »* (Mais où allons-nous ?) soupirait la très pieuse Mme de C. toujours chapeautée et auréolée d'une pudeur maladive. Outrées, les inconditionnelles des neuvaines et des vêpres à Saint-Roch ne pouvaient pas admettre que ces dévergondées viennent ici s'exhiber nues devant les hommes.

Là se pressaient chaque soir les « couche-tard », les sans-souci qui ne regardaient pas à la dépense et autres amateurs de « belles tiges » pas farouches pour deux sous et bien à la page. Des nanas triées sur le volet, venues tout droit des grands cabarets de la place Pigalle. Voyous et voyeurs s'y faufilaient aussi. Les bergers de la Casinca ou du Niolo y faisaient souvent escale. Tous calibrés, les poches intérieures garnies de grosses liasses pour épater les entraîneuses à la main lourde qui « marchaient au bouchon » et jamais ne perdaient le nord !

Long fume-cigarette à la Marlène Dietrich, grande spécialiste des boîtes de nuit, Mme René comptait « les roteuses » et menait tout son petit monde à la baguette. A une heure tardive, un roulement de batterie tamisait les lumières et installait le suspense. Une voix « off », à l'accent pointu, annonçait les « effeuilleuses », les artistes du nu aux noms à particule : « Ulla de Hambourg », « Juanita de Santiago », « Rita de Panama », qui avaient dû voir le jour à Belleville ou à Perpignan !

Les projecteurs accentuaient leur blanche nudité aux formes parfaites, qui électrisait la salle plongée dans la pénombre, tétanisait le regard des rustres dont certains n'avaient jamais dû voir pareilles choses. On devinait chez ces hommes un mélange de sentiments fait de profond désir, d'admiration, voire de respect pour ces beautés inaccessibles, brièvement livrées à leurs yeux ébahis.

Du côté du vieux port, juste après L'Eden Cinéma, véritable bonbonnière tendue de velours vert amande, se trouvait Le Caveau du Marin. Grand amateur d'opéra, doué d'une voix grave et chevrotante, le patron, Maggiaro, se prenait quelquefois pour Tito

Gobbi ! Le Caveau était devenu le lieu de rencontre des jeunes musicos bastiais ; ils venaient s'y faire la main avec des bœufs endiablés à n'en plus finir, qui tenaient le spectateur en haleine. Lorsque Coco Venturi, ou Mimi Bonin, prenait le chorus à la Gipson, ça frisait le délire ! Au fond de la cave voûtée, quelques spots de couleur fichés dans le mur mettaient en évidence le décor de la scène : une fresque sans prétention, d'une naïveté touchante, qui montrait des marins barbus en train de lever leur filet sur une mer trop bleue, au milieu de mouettes aux ailes démesurées.

Sur un semblant d'estrade, une vieille batterie, des amplis, une guitare, puis pêle-mêle tout l'attirail d'un percussionniste amateur : tambourin, maracas, bongo et autres « gouzi-gouzi ».

L'accordéoniste avait dix-huit ans, du talent et de la passion à revendre. Sous ses doigts agiles et doux, le Fratelli Crosio, en nacre blanche incrustée de perles, laissait échapper des sons magiques, comme si la mélodie venait de naître : « C'est une chanson, qui nous ressemble, moi qui t'aimais, toi qui m'aimais... »

Les boléros et les slows avaient sa préférence. Tenant son piano à bretelles embrassé, appuyé contre son cœur comme s'il s'agissait d'un être aimé, Pierrot Brignole, sans chercher à convaincre, apportait à son jeu tout l'amour et l'enthousiasme d'un adolescent éperdu de musique. Parfois, inclinant légèrement la tête et fermant les yeux, il s'embarquait pour « Syracuse, l'île de Pâques et Kairouan ».

Dans ma vie, j'ai eu parfois l'occasion de voir et d'entendre les plus grands, les cadors de la boîte à frisson comme l'on dit, au talent certain, à la notoriété non usurpée, mais jamais aucun d'eux ne me donna cette impression de bonheur, de complicité, d'osmose parfaite avec son instrument.

Le Caveau du Marin est encore là aujourd'hui. Après

la danse, des chansons d'Italie étaient souvent au programme. Un certain cousinage n'était sans doute pas étranger à leur venue en terre bastiaise. Les plus en vogue, comme *Luna rossa* ou *Terra straniera* avaient dû, éditeurs et Sacem obligent, transiter par Paris pour une nécessaire version française qui n'avait guère arrangé les choses. « *Tradutore, traditore* » (traducteur traître), et c'était vrai. Ces piètres chevaliers de la rime n'hésitèrent pas à transposer le sujet, à le dépouiller de sa teneur première, de son identité même. On passa du sublime au trivial, sans transition.

Dans le même temps, d'autres chansons populaires, plutôt allergiques au business, avaient traversé la Tyrrhénienne à bord des lèvres d'émigrants ou des marins, sans rien demander à personne. La plupart trouvèrent refuge dans les vieux quartiers semblables à ceux de Gênes ou de Naples. De là, elles rayonnaient, vagabondaient au soleil, squattaient les cœurs à prendre. Parfois, leur désir de conquête entraîna ces clandestines jusqu'aux villages les plus éloignés.

Toutes étaient belles, belles et chaudes comme savaient l'être les romances italiennes de cette époque, qui racontaient si bien des histoires d'amour un peu tristes. Je les garde comme des trésors, et n'ai oublié aucune de leurs paroles :

Vurria turnà da te, pe n'ora sola Napule mia...
Pe te senti cantà cu mille manduline...

« Je voudrais revenir vers toi, rien qu'une heure,
Ô Naples, pour t'entendre chanter avec mille mandolines. »

Les voix prenantes et ensoleillées de Claudio Villa et de Giacomo Rondinella résonnent encore en moi.

Mon adolescence venait de s'enfuir. Désormais, je devenais adulte et responsable. *« Era omu ! »* (Bon pour le service.)

La phrase rituelle confirma que j'étais sain de corps, d'esprit et bien planté sur mes jambes.

Transformée en centre de recrutement, la salle de délibération de la mairie de Vescovato accueillit ce matin-là les conscrits de la Casinca. Classe 1951, une bonne cuvée : aucun ne fut réformé.

Nous voilà tous à la queue leu leu, nus comme au premier instant, avec nos zizis tout penauds.

Un médecin, plus très jeune, un peu bougon, nous attendait, cheveux coupés en brosse, longue blouse blanche sur ses galons de capitaine, stéthoscope aux oreilles. Ses grosses lunettes d'écaille à double foyer lui donnaient un air de batracien.

Avec une belle assurance, le « lunetteux » prit les choses en main. Il m'ausculta sous tous les angles. Tension artérielle, test des réflexes avec son petit marteau, respirez, ne respirez plus, toussez, dites trente-trois, fermez l'œil gauche, bouchez le droit... Assis derrière une table encombrée de paperasses, une autre blouse blanche galonnée me bombarda de questions, je me crus dans un bureau de police. Ça n'en finissait plus.

En fin de matinée, l'air ambiant de la salle dont les fenêtres étaient restées bouclées n'était plus de la première fraîcheur. Je ne fus pas mécontent de me retrouver à l'air libre.

Chez nous, les traditions sont respectées ! Les premières décharges de P 38 résonnèrent sur la place de la fontaine à l'Aigle. Ces salves d'allégresse n'eurent pas l'air d'effrayer ni de gêner qui que ce fût, pas même les gendarmes qui semblaient bayer aux corneilles, en faction devant leur estafette garée près du monument aux morts. Au lieu de troubler l'ordre public, la pétarade, au contraire, instaura une sorte d'euphorie dans le village, un air de fête.

Tout émoustillés par l'ambiance, les minots dévalaient les ruelles en criant : *Evviva !* Un conseil de révision, ça s'arrose. Nous étions des hommes, que diable. Une petite halte au Bar Colonial était de rigueur, on ne pouvait tout de même pas passer devant la maison d'un ami sans le saluer ! C'était la moindre des choses. Toujours calme et accueillant, Pierre-Jean nous attendait. On se salua bruyamment. Il avait une façon amusante de servir le pastis. Il alignait rapidement les petits verres, serrés l'un contre l'autre sur le comptoir, et, d'une main experte, versait les doses d'un seul trait, sans lever la bouteille !

« Servi a mea ! » (Sers la mienne !) Dès qu'on avait éclusé la tournée, tous debout, la même phrase revenait invariablement : *« Servi a mea ! »* En effet, la coutume veut que chacun remette sa tournée. Il en est encore ainsi. Comme nous étions une dizaine, pas la peine de faire un dessin.

Ces premières libations s'achevèrent sur le coup de midi et demi. Il était temps de rentrer au village.

Deux kilomètres à pied, ça use, ça use, deux kilomètres à pied... En groupe compact, rengaine aux lèvres, nous attaquâmes la route avec vigueur, presque au pas militaire. Au-delà des dernières maisons, là où la côte se raidit, la cadence commença à fléchir. Les « mominettes » du Bar Colonial produisaient leur effet nocif et, pour tout arranger, nos estomacs criaient famine. Le groupe se transforma rapidement en colonne de traînards. Marc-Aurelle regrettait son âne, Philippe « Lelong » avait le souffle court. Il s'obstinait à zieuter vers l'arrière, marchant parfois à reculons, dans l'espoir de voir apparaître un véhicule salvateur. On n'en pouvait plus ! On oublia même de se signer en passant devant l'entrée du cimetière.

Finalement, un charcutier, qui remontait de la plaine, eut pitié des pauvres conscrits à bout de forces. Nous voilà tous embarqués à bord de sa vieille bétaillère qui empestait le cochon sauvage.

Notre arrivée à Venzo fut des plus discrète. La fringale nous avait ôté nos derniers moyens, réduits pratiquement au silence. Nous avions bougrement besoin de récupérer, d'autant plus que l'après-midi s'annonçait plutôt mouvementée. Après une bonne sieste, chacun de nous retrouva son entrain. Vers les seize heures, la seconde mi-temps des festivités démarra sur les chapeaux de roues par une bonne salve bien envoyée au pied du clocher. Là, il y avait du monde ! Tous nos amuseurs y étaient : Anghjulu Sciccodè en tête, Toto et sa casquette blanche. Arrivés en stop de Bastia, « sans panettes ni pains chocolat », Mivoilà et bien d'autres amateurs de bombance offerte. Le vieux Nicodème, lui, avait préféré nous attendre au pied de sa maison. Tout juste sortis de l'école, les enfants allaient, eux aussi, profiter de l'aubaine.

Au passage du bruyant cortège, des fenêtres s'ouvraient, tout juste si les gens ne nous envoyaient pas des poignées de riz. Il ne manquait que les anciens combattants, décorations en évidence et drapeau déployé pour faire honneur aux futurs pioupious de la classe 51.

Nos mères avaient mis les petits plats dans les grands. Une halte plus ou moins longue s'imposait dans la maison de chaque conscrit. Si la pièce principale ne pouvait accueillir tout le monde, des plats de gâteau de riz, des assiettes de *frappe* et de *fiadoni,* suivis par les plateaux chargés de petits verres à liqueur, circulaient dans l'escalier et parfois jusque dans la rue. Tout cela se passait dans un joyeux remue-ménage : ça trinquait, ça dégustait, on s'interpellait dans la bonne humeur.

Très demandé, applaudi, Sciccodè entonna son succès sans aucune appréhension. La *Sérénade près de Mexico* déclenchait toujours autant de rires et de plaisanteries. Sans avoir la cote de son prédécesseur, « Triplette » arracha tout de même pas mal d'applaudissements avec sa chanson *La Femme énorme.*

Fidèle au rendez-vous, le pétomane était sur sa murette. Il savait ce que nous attendions de lui. Allait-il, en ce jour pas comme les autres, se surpasser ? Lorsque les spectateurs furent attentifs et silencieux, Nicodème se leva doucement et, sans se faire prier, déclencha un tir de barrage en rafale.

Ces « salves » de l'ancien charretier étaient tout de même bien plus amusantes que les détonations agressives et assourdissantes des mousquetons et des Colt 45.

D'une maison à une autre, notre fête battit son plein jusqu'au soir. Nous n'étions pas près d'oublier cette journée mémorable annonciatrice d'un départ tant attendu. La feuille de route, seul passeport possible, n'allait plus tarder.

J'entamais la dernière ligne droite, avec au bout un rafiot amarré au quai du nouveau port de Bastia. Ensuite, cap sur mon rêve, le Continent, les grandes villes, avec toutes les possibilités pour apprendre à « faire l'artiste ». Des professeurs de chant, de musique à chaque coin de rue, des conservatoires, des théâtres, agences de spectacles, radiocrochets et le toutim pour tenter d'accéder au vedettariat.

Le lieu idéal, m'avait dit Raphaël, ce serait Paris. Ah ! Paris, j'en rêvais depuis si longtemps. Comment savoir où j'allais atterrir ? Secret-défense : avec l'armée rien ne filtre. J'avais bien essayé de me renseigner auprès de l'adjudant des effectifs ou quelque chose dans ce goût-là, à la caserne Saint-Joseph. Ce fut peine perdue.

« Vous le verrez bien ! » C'est tout ce qu'il avait trouvé à me répondre cet « adjupette » à l'haleine forte. Une vraie tête de mule, pas très aimable en plus.

– Mais enfin, mon adjudant, lui dis-je, vous devez bien savoir quelque chose tout de même !

– Mais que voulez-vous que j'en sache, bon Dieu ! Vous pouvez être affecté aussi bien à Brive-la-Gaillarde, à Mourmelon qu'à Tombouctou ou même à Bonifacio...

Et pourquoi pas à Trifouillis-les-Oies, pensai-je.

– L'armée ne propose pas, elle dispose, sachez-le bien mon petit, ajouta-t-il sur un ton péremptoire.

En plus il m'appelait « mon petit » ce bouffon.

– Ne pensez-vous pas, mon adjudant, que je pourrais être affecté dans une grande ville, susurrai-je de ma voix la plus enjôleuse.

– Une grande ville, c'est tout ? Pourquoi pas à Paris tant qu'à faire !

– Mais c'est justement là que je voudrais aller, mon adjudant.

– Vous irez où l'on vous dira d'aller, voilà, et maintenant, rompez...

Rien à en tirer. J'avais perdu mon temps.

Brive-la-Gaillarde, Mourmelon, Tombouctou... Tombouctou, où est-ce déjà ? Bonifacio ! L'idée d'une affectation en Corse ne m'avait jamais traversé l'esprit. Ça alors, ce serait le bouquet ! La hantise de me retrouver dans un coin perdu me contrariait au plus haut point. Le soir même, j'en fis part à mon ami Raphaël l'épicier.

– Que puis-je faire ?

Se grattant légèrement le haut du crâne à l'aide de son petit doigt, il réfléchit quelques secondes :

– Que peut-on faire ? A mon avis, seul un bon coup de piston peut te sauver.

Le mot était lâché : *u pistò*. Le voilà en train d'épiloguer sur cette fameuse solidarité insulaire dont j'avais seulement entendu parler. Arriverait-elle à me sauver la mise ?

Nos « huiles » de la Casinca et même au-delà, hommes politiques en premier lieu, furent passées en revue. Des élections approchaient. La campagne pour les législatives allait bon train et les candidats s'activaient.

– Cela arrive à point nommé *« ci casca cum'è u casgiù nant'à i maccaroni »,* dit Raphaël.

Notre choix se porta d'emblée sur l'élu le plus influent, une grosse pointure, dont la priorité des priorités était, à coup sûr, de conserver, quoi de plus normal, son fauteuil au Palais-Bourbon. Mise dans la confidence, ma mère, en premier lieu, s'empressa d'aller voir monsieur le maire, toujours disposé à rendre service. Homme clairvoyant, expert en démarches de ce genre, il accepta volontiers de plaider la cause de la « future célébrité » en vue d'une affectation à Paris.

La venue du député et ses suppôts fut annoncée pour le surlendemain. Ils étaient vulnérables et il fallait en profiter. Congratulations, sourires diplomatiques, longues poignées de main, bien appuyées, et conseils gratuits mirent le village en ébullition. Le soir même, le maire nous fit savoir que la requête avait été transmise à qui de droit et qu'apparemment tout irait selon mes désirs.

– Ça va marcher, tu verras ! s'exclama Raphaël tout content. Ces gens-là ont le bras long, ils peuvent tout.

Notre homme fut élu haut la main. Tant mieux, me dis-je, tout cela est de bien bon augure, et j'avais raison de le penser. Peu de temps après, une nouvelle me fit du bien. « Assemblée Nationale » : une enveloppe dont l'en-tête ne passa pas inaperçu. Ecrit à la main, et sans doute à la hâte, le contenu de la missive venue de la Chambre était bref : « Vous pouvez considérer comme acquise votre affectation à Paris ou tout au moins en région parisienne. »

Comme j'étais heureux ! Paris enfin à moi. Je m'y voyais déjà. Jamais ne n'aurais pensé que cela puisse aller aussi vite. Raphaël avait bien raison. L'entraide dont il m'avait parlé n'était pas un vain mot. Une sorte de fierté d'être corse m'inonda. La tradition du clan pour service rendu fut respectée. Ma mère en connaissait bien l'usage. La grosse boîte en carton destinée à Monsieur le Député contenait plein de bonnes choses ; rien que des produits « maison ». Un agneau de lait d'un mois et demi fut sacrifié, deux douzaines d'artichauts violets, du fromage frais, et aussi un peu de charcuterie pour s'ouvrir l'appétit.

Il ne me restait plus qu'à attendre la fameuse feuille de route. Mes camarades la reçurent avant moi, tous étaient affectés dans des bleds impossibles. Sachant à l'avance où je devais aller, je ne dis mot à personne pour ne pas leur faire de peine. La mienne tarda encore quelques jours, était-ce normal ? Me voilà en train de me fatiguer les méninges. « Tu penses trop ! » me dit mon frère aîné.

En effet, le lendemain, en fin de matinée, notre facteur, sans descendre de son âne, me tendit un pli dont je reconnus la provenance : « Ministère des Armées ».

« Signe là », me dit Dominique en posant son index dans une petite case rectangulaire au bas d'un livret jaune, après m'avoir tendu le stylo à bille retenu par une ficelle accrochée à sa veste. C'était, je crois, la première fois que je signais mon nom.

A l'instant même où j'ouvris le pli, une toute petite sonnerie résonna dans ma tête. L'avertissement entraîna une sensation bizarre. J'ouvris lentement la feuille de route et n'en crus pas mes yeux. Pouvait-il y avoir erreur sur la personne ? Je relus plus attentivement. Aucun doute, c'est bien de moi qu'il s'agissait : lieu d'affectation, Barcelonnette (Basses-Alpes).

Je restai là, planté comme un imbécile, au bord de la ruelle, avec mon papier à la main, totalement abasourdi. Un sentiment de révolte, d'impuisance, s'empara de moi, m'incitant à maudire à la fois le mauvais sort, l'armée, les députés, Barcelonnette et je ne sais plus qui. De quoi devenir antimilitariste sur-le-champ... Quel coup dur !

Une idée folle me vint à l'esprit : déchirer ce fichu papelard que j'avais à la main et m'évanouir dans la nature, sans penser aux conséquences. Ce qui me retint, finalement, ce ne fut pas l'idée d'avoir les gendarmes aux trousses et tant d'autres désagréments, de cela, je m'en moquais. Ce qui me retint, ce fut d'imaginer sur le visage de ma mère le désarroi qui ne manquerait pas d'être le sien en apprenant que son fils était déserteur. Je mis la lettre dans ma poche, le temps de reprendre mes esprits, de me faire une raison, ou du moins d'essayer.

Barcelonnette, Basses-Alpes ! Toute la sainte journée, ces mots me trottèrent dans la tête. *Mamma* serait déçue... après tout le mal qu'elle s'était donné !

Le soir, tout en feignant de ne pas trop paraître affecté par ce changement de programme je fis valoir, comme je le pus, que cette affectation n'était que provisoire, qu'une mutation pour Paris interviendrait sûrement une fois les classes terminées. A son regard, je compris qu'elle n'était pas dupe, et combien il était difficile de cacher ses sentiments à une mère.

La grosse encyclopédie de l'oncle Joseph me permit de localiser aisément, carte géographique à l'appui, le lieu de ma « détention » future, ce pays perdu dont je n'avais jamais entendu parler.

En ces années-là, franchir la mer relevait encore de l'aventure. Celui qui partait prenait congé non seulement des siens, mais également de tout le village. Une façon comme une autre de raffermir les liens de la solidarité, et aussi de se faire un peu d'argent de poche pour les jours à venir et, si possible, même un peu au-delà. Les temps étaient difficiles, et chacun ou chacune donnait ce qu'il pouvait, selon ses moyens. Les plus fortunés n'étaient pas forcément les plus généreux, mais ils donnaient toujours spontanément et de bon cœur.

Plié en quatre, le billet était discrètement posé au creux d'une main qui se refermait doucement, dans un semblant de confusion, accompagné de deux grosses bises.

Souvent, chez les parents proches, une offrande destinée au voyage, un saucisson vieux, du chocolat, des gâteaux maison, ou des fruits secs, venait s'ajouter au petit billet, un peu comme s'ils me voyaient partir pour une lointaine expédition, dans des lieux déserts... *« Ai d'andà à fà u sullatu ? »* (Tu vas aller faire le soldat ?) me dit tante Marianne, toujours sérieuse. *« In l'Alpe, ada d'andà, Ui Ui »* (dans les Alpes, il s'en va, Ui Ui), renchérit tante Marie, rigolote et toute frisottée...

Comme si on m'expédiait dans l'Himalaya !

La dernière visite de cette journée, veille de mon départ, fut pour ma grand-mère Madeleine, l'être le plus doux et le plus aimant qu'il m'ait été donné de rencontrer.

Alitée depuis quelque temps déjà, elle perdait tout doucement l'usage de la parole. Tout avait été fait pour donner à sa chambre un air de confort presque luxueux qui contrastait avec la rusticité des autres pièces de la maison. Le grand lit en noyer ciré, aux formes arrondies et belles, retenait deux matelas de laine sur un sommier très haut. Le bord délicat des draps blancs qu'elle avait brodés autrefois ornait un édredon de satin rubis. Deux gros oreillers gonflés de plumes, maintenant son dos, lui laissaient contempler le visage d'un Christ figé dans un cadre ovale en bois doré. Une cuvette de faïence fleurie et un broc décoraient la table de toilette au marbre gris. La mousseline accrochée aux fenêtres, le sol de tomettes rouges et autres petites choses complétaient l'agrément de ce décor feutré.

Sereine, résignée, grand-mère était là, toujours proprette et bien coiffée, tenue aux petits soins par ma mère. Posées sur le drap, définitivement au repos, ses mains opalines et frêles avaient perdu leur rudesse et leur agilité. En les prenant, la légèreté du bras étonnait. Les yeux de ma grand-mère s'illuminaient et l'esquisse d'un sourire donnait à son visage amaigri un éclat particulier. Son regard encore vif se substituait à la parole quand celle-ci s'égarait. Le corps effleurait le lit, comme si grand-mère n'était plus tout à fait réelle, comme si déjà elle côtoyait les anges. Avait-elle deviné que jamais elle ne quitterait cette chambre, ce lit ?

Au pied de l'escalier en bois, le bagage du conscrit était prêt. Une petite valise verte en carton, pas mal fatiguée, qui à longueur d'année s'ennuyait posée à plat sur le haut d'une armoire à linge. A de rares occasions, elle reprenait du service. On l'époussetait, on en vérifiait les fermetures et en avant ! En dehors d'une trousse de toilette, d'un peu de linge de corps et quelques petites affaires personnelles, elle ne contenait que des choses bonnes à manger. Juste avant de la fermer, ma mère, en prévision des froidures alpestres que j'allais affronter, y avait glissé un épais caleçon long et un tricot en flanelle. Pour le reste, pas la peine de m'encombrer d'habits. Je serais vêtu, logé et nourri pendant dix-huit mois, un des rares bonheurs offerts par la caserne, sans oublier l'avantage de pouvoir franchir gratuitement la mer à l'aller comme au retour. La cagnotte des visites représentait une somme rondelette. J'avais fait mes comptes, je ne partais pas sans le sou...

Ce matin-là, les bruits familiers prirent une autre dimension, résonnèrent en moi différemment, comme s'ils voulaient me rappeler à quel point j'étais attaché, sans presque le savoir, à cet environnement villageois.

Le chant du coq, encore une fois, me tira du lit aux aurores. J'entendis les parlottes de la ruelle, l'appel du boulanger, du marchand de poisson finissant de réveiller le village avec son porte-voix : *« Aiò, o donne, à i pesci ! »* Surnommé à juste titre *u Mazzardu* (le mulet), il se transformait quelquefois en vendeur de tripettes à la mode bastiaise, prêtes à la consommation, encore tièdes, parfumées au romarin et bonnes à s'en lécher les doigts.

Nous quittâmes la maison légèrement en avance sur l'horaire. *Mamma* me donna le bras jusqu'au bout de la ruelle déjà animée... « A bientôt ! *A prestu !* » Fichée dans le clocher, la grande horloge ne tarda pas à sonner l'heure des adieux.

Un peu comme s'il voulait m'éblouir avant que je ne quitte le village, l'automne avait sorti le grand jeu ! Il étalait généreusement son nuancier de teintes chaudes, jusqu'à la cime arrondie de la montagne Sant'Anghjuli, et m'offrait un beau ciel sans nuages.

J'aurais voulu pouvoir m'attarder ne fût-ce qu'un tout petit instant, juste le temps de faire le tour de l'église, de poser mes lèvres sur l'orifice du bec de la fontaine afin de mieux emporter le goût de cette eau fraîche et pure venant d'une source montagnarde. Le klaxon du service Venzolasca-Bastia m'en empêcha. Fallait-il que je m'en éloigne pour découvrir combien ce pays m'était cher, moi qui rêvais depuis si longtemps de le quitter ?

Après quelques tournants, les cyprès du cimetière me cachèrent ce village que j'emportais en moi.

Ancien combattant de la guerre de Syrie, chauffeur et convoyeur à la fois, Ziù Augustinu, soixante-dix printemps bien sonnés, et toujours bon pied bon œil. Avec lui, il n'y avait aucun risque d'accident. Il aurait mérité de figurer au *Livre des records* : près d'un demi-siècle au volant de son autocar sans la moindre tôle froissée. Il est vrai qu'à cette époque nos routes étaient moins encombrées, et surtout moins dangereuses.

Outre ses qualités de transporteur émérite et de vigneron inspiré, Augustin Vallicciioni possédait une voix des plus typiques. Il fut de tout temps l'ardent défenseur de polyphonies sacrées et autres chants d'Eglise en déclin. Sa grande sagesse, son optimisme et sa foi chrétienne firent de lui l'un des hommes les plus écoutés du village. « Les conscrits, ça voyage gratuitement ! » fut la réponse qu'il me fit au moment de régler mon passage.

« Pas de bousculade ! » dit le préposé à l'ordre.

La plupart d'entre nous n'avaient jamais pris le bateau.

Un petit écriteau : APPELÉS DU CONTINGENT, précédé d'une flèche, nous indiqua la direction à suivre, et nous suivîmes, ou plutôt nous descendîmes, comme des moutons. Au bout d'une coursive, nouvel écriteau et nouvelle descente, dans le ventre du navire. Enfin, une grande salle, tout en ferraille, le sol entièrement tapissé de chaises longues, « s'offrit » à nous.

C'était là ! Une cabine collective ! de je ne sais plus quelle classe, mais assurément pas de la première... dans la cale.

A la tombée du jour, après deux ou trois coups de sirène, le commandant Quéré lève l'ancre. Cette île, que je quitte pour la première fois, colle à mon rêve, mais je ne sais rien d'elle, ne connais rien de son histoire, de son héritage culturel. Hors celle de ma région, je ne connais même pas sa géographie. Je n'ai jamais mis les pieds à Ajaccio ni à Sartène et encore moins à Calvi !

De cette île, je n'ai appris qu'une chose, mais la plus belle : sa langue, malgré les coups de règle sur les doigts. J'aime la Corse d'instinct, naturellement, et je suis bien persuadé que jamais je n'aurai d'efforts à faire pour qu'elle reste toujours présente en moi.

Une existence nouvelle m'était offerte et j'eus soudain envie de la saisir. J'envoyai par-dessus bord regrets et états d'âme, puis, main collée à l'oreille, entonnai à pleine voix : *« O svègliati la mio musa »*, surprenant tous mes camarades.

Barcelonnette ! Ce n'était pas, loin s'en faut, une aire de lancement pour « future grande vedette » mais plutôt une petite ville de garnison, froide, recroquevillée sur elle-même, bien haute pour être des Alpes dites basses, et dont les enfants choisirent à une certaine époque de s'exiler au Mexique. Mauvais signe, quand l'indigène s'en va ailleurs.

J'étais bien persuadé que, mis à part une ou deux permissions, les grilles de ma « prison » alpine ne s'ouvriraient pas avant la fin de la durée légale.

Si mon rêve tient bon, rien ne sera perdu. Je vais avoir vingt ans et toute la vie devant moi. Dix-huit mois passeront vite !

Lorsque la glotte me titillera, je chanterai pour la chambrée.

En attendant les grandes manœuvres, je prépare mon barda et mon fusil, en vue d'affronter vaillamment mes premières classes de neige.

Composition et impression
Imprimerie Floch, août 2004
Éditions Albin Michel
22, rue Huyghens, 75014 Paris
www.albin-michel.fr
N° d'édition : 22871. N° d'impression : 60725.
Dépôt légal : avril 1999.
ISBN 2-226-10855-6
Imprimé en France